김용균,
김용균
들

김용균,
김용균
들

싸울 때 제대로
살아갈 수 있는
사람들

사단법인 김용균재단 기획

권미정·림보·희음 지음

오월의봄

차례

일러두기

· 대괄호([ ])는 저자들이 독자들의 이해를 위해 덧붙인 말에 사용했다.
· 본문에 사용된 사진의 출처는 다음과 같다. 19, 27(상단), 39, 97, 167, 175, 216,
252, 254, 255쪽: 김용균재단 제공. 26쪽(상단):《발전소 비정규직 노동자 故김용균
사회적 타살 진상규명위원회 역할과 과제》(자료집), 태안화력 비정규직 청년노동자
故 김용균 사망사고 진상규명 및 책임자처벌 시민대책위원회, 2019, 19쪽. 26쪽(하
단): 태안화력 비정규직 청년노동자 故 김용균 사망사고 진상규명 및 책임자처벌 시민
대책위원회 제공. 27(하단), 103쪽: 공공운수노조 발전비정규직 전체대표자회의 제
공. 104쪽:《고 김용균 사망사고 진상조사결과 종합보고서》, 고 김용균 사망사고 진상
규명과 재발방지를 위한 석탄화력발전소 특별노동안전조사위원회, 2019, 1쪽.

한 사람의 죽음 이후,
삶이 달라진 사람들의 이야기

"고인의 명복을 빕니다"라는 애도의 말, "회사의 잘못으로 가장 소중한 이를 잃게 해서 죄송합니다"라는 책임이 담긴 사과, "또다시 이런 일이 생기지 않도록 이렇게 바꾸겠습니다"라는 약속. 간단한 듯하지만 세상 그 어떤 말보다 듣기 어려운 저 말들을 이끌어내기 위해 수많은 이들이 싸웠습니다. 그 지난한 싸움 끝에 비로소 저 말들을 듣게 되지만 듣는 당시에는 그것이 진짜인지 아닌지 알 길이 없습니다. 시간이 지나야만 제대로 확인되는 말들입니다.

정부와 원·하청기업의 약속을 믿고 청년 비정규직 노동자 김용균의 시민사회장을 치르고 난 뒤, 우리 사회에서 다시는 이런 일이 생기지 않게 하자는 의지와 바람을 모아 사단법인 김용균재단을 만들었습니다. 사회는 조금씩 달라져갔고

15년을 끌어왔던 중대재해 처벌 등에 관한 법률(중대재해처벌법)이 2021년 마침내 제정되었습니다. 그러나 원·하청기업의 태도는 김용균 노동자의 사망사고가 있기 전과 조금도 다르지 않았습니다. 시간이 지나 확인된 그들의 진심은 이것이었습니다. '노동자의 잘못으로 산재가 발생했다.'

어느 죽음인들 무겁지 않은 것이 있을까요. 하지만 십수 년간 한 치의 움직임도 없던 법을 바꾸고 수천, 수만의 사람들을 매일같이 거리로 나서게 할 만큼 큰 무게였던 '김용균의 죽음'에도 사과의 말과 약속을 뒤집어버리는 그들의 모습을 다시금 목격하게 됩니다.

한 해 2,400여 명의 노동자가 산재(산업재해)로 사망하고, 10만여 명의 노동자가 산재를 당합니다. 물론 드러난 것만 그러합니다. 감춰지고 축소되는 경우가 너무 많고, 해고당하지 않고 계속 일하려고 산재 신청을 하지 못하는 경우도 많습니다. 이미 죽은 노동자는 말을 할 수 없고, 다치고 병든 노동자는 말하기가 어렵습니다. 용기 내어 자신의 피해를 이야기해도 들어주는 이가 많지 않습니다. 그런 노동자들의 곁에서 함께 싸우고 함께 말하는 친구와 동료, 가족은 노동자의 고통과 트라우마까지 함께 끌어안게 됩니다.

산재는 '기업의 살인'과도 같습니다. 죽일 결심을 해야만 살인인 것은 아닙니다. 죽을 수 있다는 것을 알면서도 내버려 두거나, 어떤 대비책도 마련하지 않은 채 그 일을 지속하게 했다면 그건 살인 행위입니다. 기업은 왜 이 같은 살인 행위를 하는 걸까요? 살인 행위로서의 산재는 오로지 기업만의 문제일까요? 우리 사회의 책임은 없는 것일까요? 산재는 왜 계속 일어나는 것일까요? 산재가 일어나는 기업과 현장에는 어떤 문제가 있는 걸까요? 일하는 모든 사람이 죽지 않고 다치지 않고 병을 얻지 않고 일할 수는 없는 걸까요?

이 질문들에 대한 답을 찾아가는 과정이 김용균투쟁이었습니다. 그 투쟁은 또 다른 '김용균들'의 투쟁으로 이어지고 있습니다. 아무 준비도 없이 죽임당해야 했던 그들을 기억하고 또박또박 기록하는 일 또한 같은 이름의 투쟁입니다. 그 죽음들이 그 곁에 선 이들과 우리 사회에 어떤 영향을 주었는지 앞으로 더 들여다보려 합니다. 죽음 이후에도 제대로 바뀌지 않는 구조적 환경에 여전히 고스란히 노출되어야만 하는 노동자들이, 자신과 동료들이 더는 같은 피해를 당하지 않기 위해 하고 있는 노력들을 더 드러내보려 합니다. 김용균재단은 앞으로도 '김용균들'의 투쟁에 대한 이야기들을 담아내고 기억하고 나누려고 합니다.

이 책은 그 이야기들의 시작입니다. 김용균 노동자의 죽음 이후, 삶이 달라진 수많은 이들 중 세 분의 이야기를 중심에 담았습니다. 함께 일하던 김용균 씨의 주검을 발견한 후 트라우마와 함께 살아가며 싸우게 된 직장 동료·선배인 이인구 씨, 세상을 잃은 슬픔과 분노로 싸우며 일상을 새롭게 만들어가는 김용균 씨의 어머니 김미숙 씨, 계속되는 일터의 죽음을 막아보려 고군분투하며 일상의 싸움을 해나가는 노조 동료 이태성 씨가 그들입니다.

이들의 일상은 김용균의 죽음과 함께 달라졌습니다. 이들의 모습은 개인의 이야기이기도 하고 비슷한 조건에 놓인 다른 사람들의 모습이기도 합니다. 싸울 때 제대로 살아갈 수 있는 남겨진 피해자들의 이야기를 세 사람을 통해 보여드리고 싶었습니다. 살아가기 위한 싸움의 방식은 모두 다릅니다. 그들은 김용균 사건의 피해자이자 김용균 사건이 변화시킨 이들입니다. 또 다른 김용균들도 곁에 선 사람들의 삶을 바꿔놓았습니다. 세상을 바라보는 눈을 바꿔놓았습니다.

산재는 한 노동자와 한 사업주 간의 문제가 아니고, 회사가 피해 가족에게 금전적 보상을 하는 것으로 해결되는 문제가 아닙니다. 그것은 우리 사회 전체의 문제이고 구조와 권한의 문제입니다. 고용구조상 약자이면서 동시에 권리의 주체이기도 한 수많은 노동자가 일하기 위해 목숨을 걸지 않아도 되는 사회가 되었으면 좋겠습니다. 산재 뒤에 남겨진 고통과 숙제를 우리 모두의 것으로 받아 안아, 함께 나누고 풀어가고 싶습니다.

김용균재단의 노력이 세상에 나올 수 있도록 이야기를 모으고 정리하고 만들어간 저자들에게도, 오월의봄 출판노동자들에게도 감사드립니다. 모두의 이야기라는 취지를 책 만드는 과정에서도 구현하려 노력했습니다. 세 명의 저자가 인터뷰이들을 같이 만나고 토론을 계속하면서 내용을 잡고 색깔을 맞춰갔습니다. 각자의 글을 작성하면서도 서로의 원고를 같이 수정하며 공동으로 작업했습니다. 인터뷰이 세 사람의 투쟁도 각자의 투쟁이면서 함께한 투쟁이었습니다. 그들이 계속 싸울 수 있었던 건 그 곁에서 여러 모습으로 함께한 여러분이 있었기 때문입니다.

'김용균'에서 시작해 또 다른 '김용균들'의 이야기를 담아내려는 김용균재단의 노력이 이 사회를 한 발자국이라도 안전과 평등의 세상으로 당겨놓을 수 있기를 소망해봅니다.

2022년 6월
사단법인 김용균재단
권미정

1

고통에만
머물 수
없기에

산재 생존자
이인구 씨

김용균의 죽음: 사고가 일어날 수밖에 없는, 위태로운 현장

새벽 3시가 되면 늘 힘들다는 사람. 그 시간을 무사히 잠든 채 지나기 위해 무던히 애쓰는 사람이 있다. 2018년 12월 11일 새벽 3시 23분, 컨베이어 벨트 위 김용균 씨의 몸을 처음 발견한 이인구 씨다.

사고 현장의 목격자이자, 발전소 현장에서 오랜 노동 경험을 쌓아온 인구 씨는 경찰과 고용노동부, 구급대 등에 사고 당시의 현장 상황을 증언하는 중요한 역할을 했다. 발전소 노동자들이 그렇게 일할 수밖에 없었던 작업 과정 자체의 문제를 드러내, 피할 수 없는 구조의 문제가 있다고 주장해온 사람이기도 하다.

2018년 12월 10일 밤 9시 20분이 좀 지났을 때 인구 씨는 용균 씨의 전화를 받았다.

"과장님, 여기 밸브를 틀었는데 계속 물이 나와요."

연달아 세 번이나 통화했는데도 업무 경력 3개월인 용균 씨가 알아듣기에는 인구 씨의 설명이 어려웠던 모양이다.

"원청 과장이 서비스 워터라인[벨트 세척 장비] 안에 있는 물을 다 비우고, 밸브 열린 거를 스마트폰으로 찍어서 전송하라고 지시를 했나 봐요. 근데 용균이가 물을 틀어보니까 물이 계속 나오는 거죠. 제가 중간 밸브가 있나 확인을 해보라고 했어요. 밸브를 열고 그 안에 있는 물을 다 빼야 하거든요. 겨울에 히팅 케이블이 깔려 있으면 항상 따뜻하니까 물을 안 빼도 되는데, 용균이가 담당하고 있던 그 라인은 히팅 케이블이 안 깔려 있었던 거예요. 설비업자들이 안 깔아서. 히팅 케이블이 없는 곳은 겨울이면 얼어서 터져요. 매년 터지는 데가 한두 군데 정도 있었어요. 그 물을 빼놔야 하는데 중간 밸브를 못 찾으니까 저한테 전화했던 거죠."

인구 씨도 자기 담당 구역으로 점검을 나가야 했기 때문에 시간이 별로 없었다. 11번 벨트의 헤드 쪽으로 점검하러 가면서 서비스 워터라인의 중간 밸브가 있나 없나 살피며 사진도 찍어놓았다. 용균 씨가 돌아오면 설명을 제대로 해줄 생각이었다. "9번 테일 쪽을 점검하고 과장님 있는 데로 금방

김용균, 김용균들

갈게요" 하는 용균 씨의 전화를 받고 잠깐 9번 테일 쪽으로 갈까 망설이기도 했다. 아무래도 시간이 애매하다 싶어 사진을 찍고 전화를 걸었을 때는 연결이 되지 않았다. 설비 점검하고, 낙탄 치우고 하면 시간이 걸리겠거니 하고, 인구 씨는 자기가 맡은 현장으로 돌아갔다.

"아무리 위험한 데라도 사고 났을 거라는 생각은 하지 않잖아요.[1] 용균이 근무지가 다른 근무지보다 워낙 힘들었던 곳이었어요. 순찰 점검이 늘 늦게 끝나니까 저녁 식사도 항상 다른 동료보다 한 시간씩 늦게 했거든요. 그쪽에 근무하는 사람들은 으레 한 시간씩 늦게 온다 생각하면서 근무했죠. 그날도…….."

그렇게 연락이 안 되는 일이 종종 있기는 했다. 굉음과 분진 때문에 전화가 오는 소리나 핸드폰 화면이 밝아지는 걸 잘 알아채지 못하는 일이 많았다. 동료들도 담당자마다 살펴야 하는 구역이 워낙 넓다 보니 중간에 쉬느라 전화를 못 받는다고 생각했다.

밤 10시 반경, 용균 씨에게 몇 번 전화했지만, 연결이 되지 않았다. 마지막으로 전화를 걸었던 시간이 10시 56분. 밤 근무 간식을 먹는 12시가 되어도, 간식을 다 먹고 다시 점검을 나가야 하는데도 용균 씨는 오지 않았다. 동료 하나가 새벽 1시쯤 용균 씨를 찾으러 나갔고, 인구 씨도 새벽 1시 반쯤 그를 찾아 나섰다. 발전소 안을 자전거로 정신없이 돌아다녔다.

"그냥 쓰러져 있어라, 제발 좀 내 앞에 쓰러져 있어라, 내 앞에 보이기만 해라, 이러면서 다녔어요. 아무리 찾아도 없길래 차가 주로 다니는 도로를 플래시로 비추면서 자전거 조각을 또 한 번 찾기 시작했죠. 차로 받아놓고는 다 싣고 도망가는 일도 있잖아요. 거기서 차 사고가 났을 수도 있으니까."

몇 바퀴를 돌아도 아무것도 찾지 못하자, 발길을 용균 씨가 담당하는 구역으로 향했다. 수색하던 직원들이 모여 있었고, 다들 너무 지쳐 대기실로 가자고 했다. 인구 씨는 한 번 더 용균 씨가 담당하던 9, 10번 벨트 쪽을 보고 오겠다며 혼자 트랜스퍼 타워(transfer tower, TT, 환승탑, 환승타워)로 올라갔다고 했다. 그나마 쉴 공간이 많은 구역이라 어디에라도 있을 것 같았기 때문이다. TT 04C 문을 여는 순간 하얀 팔을 보았을 때가 새벽 3시 23분이다. 컨베이어 벨트는 움직이고 있었다.

"처음에는 죽었다는 생각을 안 했어요. 벨트와 용균이 몸을 먼저 봤어요. 맥박을 먼저 잡았잖아요. 두 번을 잡았어요. 인공호흡을 해야 할지도 모르니까. 근데 손이 굉장히 차고 맥박이 없더라고요. 그런데 바로 윗부분이 이상해.

김용균, 김용균들

사고가 발생한 트랜스퍼 타워 TT 04C.
발전소 옥내 저탄장에서 9, 10호기 발전기로
석탄을 옮기는 컨베이어 벨트 환승장치.
왼쪽의 9번 컨베이어 벨트 꼬리(tail) 부분과
오른쪽 10번 컨베이어 벨트의 머리(head)
부분이 만나는 곳이다.

옷이 막 구겨져 있고, 안전모가 있어야 하는데 없어요. 그 순간, 이상하다 싶어서 옷이 구겨져 있는 쪽으로 가서 그 옷을 이렇게 들춰 봤죠. 가서 들춰 봤는데 윗부분이 없으니까 그때 정말 제정신이 아니었어요."

아주 우연히 몸과 1미터 정도 떨어진 곳에서 머리를 발견하고는 어수선한 와중에도 용균 씨가 얼굴이 남아 있는 채로 부모님을 만날 수 있겠다는 생각이 들었다. 용균 씨의 부모를 만나보지는 못했어도 그를 벨트에서 보자마자, 아들의 죽음을 맞닥뜨리게 될 부모가 떠올라 더 전전긍긍했다. 다른 동료에게 용균 씨를 발견했다고 메시지를 보냈다. 그 동료가 원청인 한국서부발전 제어실과 다른 직원들에게 연락을 취하고 나서, 인구 씨는 문득 분노가 치밀어 올랐다고 했다.

"젊은 혈기가 그렇게 나약하게 쓰러질 줄은……. 젊음이 강한 줄만 알았어요. 거기서 소리 지르고 욕하고 했던 거 같아요. 제 옆에 누군가 있었는데……. 양쪽 옆에서 누가 나를 붙잡고 있었는데 기억이 안 나요. 다들 내려가라고 하는데 혼자 거기를 지키고 있었으니까."

30년을 발전소 정규직으로, 또 3년간 용역업체인 한국발전기술(KEPS, 켑스)에서 비정규직으로 일해온 인구 씨는, 간혹 컨베이어 벨트에 끼어 발이 끊어지거나 다치는 일을 본 적

김용균, 김용균들

은 있어도 사람이 죽는 일을 직접 마주한 건, 처음이었다고
한다.

쉴 새 없이 돌아가는 발전소

사고가 있던 날은 다른 날처럼 평범했다. 온 나라의 전기
를 공급하기 위해 발전소는 멈추면 안 되는 곳이다. 따라서
노동자들도 쉬지 않고 일해야 했다. 주간-야간-휴무-휴무,
이렇게 4조 2교대로 교대 근무가 돌아갔을 뿐 아니라, 일하는
동안 제대로 쉴 수도 없었다. 주간일 때는 아침 7시 30분부터
저녁 6시 30분까지 11시간, 야간일 때는 저녁 6시 30분부터
다음 날 아침 7시 30분까지 13시간을 일했다. 사고 당일, 인
구 씨도 야간 근무조였다.

인구 씨와 용균 씨가 소속되어 있던 한국발전기술은 한
국서부발전 태안발전본부(태안화력발전소)에서 발전설비 운영
과 유지·보수를 담당하는 하청업체다. 즉, 석탄운송설비인 컨
베이어 벨트를 운전하고 관리·감독하는 업무를 맡고 있다. 태
안화력발전소가 관리하는 발전기 총 10기는 두 개의 협력업
체가 나누어 운영하는데, 그중 한전산업개발이 1~8호기를,
한국발전기술이 9~10호기를 담당한다.

용균 씨는 한국발전기술에 컨베이어 벨트 운전원[2]으
로 2018년 9월 입사했다. 입사 인원이 30~40명 정도 되었던

2015년에는 두 그룹으로 나눠 신입사원 교육을 진행했지만, 용균 씨가 입사하기 전부터는 안전 교육이나 컨베이어 벨트 주변 설비에 대해 제대로 된 설명조차 듣지 못하고 현장에 들어가기 일쑤였다.

"직원을 정해진 기간에 뽑는 게 아니고 누구 한 명이 퇴직하면 빈자리를 채우는 식으로 공채를 하니까 교육할 시간이 없는 거예요. 여유는 한 3일 정도 있는데 하루는 신체검사하고, 하루는 사무실에서 이런저런 서류 작성하고, 하루만 현장 한 바퀴 돌고 다음 날 바로 일을 시작하는 거죠."

사고 당시 용균 씨는 컨베이어 벨트가 서로 만나는 지점에 세워진 트랜스퍼 타워 TT 04C, TT 05A, TT 05B 구간을 담당해 점검 업무를 하고 있었다. 컨베이어 운전원 한 사람당 트랜스퍼 타워 세 개를 담당해 트랜스퍼 타워를 지나가는 컨베이어 벨트를 점검한다. 한 사람이 트랜스퍼 타워들을 오가며 이동하는 길이는 대략 1.5킬로미터 정도인데, 한 번 순찰하는 데 두 시간 정도가 걸린다. 운전원들은 담당 구간을 돌면서 트랜스퍼 타워 내부를 통과하는 각 벨트의 헤드, 테일 부분에 누전·자연발화 등으로 인한 설비의 이상이 있는지를 확인하고 낙탄을 제거한다. 야간 근무일 때는 13시간 동안 반드시 담당 구역을 세 번 순찰·점검을 해야 하므로 근무일마다 적어도 6시간 동안 4.5킬로미터를 다니며 점검하는 셈이다.

김용균, 김용균들

2018년 12월 10~11일 김용균 씨의 시간대별 동선·업무 내용

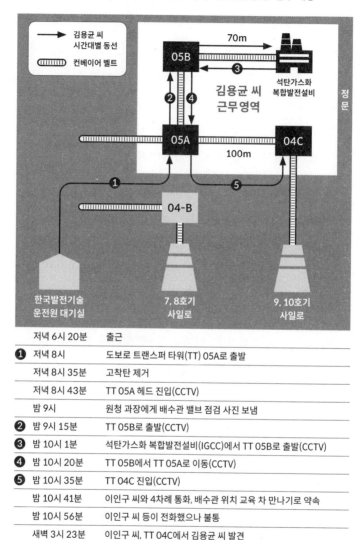

	시간	내용
	저녁 6시 20분	출근
❶	저녁 8시	도보로 트랜스퍼 타워(TT) 05A로 출발
	저녁 8시 35분	고착탄 제거
	저녁 8시 43분	TT 05A 헤드 진입(CCTV)
	밤 9시	원청 과장에게 배수관 밸브 점검 사진 보냄
❷	밤 9시 15분	TT 05B로 출발(CCTV)
❸	밤 10시 1분	석탄가스화 복합발전설비(IGCC)에서 TT 05B로 출발(CCTV)
❹	밤 10시 20분	TT 05B에서 TT 05A로 이동(CCTV)
❺	밤 10시 35분	TT 04C 진입(CCTV)
	밤 10시 41분	이인구 씨와 4차례 통화, 배수관 위치 교육 차 만나기로 약속
	밤 10시 56분	이인구 씨 등이 전화했으나 불통
	새벽 3시 23분	이인구 씨, TT 04C에서 김용균 씨 발견

다음 기사를 바탕으로 재정리했다.
송인걸, 〈CCTV 등 통해 재구성한 고 김용균씨 최후 동선〉, 《한겨레》, 2018년 12월 18일 자,
https://www.hani.co.kr/arti/area/area_general/874801.html.

트랜스퍼 타워는 대체로 15층 건물 정도의 높이라 엘리베이터가 설치되기도 하지만, 용균 씨가 담당했던 구간의 트랜스퍼 타워에는 엘리베이터가 없어 좁은 계단을 오르내려야 했다. 태안화력발전소 노동자들 사이에서는 시간도 오래 걸리고 힘들다고 알려진 곳이다. 게다가 순찰이 끝나고도 사무실에 대기하면서 문제가 생기면 바로바로 현장으로 달려가야 했다. 일부 구간은 50~60미터 상공을 다니는 통로를, 배수로 덮개로 흔히 쓰이는 그레이팅 금속판으로 만들기도 해 오가는 걸 힘들어하는 이들도 적지 않았다. 무엇보다 신입 직원들이 적응하기 힘들어하는 것은 분진이다. 분진은 주로 빠른 속도로 돌아가는 컨베이어 벨트와 타고 남은 재를 치우는 회처리 작업 때문에 발생한다. 이는 운전원들의 시야를 가려 가뜩이나 어두운 화력발전소 내부에서 넘어지거나 부딪히는 사고를 발생시키고, 심지어 눈에 들어가 통증을 일으키기도 한다. 또, 원청인 한국서부발전에 메신저로 사진을 촬영해서 보고해야 하는 운전원들의 핸드폰 고장의 주요한 원인이기도 하다.

아무래도 30년을 발전소에서 정규직으로 일했던 인구 씨에게 현장은 그렇게 위험한 곳이 아니었을지 모른다. 정규직으로 일하면서는 불합리한 문제를 지적하고 개선을 요구하는 게 당연했고 어렵지 않았다. 그러나 용균 씨처럼 들어온 지 얼마 안 된 젊은 직원들, 특히 비정규직인 이들에게 현장은 위험한 곳, 노동조건을 개선하라고 요구하기 어려운 곳이었을 뿐이다. 사실 한국발전기술이 담당하는 태안화력발전소의 9, 10호기는 애초에 하청업체에 외주를 줄 목적으로 설계·시공·건설된 곳이다. 오르내릴 엘리베이터도 없고, 배수관 히팅 케이블도 설치되어 있지 않은 것은 최대한 비용을 줄여 건설했기 때문이다. 비교적 최근에 지어진 설비임에도 불구하고 낙후하고 열악한 상태라 다른 발전소 노동자들이 놀랄 지경이었다.[3]

원청인 한국서부발전과 발전기 9, 10호기 운용 및 연료·환경설비 운전 업무를 수행하는 하청업체 한국발전기술 사이에는 강력한 원·하청 사이의 지배력이 작동한다. 하청업체는 상시적인 원청의 관리·감독과 지시를 통해 작업을 진행할 수밖에 없고, 그 와중에 원청은 인명 및 설비에 대한 안전 책임을 하청업체에 떠넘겼다. 김용균 씨가 사고를 당하기 전부터 원청 담당자에게 설비 개선을 요구했지만, 아무리 해도 하청업체의 요구는 전혀 받아들여지지 않았다.[4]

발전소 업무의 특성을 잘 살린 표현 중에 '흐름 공정' 또는 '연속 공정'이라는 말이 있다. 발전소는 석탄 취급부터 보일러, 발전기 및 환경설비, 각 설비의 정비까지 하나의 공정으로 유기적으로 연결되어 있으며, 노동자들은 공을 주고받는 것처럼 기능적으로 연결된 공동 작업을 수행한다는 것이다.[5] 하청업체에서 고용한 노동자들도 원청 발전사의 업무 일정표에 맞추어 작업을 진행하며, 실질적으로 연료·환경설비 운전 노동자들의 작업 일정과 시간을 통제하는 것 역시 원청

전체 구간이 수 킬로미터에 이르며,
60~80미터 높이의 상공에 위치한
태안화력발전소의 컨베이어 벨트.

얇은 그레이팅 금속판으로
만들어진 컨베이어 벨트
점검로 바닥.

김용균, 김용균들

조명이 있어도 어두운 석탄화력발전소 내부.

분진이 가득한
석탄화력발전소 내부.

이다. 용역계약서를 살펴보면 "기타 발주자가 지시하는" 업무 역시 수행해야 한다고 적혀 있기도 한데, 그로 인해 운전원들에게 부여된 업무 범위를 특정하는 것도 쉬운 일이 아니다.[6]

그런 까닭에 인구 씨가 운전원의 업무를 명확하게 특정하는 게 필요하다고 항변하는지도 모르겠다. 운전원은 컨베이어 벨트가 돌아가기 전에도, 돌아가는 중에도, 정지 후에도 이상이 있는지 없는지 꼼꼼히 점검을 해야 하고, 이 업무에 집중할 수 있어야 한다는 것이다. 자기가 다루는 기계에 대해 공부하고 연구하는 시간도 필요하다고 했다. 인구 씨에 따르면, 낙탄은 컨베이어 벨트의 운전과 관계없이 설비의 구조 때문에 발생하는 것이므로, 운전 과정에서 떨어지는 낙탄을 치우고 낙탄을 다시 컨베이어 벨트에 올리는 일은 운전원의 본래 업무가 아닌 부수적인 업무다. 그는 오직 안전을 위해서, 운전원의 업무를 아주 명확하게 특정해야 한다고 했다.

"운전원은 운전원의 업무가 따로 있어요. 원청과 하청이 운전원도 낙탄을 치우게끔 계약을 했죠. 만약에 대형사고가 난다고 생각해보세요. 운전원이 사고를 발견해야 하잖아요? 그런데 낙탄을 치우다가 사고가 난 걸 발견 못 하면 큰일이잖아요. 그래서 제가 주장하는 게 운전원은 쉴 때 충분히 쉬고, 설비에 관한 공부도 할 수 있어야 한다는 겁니다. 편히 쉬었다가 나가서 또 점검도 하고 그런 시스템을 원했죠. 사고가 나기 전부터 많이 요구했어요."

김용균, 김용균들

하지만 대부분의 운전원들은 직접 낙탄을 치우고 컨베이어 벨트에 올린다. 특히 낙탄을 삽으로 퍼서 컨베이어 벨트에 올리는 일은 여러 운전원들이 체력적으로 힘들어하는 업무이기도 하다. 이때 워낙 많은 양의 낙탄이 발생하는 까닭에 안전을 위해서 설비를 멈추고 낙탄을 치우라는 법조항[7]이 있어도 지키기 어려운 것이 현실이고, 사실상 발전사도 설비를 멈추는 것을 달가워하지 않는다. 낙탄이 쌓이면 바로바로 치워줘야 하는데, 그 양이 너무 많아서 치울 때마다 벨트를 멈출 수는 없기 때문이다. 그러니 현장에서 일하는 노동자 처지에서는 설비를 멈추라는 법조항이 별 의미가 없다.

특히 겨울철 낙탄 제거는 더욱 어렵다. 석탄이 품고 있는 유수분이 잘 엉겨 붙기도 하고, 영하의 날씨에 얼기까지 하면 더욱 단단하고 무거워지므로 가까이 접근하지 않고는 제거하기 힘들어진다. 그냥 삽으로 퍼내는 것으로는 어렵고, 꼬챙이 같은 도구를 이용해 깨서 빼내야 하는데, 이렇게 작업을 하다가 작업 도구나 헬멧이 빨려 들어가 다친 노동자도 많다. 물론 낙탄을 씻어내는 시설을 설치하면 노동자들이 점검구에 몸을 집어넣고 위험하게 낙탄을 치우지 않아도 된다. 용균 씨의 죽음을 막을 수 있었다고 동료들이 한탄하는 이유다.

"그래서 용균이가 죽고 운전설비 쪽에 있던 다른 동료 하나는 자기가 죽였다고 하기도 했어요. 잔뜩 화가 나서 사고 나기 두 달 전에도 컨베이어 벨트 개선하자고 서부발전에 요구했는데, 그때 고쳐줬으면 이런 일 없었을 텐데. 우리가 고쳐달라고 했을 때 왜 해주지 않았느냐' 이런 말을 동료들이 많이 했죠."

설비에 문제가 있을 때마다 원청인 한국서부발전에 여러 번 시설 개선 요청을 했지만 들어주지 않았다. 요구는 들어주지 않으면서, 빨리 알아서 문제를 해결하라고, 무조건 먼저 일이 되게 만들라고만 했다. 하다못해 조명을 달아달라거나, 점검구 위치를 바꿔달라고 끝까지 요구하지 못했다는 괜한 죄책감에 김용균 씨의 동료 노동자들이 시달리게 된 건, 결국 회사가 노동자의 안전을 지킬 책임을 다하지 않아서다. 고쳐달라는 걸 제때 고쳐주기만 했어도 용균 씨가 죽는 사고는 막을 수 있었다는 걸 현장에서 일하는 사람들은 다 안다.

"낙탄 치우고, 분진 빨아들이고 치우는 업무를 따로 분리할 수 있어요. 예전에 일했던 서천화력발전소에는 바큠 클리너로 치우는 용역업체가 따로 있었는데 여기는 우리 [한국발전기술] 직원들이 해요. 회사에서 지급하는 삽은 짧아서 우리가 만들어서 썼죠. 2미터쯤 되는 대나무로 손잡이 길게 하고, 탄을 끌어내야 하니까 끝 쪽은 휘어지게 해서 만들어 썼어요. 근데 그걸로 만들어도 안 닿고 어깨까지 더 집어넣어야 하는데, 그래도 분진 때문에 잘 안 보여요."

원청이나 하청이나, 회사는 현장이 얼마나 위험한지, 어떻게 해야 안전하게 일할 수 있는지에 대해 전혀 관심이 없다. 자기 일에 대한 책임감과 지혜를 발휘하는 것은 늘 노동자들이다. 회사는 분진이 날리든 말든 그저 빨리빨리 하라고 다그칠 뿐이지만, 노동자들은 서로 협력하면서 업무에 필요한 도구까지 직접 만들어 썼다. 그렇게 현장을 지켜왔다.

사고 대응체계도 제대로 갖추지 못하고

한국서부발전은 민간 대기업과 맞먹는 규모의 큰 회사다. 한국서부발전 태안발전본부(태안화력발전소)에는 2012년에 설치된 종합방재센터가 있다. 서부발전은 종합방재센터를 통해 발전소에서 벌어질 수 있는 재난과 사고를 방지하고 위험에 긴급하게 대응하겠다고 했다. 또한 발전소 인근 지역의 재난과 안전에도 대응하는 시스템을 마련하겠다며 홍보에 열을 올렸다. 하지만, 실제로 종합방재센터는 노동자들이 일하는 현장 상황에서도 하청업체의 신고를 기다릴 뿐 재난을 직접 감지하고 조치할 수 있는 시스템을 갖추지 못했을 뿐만 아니라 무능했다. 2010년부터 2018년까지 용균 씨를 포함해 태안화력발전소에서만 15명의 하청업체 소속 비정규직 노동자가 목숨을 잃었는데도, 2020년 또 한 번 하청업체 비정규직 노동자가 사망하는 사고가 발생했다.

2010~2018년 한국서부발전 태안발전본부 하청업체 사고 발생 현황

사고 시점		사고 내용	사고 건수	출처
2010	1. 22.	창고 증축 공사 중 안전줄 끊겨 바닥으로 추락	사망 1	박정 의원실
	9. 20.	보일러 내 가설 비계 설치 작업 중 추락	사망 1	박정 의원실
2011	9.28.	발전시설 외벽 공사 중 추락	사망 2, 부상 1	발전비정규직 연대회의
2012	3. 27.	5호기 보일러동 내부 비계 붕괴로 매몰 사고	사망 2, 부상 11	발전노조 한전산업개발 발전본부
	4. 25.	2호기 보일러 내부 작업 중 비계가 무너져 추락	사망 1, 부상 5	박정 의원실
	5. 15.	이산화탄소 포집 설비 공사중 낙하한 쇠망치에 맞는 사고	사망 1	발전노조 한전산업개발 발전본부
2013	12. 29.	전도된 크레인 해체 작업 중 와이어 절손으로 추락	사망 1, 부상 1	박정 의원실
2014	7. 30.	석탄가스복합화력발전소(IGCC) 배수관로 전동밸브 전선관 작업 중 냉각수 저장소로 추락	사망 1	박정 의원실
	12. 30.	조적공사 중 생수병의 유독물 (방동제)을 물로 오인해 음용	사망 1	박정 의원실
2015	2. 18.	컨베이어 벨트 콘크리트 타설 작업 중 추락사고	사망 2	《고 김용균 사망사고 진상조사결과 종합보고서》
2017	11. 15.	3호기 보일러 청소 작업 중 기계 구동으로 협착사고	사망 1	
2018	12. 11.	9, 10호기 석탄운송 컨베이어 벨트 점검 중 협착사고	사망 1	
합계			사망 15, 부상 18	

"종합방재센터는 119나 경찰 안 부르고 쉬쉬할 수밖에 없어요. 안전사고를 하청에서 냈더라도 일단은 설비를 멈춰야 하잖아요. 게다가 2~3개월 정도 조사 들어가야 하니까. 그렇게 되면 손해가 엄청나니까 쉬쉬하는 거죠. 용균이까지 열몇 명이 죽었는데도 그냥 돈으로 해결하고 산재처리가 안 됐던 경우도 있는 거죠. 한 번에 두 명이 떨어진 적도 있어요. 10번 벨트, 65미터 그 높은 데 위에서. 한 명은 또 3호기인가에서."

용균 씨가 발견된 이후, 사고에 대한 조치에서도 한국서부발전 종합방재센터는 갈팡질팡했다. 사고 현장에 있던 노동자들은 우선 운탄제어실[8]에 보고를 해야 했으므로, 인구 씨와 메신저로 연락을 주고받던 동료 하나가 바로 보고했다. 제어실에서 연락했는지 바로 종합방재센터 소속 응급구조사 두 명이 왔다. 인구 씨와 동료들은 원청에 보고하면 사고 수습까지 그들이 책임지고 해결하리라 생각했다. 한국발전기술에서는 현장 노동자들에게 사고가 났을 때 원청에 보고하라는 것 말고 어떤 대응 방법도 알려준 것이 없었기 때문이다. 응급구조사들은 우왕좌왕하다가 사진도 찍지 않고 사고 현장에 출입 금지 안전띠도 두르지 않은 채 슬슬 도망치듯 가버렸다. 인구 씨는 당황스러웠다. 종합방재센터의 응급구조사들마저도 인사사고가 났을 때 정확한 대처 방법을 모르는 것 같았다. "다친 게 아니라 죽어서, 우리도 방법이 없다"라는 대답을 듣게 될 줄은 몰랐다.

사고 소식을 보고받은 한국서부발전 간부들도 거의 다 다녀갔다. 말 그대로 다녀만 갔다. 사고 현장을 왔다가 멀리서 슬쩍 보기만 하고 자리를 뜬 몇몇 간부들을 인구 씨는 기억하고 있다. 사망한 용균 씨가 발견된 오전 3시 23분 이후부터 오전 4시 50분경 경찰이 오고 오전 5시 40분경 충남 과학수사대 감식팀이 올 때까지 아무도 책임감 있게 일 처리를 하는 이가 없었다. 사고 대응 매뉴얼[9]이 전혀 작동하지 않는 상황에서 오전 7시에 태안의료원 운구차가 도착해 시신을 수습하고 겨우 태안의료원으로 용균 씨의 시신을 옮기게 됐다. 용균 씨의 죽음 같은 인사사고가 나면, 게다가 그걸 목격하면 동료들도 트라우마를 겪게 된다는 걸, 회사도, 동료들도 인구 씨도 그때는 몰랐을 테다.

책임지려는 사람이 아무도 없다

인구 씨는 사고 현장을 가장 먼저 발견했고, 가장 오래 남아 있었다. 그는 관리자들, 한국서부발전 종합방재센터 응급구조사, 119 구조대가 올 때마다 몇 번이고 같은 설명을 반복했다.

"과학수사대 사람들이 와서 사진을 찍는데 이게 제가 보니까 영 아닌 거죠. 공간을 잘 모르니 엉뚱한 데를 찍으니까. 옆에서 지켜보다가 발자국 찍힌 모양새를 같이 찾았는데, 제가 까치발을 한 발자국이라고 설명했어요."

용균 씨의 죽은 몸을 아직 다 수습하기도 전인데 사고 나지 않은 옆쪽 컨베이어 벨트를 돌리라는 지시가 있었다. 이역시 사고 대응 매뉴얼을 무시한 지시였다.[10] 사고 난 컨베이어 벨트야 어쩔 수 없지만, 발전소는 돌아가야 하니 서두르라고 다그치는 소리에 인구 씨와 동료들은 몸서리를 쳤다.

"저희는 아무 힘이 없어요. 특히 직급 낮은 사람은 더 그렇죠. [한국발전기술] 소장이 석탄 주머니, 톤백에 시신을 담아서 내리라고 했어요. 다른 직원들도 그 얘기 듣고 화가 많이 났죠. 근데, 소장이 얘기하면 그렇게 따라야 해요. 그래도 사람인데 어떻게 우리 동료를 석탄 주머니에 담아서 내리나요. 죽은 사람에게 예의를 갖춰야지, 어떻게 그래요."

사고 대응체계가 제대로 작동하지 않는다는 것을 온몸으로 느끼고, 아무도 자신을 보호해주지 않을 뿐 아니라, 아무도 사고에 대한 책임을 지지 않으려 하며 나서지 않는 상황을 인구 씨는 모두 '목격'했다. 그러나 이 모든 상황을 지켜보면서도 소장의 지시를 거부하기도, 저항하기도 어려웠다. 할 수 있는 게 아무것도 없다는 사실 앞에 무력감을 느끼며, 불쑥 치솟는 분노를 다스렸다.

인구 씨처럼 산재사고로 동료를 잃고 고통받는 사람들 가운데 동료를 잃었다는 사실보다 '어떤' 사람의 생명을 가볍게 여기는 구조 과정에 더 큰 충격을 받는 이들이 많다. 참전 군인의 외상 문제를 연구하며 1941년에 《전쟁 외상 신경증(War Stress and Neurotic Illness)》이라는 책을 발표한 정신과 전문의 카디너(Abram Kardiner)는 배가 침몰한 후 오래 바다에 떠 있다가 구조된 해군을 상담했다. 내담자는 뗏목에 위태롭게 매달린 자신을 지나쳐 상대적으로 안전한 구명보트에 의지했던 장교들을 먼저 구조한 구조대의 행태에 충격을 받았다고 했다. 카디너는 이를 군대의 일상적인 문화로 이해했지만, 내담자는 구조를 기다리다가 물에 빠져 죽고 말았던 동료들처럼 자신도 '아군'에 의해 희생될 수도 있었다는 사실에 경악했다.[11]

카디너의 상담 사례는 2014년의 세월호 참사, 2017년의 삼성중공업 크레인 충돌사고 등을 떠올리게 한다. 두 사건의 생존자들 모두가 구조된 것이 아니라 '탈출'한 것이라는 점에서, 사고 발생 후 초동 대응은 늦었고 응급구조 대책은 부재했다는 점에서 그렇다. 이러한 사고 현장에서 노동자들은 방치된 채 골든아워를 놓치고 죽을 수밖에 없고, 그 상황을 겪은 생존자는 죄책감에 시달리게 된다.[12] 어쩌면 사고 자체보다는 사고를 수습하는 모든 과정이 인구 씨를 더욱 괴롭혔을

지도 모른다.

"우리 동료가 죽었을 때는 동료 중 몇 명은 분명히 동료를 지켜야 해요. 그리고 동료들이 암묵적으로 조사를 해봐야 합니다. 안 그러면 바뀔 수가 있으니까요. 나중에라도 동료들에 의해서 밝혀지니까요. 울고불고하다가 토해내는 말이 증거가 되기도 하니까. 동료들이 자리를 지켜야 한다는 게 매뉴얼상에 있어야 한다고 생각해요."

인구 씨는 노동자 스스로 사고 상황에 대해 자세히 알아야 잘 대응할 수 있다는 판단 아래, 어떻게든 회사에 휘둘리지 않고 주도적으로 상황을 수습하면서 제대로 된 정보를 전하려고 무던히도 애를 썼다. 그래야 회사가 사고 원인을 노동자 탓으로 돌리고 서둘러 사건을 종료하려고 할 때 대처할 수 있으리라 생각했다. 그런 측면에서, 인구 씨는 김용균 씨의 핸드폰을 과학수사팀과 같이 발견하게 된 것이 다행스러웠다. 원청인 한국서부발전은 작업에 필요한 손전등도 지급하지 않았다. 용균 씨는 스마트폰의 플래시 기능을 이용해 사고 지점을 점검하고, 스마트폰으로 찍은 점검 결과 사진을 관리자의 SNS(카카오톡)로 보내야만 했다. 이러한 사실을 밝히는 것이 중요했던 것은 대개 사고가 발생했을 때, 어떤 업무를 하느라 그런 일이 발생했는지, 그 업무를 할 때 위험하지는 않은지, 노동자의 안전을 위해 회사는 어떤 조처를 했는지 살피는 과정을 건너뛴 채 사고 발생의 원인을 사고당한 노동자 탓으로 돌리는 일이 비일비재했기 때문이다. 한국발전기술과 한국서부발전 관리자들도 "김용균이 왜 그런 식으로 일을 했는지 모르겠다"라며 용균 씨가 막무가내로 일했기 때문에 사고가 났다는 듯이 노동자 과실책임을 주장하려는 시도를 여러 차례 했다.

> "스마트폰 [플래시] 불빛도 제가 발견해서 알려주고. 이미 불이 켜져 있었던 거라는 설명을 했죠. 분진이 덮여 있어서 이걸 못 찾고 그대로 방전이 됐으면, 전화기 불빛으로 비춰보면서 점검을 했다는 걸 밝히기 어렵잖아요. 회사는 용균이가 막무가내로 작업했다고 하지만, 용균이가 점검한 건 기본에 충실한 거예요."

용균 씨가 사고 지점에 머리를 넣고 불빛을 비추어 점검해야 했던 건 컨베이어 벨트 이상 여부를 근접 촬영해 보고해야 했기 때문이다. 이 근접 촬영은 운전원의 업무 매뉴얼에는 없는 작업 공정이다. 그러나 원청에서 근접 촬영한 이미지로 보고하라고 요구한 사항이라 거부할 수 없는 공정이기도 하다. 매뉴얼에 없는 비가시화된 '좀비 공정', 즉 보이지 않는 위험 업무다. 그런 이유로 인구 씨는 이 과정에 대한 업무 흔적을 발견해내고 그 사실을 과학수사대와 함께 공유하는 일이 중요하다고 판단했다.[13]

공기부상형 컨베이어 벨트 밀폐함 내 아이들러
롤러의 과열 및 소음 여부를 육안과 청각으로
확인하고 핸드폰으로 촬영하는 모습(재연).

오전 6시 25분경 과학수사대가 감식을 끝내고 이제 시신을 수습해도 좋다고 했다. 얼마 후 오전 7시에 태안의료원 운구차가 도착했고, 소방관들이 시신 수습을 도와주었다. 다행스럽게도 시신을 감싸는 수시포가 소방차에 있었다. 시신을 보내는 마지막 순간, 용균 씨의 발이 점검구에 걸렸다. '탁탁' 발이 걸리며 내는 소리에 인구 씨의 마음이 '턱' 하고 내려앉았다고 했다. 옆쪽 컨베이어 벨트가 작동하는 바람에 분진이 다시 가득했다. 소방관들이 움직일 때 조심하라는 안내를 하는 게 인구 씨와 동료들이 할 수 있는 일의 전부였다.

"제가 추구하는 건 안전이거든요. 현장을 누구보다 잘 아는 사람들이 근무자인데 근무자의 말에 귀 기울여주면 좋겠습니다. 회사 중앙 간부들이 현장 근무자들하고 거리를 좁혀 지내기를 바라거든요. 의사소통이 잘 돼야 안전을 확보할 수 있으니까. 근데 사실, 안전을 도모할 수 있는 건 노동조합과 동지밖에 없다고 생각해요."

인구 씨는 현장에서 일하는 사람들이 불시에 일어날 모든 위험을 고스란히 감당해야 하는 현실이 답답했다. 사고 대응체계는 작동하지 않고, 아무도 책임지려 하지 않는다는 사실을 수시로 확인하면서 분통이 터졌다고도 했다. 김용균의 죽음을 겪으며, 그동안 적당히 잘 적응하고 살아남으려 했던 시간이 모두 후회스러웠다.

회사는 늘 사고의 진짜 원인이 뭔지 밝히려고 하기보다는 현장에서 일하는 사람들이 한 실수와 잘못을 문제 삼기 바빴다. 회사가 만들어내는 '너만 잘하면 사고 안 난다'라는 방식의 안전 문화를, 한 번도 의심하지 않고 받아들여왔다는 게, 인구 씨는 너무 후회스럽다.

아무도 내 얘기를 제대로 들어주지 않았다

어렵게 김용균 씨의 시신을 수습하고 태안의료원으로 이

김용균, 김용균들

송한 후, 의료원 영안실에 빈소가 꾸려졌다. 그러는 사이 인구 씨는 경찰조사를 받았다.

"조사 과정에서 어려웠던 건, 한 얘기 또 하고, 한 얘기 또 하고 했던 거예요. 발전소에서도 경찰차 안에서 형사 한 분하고 형사팀장 한 분하고 이렇게 한 시간 정도 얘기를 했어요. 씻고 바로 가서 경찰서에서 8시부터 한 12시까지 네 시간 더 했으니까, 전부 다 하면 다섯 시간 되죠. 조사 받고 집에 가서 다른 데 가지 말라고 했어요. 또 추가로 참고인 조사가 있을지 모르니까 집에만 있으라고 하더니 다음 날인가 전화가 왔어요. 왜 거짓말했냐고."

용균 씨와의 통화 횟수를 잘 기억하지 못했다는 이유로 며칠 후 경찰서에 한 번 더 가야 했다. 그를 조사한 경찰은 피의자를 대하듯이 왜 거짓말을 하느냐고 추궁했다. 용균 씨가 인구 씨에게 걸었던 전화는 연결이 되어 통화를 했지만, 밤 10시 반 이후 인구 씨가 용균 씨에게 걸었던 전화는 연결이 되지 않았다고 진술했는데, 연결된 기록이 한 번 더 있다고 했다. 세 번이든, 네 번이든 충분히 헷갈릴 수 있는 상황이라는 걸 이해하려 하지 않고 왜 속였느냐는 듯이 다그치는 게, 그는 불쾌했다. 그러고는 누군가 감시하는 느낌과 불안에 시달렸다.

"불법촬영을 당한 피해자들이 트라우마에서 벗어나지 못한다잖아요. 그러니까 저 역시도 벗어나지는 못했어요. 나를 누가 감시하고 있는 것 같은 느낌이 들고, 매일 숙소 들어갈 때마다 불 꺼놓고 여기저기 비춰 보기도 하고. 카메라 찾아내는 장비도 한번 구해볼까 했죠. 조사받고 나서 내가 전화하는 거 뭐 이런 걸 다 누가 살피는 것 같은 느낌이 있었어요. 그게 오래 갔어요. 누워 있으면서도 천장이랑 구멍 뚫려 있는 게 다 신경 쓰이고, 매일 침대 밑에도 막 보고."

경찰만 피의자 다루듯 인구 씨를 대한 것은 아니다. 그를 무책임한 상사라고 비난한 댓글을 본 적도 있다. "왜 과장이 돼서 현장을 안 갔냐." 용균 씨의 죽음을 다룬 어느 기사에 달린 이 댓글을 보고는 화가 나기보다 자책에 시달렸다. 용균 씨에게 마지막으로 전화를 걸었던 게 밤 10시 56분이었다. 그 시간을 잊을 수 없는 건 인구 씨도 자기에게 계속 되물었기 때문이다. '그때 전화가 안 됐는데, 왜 안 갔을까?' 사고가 났을지, 별일 아닐지 그 역시 알 도리가 없었다는 게 분명한데도 좀더 빨리 용균 씨를 찾아내지 못했다는 후회를 떨치기 어려웠다.

"제 성격이 내성적이지만, 책임감은 강한 편이거든요. 용균이가 눈에 안 띄었으면 밤새 찾았을 거예요, 밤새. 그날

대기실 가는 사람들 다 가라고 하고 혼자 찾으려고 올라갔으니까요. 용균이랑 저의 관계가……. 내가 죽은 용균이에게 가까이 갈 수밖에 없는……. 뭔가에 끌려서 용균이를 만났잖아요. 비록 죽었지만."

여러 번 반복해서 용균 씨를 발견한 순간을 다시 설명할 때마다, 용균 씨의 몸과 컨베이어 벨트의 모습이 선명하게 떠오르고 그 순간 느꼈던 감정도 다시 훅 밀려오곤 했다. 그 고통은 설명하기 어려울 정도다. 그러나 무엇보다 힘들었던 것은 여러 기관에서 진행되는 조사 과정 그 자체였다. 목격자로서 김용균 씨의 죽음이 그의 부주의나 과실 탓이 아니라는 걸 회사 간부들에게 항변한 사람이 인구 씨임에도, 경찰과 119 구조대, 고용노동부의 조사를 거치면서 참고인 신분과 피의자 신분 사이에서 휘둘리는 느낌을 받곤 했다.

최초의 목격자이고, 용균 씨의 직속 상사인 인구 씨는 김용균이라는 젊은 동료를 보호해야 할 책임이 있는 사람이라는 자신의 처지를 거부하고 싶던 적은 없었다고 했다. 경찰과 고용노동부의 조사는 인구 씨가 상사·관리자로서 책임을 다하지 않은 부분은 없는지 따지는 것이었다. 업무상과실치사라는 죄목으로 피의자가 될 수도 있고, 산업안전보건법(이하 '산안법')상 안전조치를 위반한 책임을 지게 될 수도 있었다. 사고가 난 후부터 인구 씨를 지원해온 충남노동건강인권센터 새움터 최진일 대표는 사고 직후 목격자인 그가 겪은 조사

과정의 경험이 아주 심각한 문제를 일으킬 수 있다고 지적한다. 중대재해 목격자들은 대개 트라우마 피해를 입게 되는데, 가장 보호가 필요한 시점에 이러한 조사들이 수차례에 걸쳐 진행되기 때문이다.

사고를 목격한 노동자를 살피지 못하고 방치하는 일은 너무도 많이 일어나지만, 유사한 사례 두 가지를 한번 살펴보아도 좋겠다. 우선 2017년 한국타이어 금산공장에서 고무 원단을 옮기는 컨베이어 벨트에 끼어 노동자가 숨진 사고다. 사고를 직접 목격한 동료 노동자가 두려움에 몸을 떨고 있었음에도, 회사는 아무런 치료나 지원도 없이 방치했다. 그렇게 불안정한 심리 상태에서 곧바로 경찰에서 목격자로 참고인 진술을 하게 되면서, 목격자였던 노동자의 트라우마가 상당히 심각해졌다.[14]

2020년 4월 16일 현대중공업에서 발생한 끼임 사고도 사고를 목격한 동료 노동자가 보호받지 못하고, 업무상과실치사 혐의로 경찰조사를 받으며 고통이 가중된 사례다. 잠수함 어뢰 발사관과 유압문 조정 작업을 다음 날의 잠수함 검사 일정까지 맞추라는 회사의 요구에, 해당 작업 담당자는 일정을 맞추기 어려우니 미뤄달라고 하고는 퇴근했다. 그러나 다급했던 회사는 미숙련 노동자 세 명을 투입해 작업을 강행하다가 끼임 사고를 일으키고 말았다. 해당 업무를 처음 해봤음에도 불구하고 동료의 죽음을 막지 못했다는 죄책감으로 고통을 호소하던 사고 목격자인 동료 노동자 A 씨는 2020년 9월

1일 외상 후 스트레스 장애(PTSD)로 산재 요양급여 승인을 받았다. 그는 사고 발생 후 참고인 신분으로 경찰조사를 받다 피의자 신분으로 전환되어 업무상과실치사 혐의로 검찰에 송치되기도 했다.[15]

> "사고가 발생한 시점에 저희가 손을 쓸 수 있는 사건이라면 조사를 미루거나 변호사나 활동가가 동행해서 보호조치를 하지만, 대부분은 이러한 보호 없이 잔인한 상황에 노출됩니다. 특히 경찰조사는 사고가 발생한 직후에 주로 진행돼서 손쓸 틈도 없이 목격자 혼자 경찰서에 실려가서 조사받을 때가 많아요." (최진일)

최진일 대표는 트라우마 피해가 예상되는 목격자 등의 심리적 안정을 우선시하고 그들이 충분한 보호 속에서 조사받을 수 있어야 한다고 강조했다. 산재사고가 발생하면 회사는 시급하게 사고 발생 원인에 대해 자료를 수집하고, 사고 정황을 조사하고, 사망 혹은 부상에 대한 대응에 힘을 써야 하지만, 오히려 그 모든 책임을 뒤로한 채 사건을 축소하고 은폐하는 데 정신이 팔린다. 그러는 한편으로 동료가 죽거나 다치는 사고를 목격했다는 이유로 진술, 수사에 불려 다니는 노동자들은 사고를 방관한 책임을 묻는 듯한 근로감독관이나 경찰, 검찰 등 수사기관 앞에서 위축되고 불안한 상태에 놓이게 된다. 산재 신청 과정에서 근로복지공단 담당자들과

대면하며 겪은 노동자들의 피해도 적지 않다. 산재 피해자들이 만날 수밖에 없는 여러 기관의 실무 담당자들이 산재 트라우마를 잘 이해하지 못하고 있는 것이 현실이다. 그러다 보니 정신장애에 대한 편견 어린 시선과 차별적인 언어로 드러나고, 그로 인해 노동자들은 위축되어 치료를 보장받을 수 있는 기회를 결국 포기하게 된다.[16] 특히, 조사를 담당하는 경찰관이나 근로감독관이 조사 대상자의 심리적 상태를 살피고, 트라우마를 이해할 수 있도록 하는 교육이 더욱 절실한 상황이지만, 아직 이 부분을 고려한 자료가 충분하지 않다.[17]

김용균투쟁 62일

사고가 난 후로 인구 씨는 집에서 잠들기 어려웠다. 잠잘 장소를 친구네로, 딸네로 옮겨도 소용이 없었다. 여러 차례 조사를 받다 보니 불안감이 커진 탓인지, 불을 끄면 창문으로 누가 들어올 것 같아서 못 자고, 용균 씨와 통화하는 소리가 되풀이되는 이명이 심해 잠을 설쳤다. 용균 씨의 빈소에 가니 이명이 사라졌고 그제야 잠이 오더라고 했다. 태안에 있을 때는 물론이고, 서울에서 투쟁할 때도 서울대학교병원에 마련된 용균 씨의 빈소, 영정 앞에 가야 잠을 잘 수 있었다. 별다른 이유가 있는 것은 아니라고 했다. "그냥 별 이유 없어요." 인구 씨는 하루 이틀 용균의 옆에 가지 않으면 그렇게 궁금할 수가 없더라고, 조용히 말했다. 친하게 지내던 동료 과장들 몇이 자주 함께 있어주어 든든했다.

"용균이 처음 찾았을 때, 그 옷이 구겨진 모양이나 다리가 놓인 상태, 이런 게 계속 기억나죠. 밤이 되면은 더 심해지고. 경력직들에게 회사가 원룸 하나씩 줬는데 제 방에 있으면 잠이 안 오고, 불 켜놓고 그냥 날 새고. 불을 끄면 더 잠이 오지 않았어요. 사실 이런 느낌이 조사받을 때 느낀 것하고도 이어지는 것도 같아요. 그런데 밤중이라도 용균이한테 가면 편하게 잠을 잤죠. 꼭 용균이 영정 앞에서 잤어요. 식당 그 상다리 옆에서는 또 잠이 안 왔어요."

노동조합 활동이나 투쟁에 열심히 나서던 사람이 아니었고, 늘 조심스러웠던 인구 씨. 그런 그가 62일간의 김용균투쟁에서는 진심으로 열심히 싸웠다.[18] 투쟁에 같이하지 않으면 살 수 없었을 거라며, "김용균투쟁이 나를 살렸죠"라고 했다.

태안의료원 빈소에서 자고 먹고 했는데도, 어디에도 제대로 섞이지 못한 채 지냈다는 인구 씨는 스스로 "존재감이 없던 사람"이었다고 말한다. 나서서 뭘 하기도 애매했던 시간이 오래 갔다. 태안의료원 빈소에서 젊은 동료들이 리본이며 국화며 만드는 데 조용히 손을 보태고 자고 먹으며 자리를 지킬 뿐이었다. 서울로 올라가 투쟁을 하자는 태안화력 비정규직 청년노동자 고(故) 김용균 사망사고 진상규명 및 책임자처벌 시민대책위원회(이하 '시민대책위')의 제안을 듣고 인구 씨도 함께 서울 상경 투쟁을 하게 됐다. 2019년 1월 22일 서울대학교병원으로 장례식장을 옮긴 후에 광화문과 병원에 분향소를 만들었다.

"서울 올라갈 때 저도 그냥 따라서 올라갔죠. 막상 서울대학교병원에 가서 보니까 다 바빠서 상주할 사람이 없는 거예요. 그래서 제가 자발적으로 '내가 상주 대표 할게. 몇 사람만 좀 도와달라'고 했어요. 거기서도 존재감이 없었어요. 저도 나중에 알았는데 용균이 어머니는 제가 상주했다는 것 자체를 몰랐어요. 다른 사람들은 종로니 광화문이니 그런 데로 다 나가 있어서 빈소에는 없었어요, 사람들이."

상주 역할을 하겠다고 했지만, 동료들과 같이 집회 현장을 누비고 싶은 마음조차 없었던 건 아니다. 사람들과 구호도 외치고 노래도 부르고 싶었다. 그만큼 아쉬움도 컸다. 젊은 동료들과 일하고 어울리며 그들을 챙기는 걸 좋아했던 인구 씨였다.

"광화문도 가보고 싶었고, 종로도 가보고 싶었죠. 한번은 직원들이 밥 한번 사겠다고 종로를 데리고 나갔거든요. 저 고생한다고요. 사람들이 대단히 많은 거예요. '너무 좋다.

너무 좋다' 했어요. 사람 구경을 원 없이……."

보통은 저녁 8시 반이면 분향소를 정리했지만, 인구 씨가 분향소를 지키는 날은 밤 10시가 넘도록 문이 열려 있을 때가 많았다. 분향소를 찾아오는 이들의 마음에 실망을 안기고 싶지 않았으며, 마지막에 찾아오는 한 사람조차 놓치고 싶지 않더라고 했다. 김용균을 모르면서도 찾아와서 눈물 흘리고 애도하는 사람들을 더 많이 만나고 싶었다. 그들 모두에게 정말 고마웠다.

인구 씨를 비롯한 김용균 씨의 동료들은 김용균투쟁 62일을 열심히 살았다. 머리띠를 두르는 것도, 집회에 가는 것도, 거기서 구호를 외치는 것도 처음인 사람이 많았다. 서울에서 시민들을 만나면서 힘을 얻었다는 젊은 동료들도 점점 늘어갔다.

인구 씨도 상경 투쟁을 하면서 김용균투쟁에 연대하는 다양한 목소리들을 만나게 된다. 특히 용균 씨처럼 일하다가 죽음을 결심하거나 선택한 사람들의 이야기, 용균 씨 부모님처럼 자식을 먼저 보낸 사람들의 이야기에 마음이 쓰였다. 그래서 한국마사회의 갑질과 부정부패, 비리를 고발하며 스스로 목숨을 끊은 문중원 열사 투쟁 일정에 종종 참여했다. 긴 시간 진상규명을 위한 싸움을 이어가고 있는 세월호 가족들과도 만났다. 그런 만남을 통해 자기가 살아오던 세상과는 또 다른 세상의 면모를 보았을지도 모른다.

"관계에 대해 생각한 적이 있어요. 용균이와 나와의 관계. 용균이는 나에게 어떤 존재인지. 울기도 많이 했어요. 미사 가면 한 시간 동안 예수상만 보고 울다 나온 적도 있어요. 한전에서 정규직으로 일할 때는 보이지 않던 게 켑스[한국발전기술] 들어가니까 눈에 보이는 거죠. 용균이 사건 후에야 다른 투쟁하는 사람들이 눈에 들어오는 거예요. '아, 이건 아니구나……' 했어요. 나도 뭔가 일조하고 싶은데, 참여할 수 있는 데라도 열심히 같이한다는 생각으로."

산재 생존자들이 겪고 있는 여러 가지 고통은 사고 당시의 충격에 잡아먹히지 않기 위해 발버둥 치는 가운데 드러나는 것이라고도 한다. 살아남는 일에 몰두하고자 노력한 모든 순간을 김용균과 함께 버틴 것일까. 인구 씨는 김용균투쟁이 그를 살렸다고 하지만, 어쩌면 살아남기 위해 김용균투쟁을 적극적으로 선택했을지도 모른다. 그렇게 기꺼이 참여한 62일 동안 서울을 오가던 그 시기는 '김용균 이후의 이인구', 즉 자기 삶의 방향을 모색하는 시간이 되었을 테다.

산재 생존자 이인구, 그리고 산재 트라우마

고용노동부가 2022년 3월에 발표한 자료에 따르면, 2021년 산재로 인한 질병과 사고로 목숨을 잃은 사람은

2,080명이다. 하루에 5.7명의 노동자가 일터에서 얻은 병이나, 일터에서 겪은 사고로 죽는다.[19] 죽어도 사건이 되지 않는 죽음도 있으며, 죽지 않으면 사건조차 되지 못하는 일도 허다하다. 일터에서 사람이 죽고 다치는 일을 어쩔 수 없는 일이라고 가볍게 여기는 사고방식이 만연한 우리 사회를 생각하면 늘 마음이 스산하다. 더구나 산재로 목숨을 잃은 젊고 어린 노동자의 죽음을 슬퍼하면서 '꽃다운 나이'를 안타까워하는 모습은 이골이 날 지경이다.

오늘도 일터에서는 수없이 많은 사고가 발생하고 있다. 일과 관련한 사고로 목숨을 잃거나 다친 사람, 병을 얻게 된 사람들을 '산업재해 피해 당사자'라고 한다(1차 피해자: 사망자, 신체적 부상이나 정신적 외상이 있는 생존자). 인구 씨처럼 동료의 죽음을 목격하고 고통받는 사람들과 피해자의 가족들(2차 피해자: 사망·부상 사고 목격자, 1차 피해자의 가족·친구, 사건에 자신의 책임이 있다고 생각하는 사람), 그리고 응급구조 업무, 의료인력 및 상담가, 사건을 취재하는 언론인까지(3차 피해자) 포함한다면 산재로 인한 피해 당사자의 범위는 생각보다 폭넓다.[20][21] 그런데도 이 사회는 산재를 경험한 사람들이 사고 이후 어떻게 사는지 조금도 궁금해하지 않는 것만 같다.

2021년에 열린 한 연구 발표 토론회[22]에서는 산재 피해자 가족을 보호하는 법체계가 마련되어 있지 않다는 지적이 나오기도 했다. 산재와 관련한 법이 주로 산재 사망사고 유가족에 대한 경제적 보상과 질병이나 장해 산재에 대한 의료적

지원에만 집중되어 있다는 것이다.[23] 또 산재 피해자 가족의 특수한 욕구에 대한 지원 시스템이 없다 보니, 이들은 자발적인 가족 모임이나 민간단체의 지원 시스템에 의존해 산재로 인한 여러 가지 어려움을 해소하고 있다고 했다.[24] 우리 사회가 산재를 겪은 당사자의 가족 등 2차 피해자, 나아가 3차 피해자의 어려움이 무엇인지, 그들에게 어떤 지원이 필요한지 관심을 두지 못했을 뿐 아니라 무지했다는 것이다.

인구 씨는 산재사고의 목격자이고, 그로 인해 산재 트라우마를 겪고 있는 피해자다. 자신의 아픔을 드러내기로 한 인구 씨의 고통이 산재 승인을 통해서 '인정'받았다는 점은 다행스러운 일이다. 2019년 12월 24일 대전업무상질병판정위원회는 인구 씨의 트라우마 증상(외상 후 스트레스 장애)[25]이 김용균의 죽음을 경험하고 영향을 받은 결과라고 밝혔다.

"신청인은 신입 직원이던 동료 근로자의 사망 현장 목격 및 시신 수습과 기관마다 반복적으로 사고 내용을 진술하는 과정에서 외상성 경험이 반복되는 과정이 정신적 스트레스로 작용하였으므로 신청 상병과 업무 간 상당인과관계가 인정된다."[26]

전쟁이나 아동학대, 성폭력과 같은 사건을 겪으면 몸과 마음에 큰 위협과 충격이 된다. 이럴 때 입게 되는 심리적·정신적인 상처를 트라우마라고 하는데, 트라우마로 인한 심리

김용균, 김용균들

적 어려움은 몸의 통증으로 드러나기도 한다. 최근에는 일터에서 일어나는 사망사고 등의 중대재해를 비롯해 업무와 관련한 사고나 질병, 일터괴롭힘이나 성폭력 사건에 직접 연루되는 경우, 또는 그런 사고를 목격한 후 발생하는 심리적 상처를 '직업 트라우마'[27]라고 부르기 시작했다. 산재 트라우마는 직업 트라우마에 포함된다고 볼 수 있다.

산재 역시 개인이 통제하거나 예측할 수 없는 강력한 외상사건이며, 이를 경험하거나 목격한 노동자 역시 극심한 불안과 두려움에 시달린다. 산재의 성격이 구조적, 조직적 문제임에도 노동자들은 과도한 죄책감에 사로잡히곤 한다. 게다가 사고 현장이 매일 출근해야 하는 일터이므로 그곳을 폐쇄할 수 없고, 그곳에서 일하면서 사고에 대한 기억이 계속 떠올라 더 큰 고통에 시달리게 된다. 이러한 이유로 산재 트라우마 예방과 치유를 다룰 때 개인의 치유뿐 아니라 작업환경 개선까지 요구하는 것이다.[28]

전쟁으로 인한 트라우마는 전쟁이라는 폭력과 그로 인한 희생을 반성하는 가운데 연구 성과가 쌓여왔고, 성폭력으로 인한 트라우마는 여성과 아동에 대한 폭력과 학대를 일삼는 권력을 문제 삼으며 여러 담론을 만들어왔다. 미국의 정신의학과 교수 주디스 허먼(Judith Lewis Herman)은 "성폭력과 가정폭력 범죄는 권력에 내재한 학대의 속성을 정의하는 문제"[29]라고 지적하면서 심리적 외상에 대한 연구가 제대로 진행되기 위해서는 정치적 운동의 지지가 필요하다고 말했다.[30]

한국 사회에도 성폭력, 가정폭력, 아동학대 피해자가 겪는 트라우마에 대한 공적 지원체계가 마련되어 있고 최근에는 재난 및 범죄 피해자에 대한 심리 지원도 자리를 잡기 시작했다.

한국 사회에서 산재 트라우마에 대한 논의가 확장되기 위해서는 허먼의 말대로 다양한 정치적 운동의 도움이 필요하다. 하지만 우선 2022년 1월 27일부터 본격 시행된 중대재해처벌법이 안정적으로 시행될 필요가 있다. 중대재해처벌법이 만들어지기까지, 산재가 노동자에 대한 자본의 지배와 폭력으로 인해 발생하는 범죄라는 '사회적 합의'를 만들어내기 위해 많은 이들의 노력과 투쟁이 있었다는 것은 분명하다. 그리고 이 법은 이윤을 추구하는 기업에 의해 살해된 노동자들의 잃어버린 삶에 대해 우리 사회가 책임을 다하기 위한 수단이기 때문이기도 하다.

우리는 대체로 재난이나 참사와 같은 사건을 경험하고 살아남은 자를 '생존자'라고 부른다. 암 생존자는 암의 위협에서 벗어나 살아남은 사람을, 자살 생존자는 자살한 이와의 사회적 관계로 인한 영향과 심리적 외상을 견디며 살아가는 사람을 일컫고, 성폭력 생존자 역시 성폭력으로 인한 고통과 무력감에 사로잡힌 피해자라는 말의 억압을 넘어 자기 삶을 펼쳐가는 적극적인 주체라는 정치적 의미를 담은 말이다. 그러므로 '산재 생존자 이인구'라고 쓸 수 있을 것이다. 피해자나 트라우마 환자라고 하는 말에 갇히지 않고 김용균의 죽음을 거쳐 다른 삶, 다른 세상과 만나려는 그의 열망이 그만큼 크고 뜨겁다.

한편으로는, 생존자로 살아야 한다고 다그치는 측면이 있지는 않나 하는 의구심이 들 때도 있다. 피해자/생존자들이 자기를 돌보고 치유할 수 있는 충분한 자원을 사회가 책임지고 지원해야 하지만 법·제도적 지원이나 사회적인 인식에서나 여전히 부족한 것이 사실이다. 피해자/생존자들은 싸움을 선택하기도 하고 피하기도 하면서, 다양한 모습으로 그들은 각자의 삶을 살아갈 것이다. 모두에게 싸워달라고 하는 것도 적절하지 않고, 한편으로는 싸우기로 마음먹은 사람을 추어올리는 것도, 그들의 고군분투를 응원하는 데 만족하는 걸로 그치는 것도 고민스럽다. 우리가 무슨 고민을 하는지와 무관하게, 인구 씨는 고군분투하고 안간힘을 쓰며 싸우는 길을 선택한 것 같다. 그가 '자기 자신'으로 살아남기 위해 혼자 애쓰지 않으려면 무엇이 필요할까.

인구 씨는 요즘 군산에 산다. 아내와 파크골프를 즐기곤 하지만, 사실은 혼자 운동하고 싶다고 소심하게 털어놓는다. 손주 육아라는 중요한 숙제가 있어서 서울에, 김용균재단이 꾸려가는 활동에 자주 가보지 못하는 걸 못내 아쉬워하고 있었다. 지역에 있는 시민단체 사람들과 만나고 있지만, 자신의 고민을 쉽게 꺼내지는 못한다. 어디서부터 어떻게 자신이 겪은 경험과 고통을 나누어야 할지, 어렵다고 했다. 용균 씨의 죽음을 겪은 후로는, 이전에 만나오던 지인들과 편히 나누던 이야기들이 편하지 않았다. 일터에서 사람이 그렇게 많이 죽는데도, 아무렇지도 않게 평온한 그들의 일상에 맞장구치기 어려웠다. 그렇게 전에 맺어오던 관계들도 서서히, 자연스럽게 정리하고 있다. 그래서일까. 인구 씨는 온통 '용균이'와 김용균재단 생각뿐이다.

"용균이를 도와줬던 단체나 개인, 그분들은 만나고 싶죠. 서울도 더 찾아가고도 싶고 그런데 집에서는 손주들 챙겨야 하니까 말리죠. 몇만 원씩 후원하는 길밖에 없더라고요. 다행히 읽는 게 힘들지는 않아서 유가족들이 쓴 책이나, 싸우는 노동자들이 쓴 책, 책 사는 것도 후원이라 생각하고 이것저것 찾아서 보고 있어요. 그런데 그냥 김용균재단 회원으로 있고 싶지, 제가 나서는 건 좀 부담스러워요."

군산 시외버스터미널과 가까운 사거리 모퉁이에는 인구 씨가 만든 작은 추모 공간이 있다. 오래된 일본식 건물의 2층에 자리 잡은 추모 공간으로 오르는 계단이 조금은 가파른 느낌이다. 2층 외벽에는 김용균을 추모하는 커다란 현수막이 걸려 있다. 한번은 길 가던 사람이 들어와 군산에도 김용균재단이 있느냐고 묻기도 했을 정도로 '김용균'이라는 이름이 잘 보였다. 세련되지는 않았지만, 공간 곳곳에 인구 씨의 살가운 정성이 닿아 있었다.

추모 공간 한쪽에는 인구 씨가 잊을 수 없다고 여기는 존재들이 나란히 자리를 잡고 있었다. 김용균 씨를 비롯해 부

김용균, 김용균들

산 경마공원 기수 문중원 씨,[31] 수은중독으로 산재 사망한 문송면 씨[32] 등 일터의 문제로 죽음에 이른 이들의 사진이 있고, 한쪽에 세월호 희생자 추모를 위한 자리가 마련되어 있다. 열다섯의 나이에 세상을 떠난 문송면 씨를 위해 마련한 BTS 음반과 로봇 조립모형 장난감도 겹겹이 쌓여 있다. 문송면 씨가 살았으면 쉰이 훌쩍 넘었을 거라는 걸 뒤늦게 알았지만, 가난한 집안 살림에 누리지 못하고 살았을 그이를 위한 선물을 한 것이라 괜찮다고 허허 웃는다. 이 장소는 인구 씨가 만나고 싶어 하는 어떤 세상과 연결되는 통로일지도 모른다.

발전소 경력 30년의 올드보이, 계약직 과장님

인구 씨는 1983년 한국전력공사(이하 '한전')에 입사했다. 한전이 발전사를 분사하기 시작한 2001년부터 2013년 3월 퇴직까지 발전사 원청인 한국중부발전 정규직 직원이었다. 30년을 근무하는 동안 발전소 운영과 점검을 맡아 일했다. 퇴직하고 2년 후인 2015년 9월 한국서부발전 하청업체인 한국발전기술에 현장 근무 계약직으로 입사했다. 하청업체 소속 비정규직 과장으로 3년 9개월이 됐을 때 용균 씨의 죽음을 마주하게 된 셈이다.

인구 씨 같은 경력직이 현장에는 의외로 많다고 했다. 젊은 직원들은 그들을 'OB(old boy)' 아니면 '경력직'이라고 부른다. 한국중부발전 서천화력발전소에서 오래 일했기 때문에 한국서부발전 태안발전본부(태안화력발전소)와 한국발전기술에서 같이 일하는 관리자 몇몇은 예전부터 잘 알고 지냈다. 경력으로나 친분으로나 관리자들과 가까웠지만, 오히려 그는 노동조합에 관심이 많았고, 오래 응원해왔다.

우리가 안전하고 존중받으며 일할 수 있고, 삶을 꾸리기에 넉넉한 임금을 받는 건 회사가 아니라 노조 덕분이라며, 노조를 반대하는 동료들과 많이도 싸웠다고 했다. 그와 김용균 씨가 함께 다니던 한국발전기술에도 용균 씨의 죽음이 있기 1년 전 발전 비정규직 노동조합(민주노총 공공운수노조 한국발전기술지부 태안화력지회)이 활동을 시작했다. 55세까지만 노조 가입이 가능해서 인구 씨는 조합원이 되지 못한 게 아쉬웠다고 했다.

1998년 2월 정부가 공기업 민영화 방침을 발표했고 이어 1999년 1월 당시 산업자원부가 〈전력산업 구조개편 기본계획〉을 발표하면서 한전의 민영화가 본격적으로 시작됐다. 2001~2002년 철도, 가스공사, 발전산업, 지역난방공사, 전력기술, 고속철도공단 등 공공 부문 노조들은 양대 노총인 민주노총과 한국노총의 지원 속에 국가기간산업 민영화 저지 공동투쟁본부를 꾸려 민영화 반대를 요구하며 열심히 싸웠다.

민주노총 산하 한국발전산업노동조합(발전노조)는 2002년 민영화 반대 파업을 통해 전력산업의 해외 매각 문제를 사회적 이슈로 제기하고 쟁점화시켰으나, 실제 발전소 민영화 자체를 철회로 이끌지는 못했다. 인구 씨도 2002년 2월 25일부터 38일간 진행된 '민영화 저지를 위한 발전노조 파업'에 열심히 참여했고 그때 짧게 노동조합이 뭔지 배웠다.

> "예전에 축구 동아리 감독을 17년이나 했어요. 그 바람에 참여하기가 어려워서 노조를 열심히 한 건 아니었지만, 38일 투쟁 때 조장[33]을 한 적이 있었어요. 저는 그때부터 여기 켑스[한국발전기술]까지 계속 근무하면서 모든 걸 보고 지금까지 살아왔죠."

애초에 발전소 전력 생산은 한전, 발전소 정비관리 업무는 한전 자회사인 한전기공(현 한전KPS)이 전담하고 있었다. 1994년 한전기공 노동자들이 파업하자 발전정비 업무에 큰 어려움이 발생했는데, 말하자면 노동조합의 파업이 파업다운 영향력을 제대로 행사한 것이다. 가뜩이나 한전기공이 발전정비 분야에서 독점적 위치를 갖는 것에 대한 발전소들의 불만이 컸던지라, 당시 김영삼 정부는 경쟁체제를 도입하기 위해 민간기업을 끌어들이려고 했다. 대통령이 바뀌어도 민영화 및 경쟁체제 도입에 대한 의지는 꺾이지 않았다(노무현 정부도, 이명박 정부도 한전KPS의 지분 20퍼센트를 매각했다). 하지만 민간의 기술력이 부족해 여러 번 미뤄졌다.[34]

민간 발전정비업체들이 늘어나기 시작한 것은 2002년 김대중 정부가 발전 5개사 간의 경쟁체제를 도입하고 난 후부터지만 현재와 같은 방식의 외주화 및 경쟁체제가 작동하게 된 것은 이명박 정부 때부터다. 신규 발전소 운영·정비 업무를 민간업체에 넘기겠다는 내용을 골자로 한 '발전정비 시장 경쟁도입 정책'이라는 장기 플랜을 발표한 것이다. 2013년부터 5년간 1단계 경쟁도입 계획을 세워 신규 핵심설비 정비는 한전KPS가 수행하되, 신규 비핵심설비는 민간업체가 입찰에 참여하도록 해 경쟁을 유도했다. 2018년부터는 2단계 경쟁도입 정책을 시작하며 한전KPS의 점유율을 35퍼센트까지 낮추는 것을 목표로 삼았다.

이렇게 발전사 간의 경쟁체제가 돌아가기 시작하면서, 비용을 합리화한다는 명목으로 외주화를 밀어붙였다. 특히나 석탄화력발전소의 업무는 컨베이어 벨트로 연결된 연속 공정이 많음에도 불구하고 업무를 쪼개어 하청업체에 넘겨 운영하고 있다. 그러다가 문재인 정부의 공공 부문 비정규직의 정규직 전환 정책을 만나면서 발전정비 시장 경쟁도입에 제동이 걸렸다.[35]

"노동 현장에 대해서 잘 몰랐어요. 비정규직으로 켑스[한국발전기술] 들어가니까 눈에 보이는 거죠. 이렇게까지 심하게 비정규직이 일상에서 불편부당한 대우를 겪고 있다는 걸 몰랐죠. 민영화를 찬성하고 입안했던 그 사람들이 제일 원망스럽고, 그때 그 정부가 제일 밉고……. 그때 38일 파업투쟁이 막지 못한 민영화의 여파로 인한 흑역사가 용균이한테까지 내려온 거죠."

그와 이야기를 나누다 보면 어느 순간 다시 김용균의 죽음으로 되돌아오곤 했다. 그가 살아온 시간, 오래 근무한 발전소에서의 노동 경험들, 이 모든 일이 김용균의 죽음과 맞물려 새롭게 해석되고 있는지도 모른다. 그가 말한 '흑역사'란 결국 한전이 지분을 민간에 매각하고 민영화를 강행해 지금까지 운영해온 모든 과정 자체를 말한다.

날이 갈수록 발전사 간의 경쟁이 격화되면서 외주화하는 업무는 더 많이 쪼개져 늘어났고, 하청업체도 그에 따라 늘어나고 있다. 그러나 인구 씨의 삶이 크게 바뀌지는 않았다. 오히려 안전하고 평안한 삶을 꾸려왔다. 그는 한국중부발전을 퇴직한 후 다시 한국발전기술로 입사하고 용균의 죽음을 마주하기 전까지 자신이 알고도 모르는 척 살아온 게 아닌가 하고 부끄러웠다고 했다.

"옛날에 노조 부지부장하던 사람을 만나면 제가 종종 뭐라고 해요. 왜 그때 경비나 청소 용역 같은 데에 무심했냐고. 우리 때도 청소 용역이나 경비단이 따로 있었지만, 다 해체되면서 용역업체가 들어왔고, 그러면서 봉급도 확 깎이고. 그 업체 사장이 수당을 다 떼먹는다는 것도 나중에 알았죠. 우리만 봉급 올리려고 싸움이란 싸움은 다 하면서 왜 같이 일했던 사람들한테 눈길 한 번 주지 않았을까. 그게 후회가 된다고 서로 얘기했어요."

이 모든 일을 만든 사람들이 김용균의 죽음에 대해 제대로 책임지게 해야 한다. 밥 먹고 숨 쉬고 살아간다는 게, 미안하고 부끄럽다. 그게 인구 씨의 생각이자 결심이다. 뭐라도 해야겠다는 마음으로, 그는 김용균의 죽음을 기억하기 위한 자기만의 싸움에 돌입한다.

현장 복귀, 트라우마와 함께 살기

2017년 5월 1일, 삼성중공업 거제조선소에서 타워크레인이 충돌하면서 6명이 죽고 25명이 다치는 사건이 있었다. 이 사고를 겪은 이들의 정신적 어려움을 지원해야 한다는 요구가 높아지자, 같은 해 9월 대구근로자건강센터를 통해 직업 트라우마 관리 프로그램이 최초로 시범 운영되었다. 2018년 5월에는 대구근로자건강센터가 직업트라우마센터 시범 운영 기관 1호로 선정되었고,[36] 2020년에 직업 트라우마 관리 프로그램[37] 운영 매뉴얼도 제작되었다. 이렇게 중대재해로 인한 심리적 지원체계가 만들어진 지 이제 5년이 조금 넘었다.

산재사고로 인한 심리적 어려움을 겪는 사람은 많았지만, 그동안 제대로 드러내기 힘들었던 고통에 이름이나마 붙일 수 있게 된 것은 산재 피해 당사자, 유가족의 문제 제기와 싸움이 있었기 때문이다. 그러나 앞에서도 말했듯이 이 시스템을 만드는 데 큰 원동력이 된 유가족의 심리적 어려움에 대한 지원체계는 아직 제대로 마련되지 않고 있다. 누구도 소외당하지 않는 지원체계를 만들기 위해 더 많이 애써야 하는 이유다.

충남근로자건강센터 심리상담사 이주연 씨는 직업 트라우마 관리 프로그램의 성격을 이렇게 설명한다.

"재난이나 사고 등 위기 사건을 겪는 이들의 심리적 경험을 살펴보면 처음 사건이 발생한 후 한 달 정도 위급한 상태를 거친다. 그러나 이 시기의 정신적 위기에 대해서는 정신과적 진단을 내리지 않는다. 왜냐면, 우리가 사람이기 때문이다. 이런 일을 겪으면 일정 기간 고통스러운 것은 당연하다고 여긴다. 문제는 그 시간이 지났는데도 심리적 고통이 지속될 때다. 그때부터 정신과적 진단과 치료가 시작된다. 사실 직업적 트라우마 관리 프로그램 운영 매뉴얼의 목표는 사고를 당한 이들의 심리적 위기가 정신과적 질병이나 장애로 발전하지 않도록 예방하기 위한, 트라우마 진단을 최소화하기 위한 위기 개입, 즉 예방적 응급조치에 해당한다. 트라우마에 대한 지속적인 심리 지원 사업이 아니다."[38]

어떤 외상사건으로 인한 트라우마든 마찬가지지만, 산재

트라우마 역시 일단 시작되면 장기간의 치료와 상담 등 지속적인 심리 지원이 필요하다. 그런데 지금의 지원체계로는 외상 후 스트레스 장애 진단을 받은 이들이 이후의 치료와 지원에 드는 모든 비용을 감당해야 한다. 치료와 안정을 위해 개인적으로 휴가를 내거나 일을 그만두는 일도 많다. 많은 산재 피해 노동자들이 외상 후 스트레스 장애로 산재요양 신청을 하는 이유는 상담이라도 마음 편히 받고 싶어서라고 한다.

지금의 직업 트라우마 관리 프로그램은 직업환경의학 및 정신건강 영역의 전문가들의 오랜 연구를 기반으로 만든 것으로, 한시적인 위기 개입 프로그램으로서는 잘 만들어졌다고 평가받는다. 그런데도 이주연 씨는 여전히 이 매뉴얼이 작동하기 위한 사회적 준비가 열악하다고 지적한다. 첫째, 이 매뉴얼이 작동하는 산재는 아직까지 사망사고에 한정되어 있다는 점이다. 사망사고가 아닌 사고들까지 지원을 확대하는 것이 절실하다. 둘째, 고용노동부의 근로감독관이나 한국산업안전보건공단 조사관이 피해 당사자를 대하는 태도와 인식이 매우 중요하지만 여전히 정신적 어려움에 대한 굳건한 편견이 작동해, 그 과정에서 피해 당사자들이 당하는 피해가 커진다는 점이다. 세 번째 문제는 산재 트라우마를 겪는 노동자의 정신적 피해에 대한 지원과 관리가 권고사항이라는 것이다. 고용노동부가 이 사건 관련 노동자에 대해 지원하라고 했을 때, 사업체가 그 권고를 수용하지 않아도 어떤 제재도 받지 않는다. 업무의 공백이 생기고 비용이 발생하는 문제를 알아서 시행하는 경우는 거의 없고, 그러다 보면 피해 지원은 미뤄지게 된다. 그 피해는 고스란히 노동자가 감당하게 되므로, 권고를 넘어서는 강제력 있는 행정적 행위가 되어야 한다.[39]

김용균 사망사건에서 직업 트라우마 관리 프로그램 운영 매뉴얼이 그나마 작동할 수 있었던 건 시민대책위의 끈질긴 요구가 있었기 때문이다. 이에 따라 태안화력발전소 노동자 김용균의 동료들은 대응 매뉴얼대로 트라우마 프로그램에 참여하게 됐다. 한국발전기술 직원 150명과 재하청업체 직원이 트라우마에 대한 교육을 받았으며, 인구 씨를 포함해 89명이 상담 치료를 받았다.

> "트라우마 검사를 받은 동료들이 아주 많았어요. 원청 배전반 사람들도 아주 아팠다고 하더라고. 워낙 운전원한테는 별로 사고가 없어요. 저도 처음 봤지만, 켑스[한국발전기술] 사장도 켑스에서 운전원 사고가 처음이라고 했거든요. 전 [2019년] 5월 말까지 보직이 없었어요. 2인 1조로 현장에 들어가는 사람들이 있었는데 저는 빠져 있었어요. 젊은 직원들하고 같이 일하기가 힘들었어요. 따라가기도 어렵고, 계속 소파에만 앉아 있고."

당장 괜찮아 보이는 사람도 있었고 힘들어하는 사람들도 있었으며, 상담이 도움이 안 된다는 사람도 있고, 상담보다는 술 먹고 자는 게 낫겠다는 사람도 있었다고 했다. 같은 일을 겪어도 사람마다 그 일을 대하는 감정과 태도는 다양하고 다르기 때문이다. 물론 인구 씨가 다시 현장으로 복귀한 것이 트라우마 치유에 도움이 되었다고 보긴 어렵다. 오히려 좋지 않은 영향을 줬을 가능성도 없지 않다.

"전 직원이 다 같이 트라우마 프로그램에 참여해서 교육받을 때, 스트레스나 트라우마가 뭔지 그때 처음 알았어요. 트라우마는 잘 돌보지 않으면 다시 나타난다고 하더라구요. 그래서 상담을 다시 하기로 마음을 먹었던 거죠."

장례를 치르고 한 달여의 특별 휴가 기간[40]이 끝나고 현장에 복귀했을 때, 인구 씨는 무척 괴로웠다고 한다. 김용균 씨를 발견한 곳으로 자꾸 발길이 갔고, 더군다나 야간 근무는 너무 견디기 힘들었으며, 멍하니 앉아 있는 일이 많았다. 마음이 힘들다 보니 젊은 동료들과 일하는 속도를 맞추는 것도 힘들어졌다.

"우리 직원들 보면 안타깝고. [컨베이어] 벨트와 용균이와의 관계, [컨베이어] 벨트 위의 용균이 모습. 그리고 아이들러 돌아가는 소리……. 이명도 있었어요. 용균이하고 통화하는 음성이 들려요. 우리 애들하고도 대화가 안 되는 게 걔들하고 통화한다든가 하면 용균이 생각이 나버리고."

개인 상담을 받기로 결심한 것도 이즈음이었다. 사람들은 "참고 넘어가" "잊어버려" 하고 아무 의미 없는 말을 쉽게도 던졌다. 사람들이 자꾸 그 사고를 잊으라고 했지만, 인구 씨는 그냥 잊을 수 없었다. 산재 신청하고 정신과 진료를 받고 상담을 이어가는 건, 스스로 그가 설 자리를 잘 찾기 위한 것이라고 했다. 자기 이야기를 들어주고 지지해주는 상담이 큰 위로가 됐다.

"갈 곳이 상담센터밖에 없었어요. 초반에는 상담사 얼굴을 쳐다보질 못했어요. 눈물이 나서 창문만 쳐다보고, 그러다가 몇 달 지나고 나서야 눈을 마주쳤어요. 눈물을 보이기도 싫었고 얼굴을 보고서는 말이 나올 것 같지 않았어요. 그래도 그 시간이 기다려지고, 가서 눈물도 흘리며 울고 엉뚱하게 허공을 볼망정 거기서 1주일간 일어났던 일을 얘기하고 나오면 편했어요. 내가 갈 데가 있고, 나를 반겨주는 사람이 있다는 게."

사고 이후 알게 된 노조 활동가 몇 사람이 사고 직후부터 산재 신청을 해보면 어떻겠냐고 계속 권유했다. 노조가 지원하겠다고 했는데도, 인구 씨는 나중에 하겠다고 미뤄왔다. 그러다가 본격적으로 현장 업무가 시작되면서 고통이 커지자, 2019년 6월 11일에 충남노동건강인권센터 새움터 활동가들과 산재 신청 관련한 의논을 시작했다. 열흘 뒤인 2019년 6월

21일, 산재 요양급여 신청서를 접수했지만, 꼬박 6개월이 지난 12월 24일 산재 승인 통보를 받았다. 다행히 요양 기간은 1년 전 사고 직후로 소급 적용을 받기는 했다.

"산재를 당하면 일단 진단을 받고 나서 산재 신청을 해야 하는데 진단을 받는 과정조차도 사실 쉽지 않거든요. 트라우마로 인한 외상 후 스트레스 장애[PTSD]라는 진단이 처음부터 나오진 않아요. 사고 초기에는 급성 스트레스 장애라는 진단으로 나오고 그 증상이 1개월 이상 넘어가야 PTSD라고 진단을 하게 되거든요. 겨우 진단을 받아 산재 신청을 해도 정신질환은 조사하고 심사하는 데 6개월 이상 걸리는 게 현실입니다. 근로복지공단의 산재 승인 심사 기간도 오래 걸리는 문제가 있습니다. 게다가 PTSD라는 게 쉽게 치료가 되는 게 아니잖아요. 근데 2년이면 산재 요양급여 인정 기간이 끝나서 산재 종결이 되는 거죠. 3개월마다 산재 요양 연장심사가 있기는 한데, 3개월마다 가서 싸울 수도 없는 노릇이고. 그래서 이인구 과장님도 2년 지나고 한 번인가 연장하고 나서 종결이 됐죠." (최진일)

2020년 12월 31일 산재 요양급여 인정 기간은 종료됐다. 현재 인구 씨는 천안에 있는 충남근로자건강센터에서 매주 진행하는 심리상담을 받고 한 달에 한 번 원광대학교병원 정신의학과 진료를 받으면서 트라우마와 함께 살아가고 있다.

"원광대병원 다니면서 약이 싹 바뀌었어요. 머리 아픈 것도 없어지고, 눈 떨리는 것도 없어지고, 신체적으로 나오는 증상들이 많이 좋아진 거예요. 지금은 산재는 종결됐고, 회사에서는 병휴로 돼 있어요. 올해[2021년] 1월 1일부터 12월 31일까지. 한 번 더 산재 신청을 했는데 안 됐고, 트라우마로는 장해등급도 어렵고……."

충분하지는 않지만 김용균 씨의 죽음에 연루된 사람들의 정신적 피해 지원은 그나마 많은 자원을 확보하며 진행됐다. 2017년 삼성중공업 크레인 충돌사고를 계기로 공적 지원체계가 어느 정도 자리 잡았기 때문이다. 그러니까 이런 자원의 확보 역시 노동자의 죽음을 통해서 얻은 셈이다. 민주주의는 민중의 피를 먹고 자란다는 아주 오래된 수사가 떠오른다. 다만 죽기로 작정하고 흘리는 피와 죽음을 피하지 못해 흘리는 피의 차이가 있다면 있을 것이다.

이 정도로 자원이 확보된 것에 만족할 일은 아니다. 트라우마를 제대로 이해하고, 트라우마 피해자의 요구에 잘 부응하는 시스템을 갖춰야 한다. 더 많은 상담 인력과 정신의학 관련 인력이 확보되어야 하고, 사망사고 말고도 일터의 다양한 폭력으로 인한 크고 작은 트라우마 증상을 중요하게 여기는 사회적 인식도 마련되어야 한다. 그리고 이런 피해에 대해 사회가 대응하고 함께 책임지리라는 신뢰를 쌓을 만큼의 충분한 자원과 체계를 만들 때까지 그것을 점검하고 확인할 의무가 우리에게 남겨져 있다. 생존자들이 만족하기 전에 우리가 먼저 '이 정도면 충분하지 않나?' 하며 만족하지 않아야 한다.

김용균을 통해 만난 세상에 뛰어들다

인구 씨는 늘 김용균 씨의 죽음에 대한 책임감을 느껴왔고, 이 죽음의 원인을 밝힐 때까지 싸워야 하지 않을까, 마음을 다잡아왔다. 그래서인지 한 번도 자신이 피해자라고 생각해보지 않았다고 했다. 그러다 2020년 언젠가, 상담 중에 '나도 피해자구나' 하는 생각이 들었을 때, 문득 떠오른 '피해자'라는 말이 아주 낯설었다고 했다.

"저는 분노가 있었거든요. 저 자신도 다른 나와의 싸움에서 내가 이길 거로 생각했어요. [그런데] 내가 아무 대응 못할 만큼 갑작스럽게 마주한 일이잖아요. 처음에는 용균이를 조용히 보내줄 수 있을 거로 생각했는데 그게 안 되더라고. 이 일이 나한테는 일면으로 보면 피해일 수도 있고 어쩔 수 없는 내 삶의 과정이라는 생각도 하고, 피할 수 없는 운명이라고 생각도 하고요."

그는 김용균 씨의 죽음을 잘 떠나보내고 다시 일상을 살아간다는 게, 이렇게 힘겨울지 예상하지 못했는지도 모른다. 인구 씨만큼이나 그의 가족과 주변 사람들도 그가 이렇게 힘들어하고 변화할 것이라고 생각하지 못했던 모양이다.

"제 주변 사람들은 옛날의 나를 원하고 있어요. 근데 어느 날 갑자기 집에 왔는데 옛날의 인구가 아닌 거야. 우리 애 엄마가 그래요. 옛날에 분위기 있는 데 잘 데리고 다니던 사람이 안 그런다고. 음식점이나 카페 좋은 곳 발견하면 같이 가고 했는데 2년간 그런 적이 없어요. '아, 내가 그렇게 생활했구나.' 그 시간만큼 제게 큰 변화가 있었던 거죠. 어떻게든 용균이를 기억하는 사람들과 만나고 싶어 하고, 서울을 못 가서 안달이고……."

인구 씨는 어느 날 자신이 완전히 다른 사람이 되어버렸다는 말을 자주 했지만, 변화한 자기 모습이 싫지는 않은 듯했다. 그리고 달라진 새로운 '이인구'가 걸어갈 길을 잘 걸어가려고 마음을 굳게 먹는다.

"내가 즐거움만 느끼고 웃으면서 살다가 어느 날 갑자기 용균이 사고가 나고, 변화가 찾아온 거잖아요. 그러니 내 안의 다른 내가 부딪히면서 지금의 방향으로 갈 수밖에 없었던 거고요. 근데 그게 편했어요. 어떻게 보면 지금 생활이 변화한 나에게 잘 맞는 건지도 몰라요."

그는 다른 사고 생존자들이 스스로 해결하지 못하는 어려움에 부딪힌다면, 부담 없이 전문가들의 조력과 지원을 받기를 권한다. 정신과 진료와 심리상담을 꾸준히 하는 것도 이전의 상태로 돌아가기 위한 것이라기보다는 변화한 자신이 세상을 새롭게 만나기 위한 노력이라고 생각하는 것 같다.

"옛날하고 지금, 공통 부위가 좀 크면 좋은데, 한전 정규직이던 이들이나 경력직 OB들, 또 우리 친구들하고도 제가 안 만나요. 공유하는 부분이 너무 적다 보니까. 저는 이쪽 세상을 접하고, 제가 어떻게 보면 외롭지, 외로워. 기름과 물처럼 섞일 수 없는 관계. 그 막 사이에 딱 끼어 있는 것 같은 그런 느낌이에요."

그러면서도 가끔 어디에도 끼어들지 못하는 자신의 상황을 들여다보며 외롭다고 한다. 인구 씨는 조심스럽게, 다른 이들의 눈치를 보면서, 드러내지 않고 뒷자리를 지키는 게 자신에게 맞는 자리라고 생각한다.

용균 씨가 죽은 지 3년, 이 세상은 망하지도 않았고 꿈쩍도 하지 않는 것만 같다. 중소기업 사장보다 안정적이라는 발전소 정규직 직원으로 30년 동안 안락하게 살아온 인구 씨는 경력직 과장이라는 비정규직 노동자가 되었다. 김용균 사건 이후에는 그동안 외면하던 새로운 세상으로 새 삶을 찾아 떠나온 이주민 같아 보인다. 그 세상은 어쩌면 그가 오래 갈망하던 세상일지도 모른다. 연결되기를 원하는 그 세상과 무사히 만나고 싶다는 희망이 실현되기까지 그 여정은 쉽지만은 않을 것이다.

> "지금 제 머릿속에 온통 김용균이에요. 그동안 용균이 사건으로 인해서 자존감도 잃고 의욕도 없는 채로 몇 달이 지나갔죠. 바람이 있다면, 조금 더 건강하게 살아서 김용균재단에 계속 참여하고 싶고 여기 군산에 계속 있으면서 노동안전에 대한 인식을 알리고 싶어요."

김용균 이후에도 많은 노동자가 일터에서 죽음을 맞이했다. 인구 씨는 김용균을 기억하면서, 여전히 자신도 고통의 시간을 보내면서, 수없이 다시 나타나는 '김용균들'을 기꺼이 껴안고 싶어 한다. 그리고 이 기록을 남기는 우리도, 그 여행의 한순간을 기록하며 인구 씨의 새 세상을 함께 만나고 싶었다.

상처받은 모든 사람과 연결되고 싶다는 것은 어쩌면 큰 욕심일지 모른다. 피해를 겪은 이가 연결과 회복을 위해 노력하는 모든 과정의 고단함과 고통을 온전히 이해할 수 있는 타인은 아무도 없을 것이다. 그런데도, 그가 전하고 싶은 말이 있을 것이고, 우리는 그 말을 세상에 함께 전하고 싶었다. 그것이 기록의 책임일 것이라 믿고 있다.

이미 사건을 거치면서 이전과 다른 사람으로 다시 구성된 자신이라는 존재를 받아들이는 생존자 인구 씨가 삶을 회복한다는 것은, 우리가 이미 알던 혹은 안다고 생각했던 어떤 방식을 벗어난 새로운 인구 씨만의 기획일 것이다. 그것을 그가 삶이라고 부르기로 했다는 것이 그저 다행스러울 뿐이다. 피해자에 머물지 않고 그가 목소리를 낼 때, 트라우마를 겪는 사람으로서 그가 고통에만 머물지 않고 그 고통을 딛고 다른 삶을 살겠다고 우리 앞에 등장할 때 그의 목소리를 외면하지 않기를, 더 나아가 그의 행보를 응원하고 지지하고 동행할 수 있기를 바랄 뿐이다.

석탄화력발전소 문제의 시작

더 알고 싶은 이들을 위한 설명

1. 실패한 정책, 전력산업의 민영화

정부의 전력산업 민영화 정책은 1999년에 본격적으로 시작됐다. 전력산업은 주요한 국가기간산업으로 전체 국민의 삶에 영향을 미치는 공공 영역이다. 전기를 만들고 필요한 곳에 전기를 보내는 일의 주요 목표가 수익을 남기는 것이 될 수 없다. 수익을 우선하면서 전력산업을 민영화했던 일부 국가에서는 국민의 삶이 파탄 났다. 이익을 남기려고 하니 전기요금이 무조건적으로 인상되었다. 민간기업끼리 경쟁을 하게 되어 전력 수급이 불안정해지고, 대규모 정전 사태가 발생했다. 전기가 생산되고 있어도 전기를 사용하지 못하는 가구가 생기고 전기를 훔쳐 쓰는 일도 벌어졌다.

그런데 김대중 정부가 1997년 IMF 외환위기 이후, 공공 영역이였던 전력산업을 민영화하겠다는 입장을 내놓았다. 1999년 정부가 제출한 〈전력산업 구조개편 기본계획〉은 한전이 독점하고 있는 전력산업에 경쟁을 도입하고, 전기를 만드는 발전 부문을 여섯 개 회사로 쪼개서 경쟁시키다가 최종적으로는 모두 민영화하겠다는 내용이다. 모든 부문에서 경쟁체제 도입이 모범답안처럼 제시되던 때였다. 효율성이 높아질 것이라는 추측과 기대감만으로, 국민의 안정적이고 보편적인 생활권을 저버리게 될 전력산업 민영화를 추진한 것이다.

결국 2000년에 전력산업구조개편촉진에관한법률이 만들어지고 한전의 발전 부문은 한국수력원자력과 다섯 개 석탄화력발전사로 분리되었다. 석탄화력발전소들은 민영화 추진 대상이 되었다. 전기를 판매하는 부문과 만드는 부문도 분리되었다. 과거에는 한전이 한꺼번에 발전 연료를 구매해 전기를 만들었지만, 석탄화력발전사가 다섯 개로 분리된 이후에는 각 사가 소량으로 발전 연료를 구매하게 되어 구입 단가가 상승했고 이는 발전 비용의 상승으로 이어졌다. 결과적으로 정부가 주장한 '경쟁 시스템을 통한 비용 절감과 효율성 증대'는 나타나지 않았다.

노동자들이 나섰다. 2002년에 다섯 개 석탄화력발전사 노동자들은 한국발전산업노동조합(발전노조)을 새로 결성하고 민영화 저지를 위한 38일간의 파업투쟁을 했다. 파업을 통해 전력산업 민영화가 국민의 삶을 얼마나 불편하게 만들게 될지가 알려졌고 "전기가 기업들 돈벌이 시장이 되면 안 된다"는 의견이 많아졌다. 전력산업 민영화가 가져올 부작용 때문에 민영화를 포기한 외국 사례도 알려졌다. 2001년 미국 캘리포니아의 대정전 사태는 한국의 전력산업을 돌아보게 했다. 규제가 없는 기업 간 경쟁으로 전기 가격이 인하될 것이라고 캘리포니아 주정부는 기대했지만 경쟁이 시작된 1996년부터 2001년 무렵까지 캘리포니아의 전기 가격은

김용균, 김용균들

상승했다. 민간 발전회사들이 담합해 전기를 생산·판매하는 가격을 올렸고, 민간 발전회사들은 전기 생산의 능력은 있지만 전기 소매업체들이 비용을 지급하지 못하자 전력 공급을 중단했다. 그 피해는 결국 시민들에게 돌아갔고 대정전 사태가 벌어졌다.

발전 부문을 한전에서 분리한 것은 진행되었지만 한전에서 분리된 다섯 개 석탄화력발전사를 민간기업에 매각하고, 한전의 송·배전 부문 중 배전 부문도 민간에 팔려던 정부의 계획에 제동이 걸렸다. 2004년 노무현 정부는 석탄화력발전사를 민영화하지 않겠다는 약속을 했고 민영화 작업을 중단했다. 2008년 이명박 정부는 "물·전기·가스는 민영화하지 않는다"라고 입장을 발표했다. 발전사들의 발전 연료 구매 방식의 문제점을 인정하고 일부지만 공동 전략구매 방식으로 다시 되돌려야 했다. 발전소 분할 매각 정책이 실패했음을 사실상 확인하는 과정이었다.

그럼에도 경쟁체제를 도입하겠다는 정부의 시도는 계속되었다. 이명박 정부가 내놓은 '선진화 방안'을 발전사 노동자들은 '위장된 민영화'라고 했다. 2008년 이명박 정부의 '공공 부문 개혁 방안'에 의하면 한전 지분은 정부가 소유하되 경영권은 민간에 넘기는 방식으로, 한전 자회사는 민간에 매각하는 방식으로 민영화 방안 대상이 되어 있었다. 그리고 '에너지·자원 공공기관 선진화 방안'에는 과거에 제동이 걸렸던 한전의 배전 부문 분할·민영화 계획이 담겨 있었다. 그럼에도 정부는 민영화가 아니라 이것이 '공공 부문 개혁'이자 '선진화 방안'이라고 말했다. 발전 부문을 쪼개어 경쟁체제로 만들었고 그것이 실패한 정책임을 확인했는데도 배전(전기 판매) 부문을 쪼개서 판매하면 경쟁을 통한 효율성을 가진다고 주장했다. 경쟁체제를 통해 특정 기업이 갖게 되는 이익이 결코 국민에게는 나뉘지 않는다는 건 캘리포니아의 대정전을 통해서도, 영국의 철도사고들을 통해서도, 지역마다 쓰는 전기가 다른 일본을 통해서도, 미국의 의료 민영화를 통해서도 이미 확인되었다. 경쟁체제를 포기하지 않는 것은 민영화를 포기할 수 없다는 정부와 기업의 집착이 만든 상황이었다. 그래서 민영화는 중단되었지만 경쟁체제는 지속되었다. 경쟁체제를 살려놓는 것만으로 언제든 다시 민영화를 시도할 수 있을지도 모른다는 상황은 한편에는 기대를, 다른 한편에는 불안감을 준다.

일부 진행된 전력산업의 민영화로 경쟁체제가 만들어졌고, 한전은 민간 발전사가 만든 전기를 비싼 값이라도 사줘야 하니 적자가 매해 늘어나고 있는 반면, 민간 발전사의 이익은 증가하고 있다. 이런 일이 발생하는 것은 민간 발전사가 특별한 기업 운영 비책을 갖고 있어서가 아니다. 민간 발전사의 순이익을 보장해주는 전력 거래 시스템 덕분이고, 소요 비용 절감을 위한 다단계 하청 외주화 덕분이다.

2. 민영화 정책의 결과: 노동자와 위험의 외주화

정부는 발전사를 민영화하지 못하는 대신 민간 발전사까지 포함한 경쟁체제를 더 강화했다. 한전에서 분리되어 나온 다섯 개의 공공 석탄화력발전사들은 '안정적인 전기 생산과 공급'이라는 공동의 목표를 갖기는 어려워졌다. 각자 경쟁을 통해 살아남아야 했기에 다른 석탄화력발전소에 문제가 생기면 슬그머니 웃는 경쟁관계가 됐다. 다른 발전소에서 문제가 생기면 상대적으로 우리

김용균, 김용균들

발전소 평가점수가 올라가기 때문이다.

발전소 운영 유지에 필요한 업무는 최대한 쪼개지고 소통이 단절되어버리는 분절 업무 영역이 됐다. 발전사는 이전과 동일한 공공기관이지만, 발전소에서 석탄을 운반하고 기계를 정비하고 청소하고 관리하는 모든 일이 여러 외주·용역·하청회사의 일로 바뀌었다. 발전소에서 연료·환경설비 운전을 맡아왔던 한전 자회사 주식을 매각해 민간기업을 만드는 방식으로 구체적 업무를 중심으로 회사를 쪼개고 분리시켰다. 점점 하청회사가 늘어났다. 연료·환경설비 운전 업무에도, 정비 업무에도, 회처리(석탄재 처리) 업무에도 같은 일을 하는 여러 개의 하청회사가 생겨났다.

지금 전국의 석탄화력발전소에서는 정규직인 발전사 직원과 비정규직인 발전사 하청업체 소속 노동자가 함께 일을 한다. 하청업체는 1차, 2차로 나뉘어 있고 일시적 업무에 임시로 투입되는 업체도 있다. 상시적으로 발전소에서 일하는 비정규직과 정규직 노동자의 숫자가 거의 차이가 없을 정도로 비정규직 노동자 수가 증가했다. 하청업체는 하나의 석탄화력발전소에서만 일하는 게 아니라, 여러 곳에서 일한다. 여러 하청업체가 전국의 석탄화력발전소에서 다른 업무를 하기도, 같은 업무를 나눠서 하기도 한다. 그래서 김용균 씨가 일했던 태안화력발전소에도 여러 하청회사가 들어가 있다.

발전소에서 전기를 만드는 데 필요한 업무 중 보일러를 돌려서 전기를 만드는 '발전' 과정은 원청 노동자들이 담당한다. 원료인 석탄을 배에서 내리고 옮기는 등 발전을 위한 준비 과정과 발전 이후의 정리 과정은 모두 하청 노동자들이 담당하고, 원청은 관리·감독을 한다. 전기를 만드는 업무를 3등분한다면 1과 3은 하청이, 2는 원청이 직접 담당하고 있는 형태라 하청 노동자들 없이는 발전소가 가동되기 어렵다. 그리고 원청이 1과 3의 일을 직접 하지는 않지만, 연계 작업의 특성상 원청이 개입하고 지시하지 않고는 일이 되기 어렵다. 1-2-3을 굳이 나눌 필요가 없다.

하청업체 노동자들은 업체별로 노동조합을 만들었지만 모두 민주노총 공공운수노조 소속이라 발전비정규직연대회의(현 '발전비정규노조 전체대표자회의')라는 연대 모임을 통해 같이 활동하고 있었다. 석탄화력발전소에서 같이 일하니 비슷한 문제에 부딪히고, 그 문제를 해결하기 위해서는 힘을 합해야 했다. 태안화력발전소에서 일하는 비정규직들이 속한 하청업체는 다른 석탄화력발전소로도 들어간다. 업체가 달라도 일하는 발전소가 같으면 동료가 되고, 업체가 같으면 다른 발전소에서 일해도 동료가 된다. 본인이 일하는 발전소가 아닌 다른 발전소 소식도 전해들을 수 있다. 그래서 김용균투쟁도 김용균이 소속된 업체인 한국발전기술의 노동조합만이 아니라, 발전비정규직연대회의가 주체로 나섰고 태안이 아닌 다른 지역의 발전소 노동자들도 함께했다.

3. 석탄화력발전소 하청 노동자의 운전 업무

석탄화력발전소는 석탄을 태워서 전기를 만드는 곳이다. 연료인 석탄을 해외에서 구매해 배에 싣고 오기 때문에 수송과 하역이 편리하고, 발전 과정에 필요한 물을 사용하기 쉬운 해안가에 석탄화력발전소를 세운다. 석탄은 하역장에서 저탄장으로, 보일러로 이동된다. 이동은 컨베이어 벨트를 통해 이뤄지고 배에서 내린

김용균, 김용균들

석탄을 벨트에 올려서 이동시키는 것을 '상탄'한다고 한다. 석탄을 하역하고 상탄하는 과정에서 분진은 기본이다. 그리고 상탄한 석탄은 석탄 저장소인 저탄장에서 보관하는데, 보관 중에 석탄이 자연발화되어 불이 나는 경우가 잦다. 석탄은 보일러에 들어가기 전 미세하게 분쇄된 후 태워지고, 그 열기로 물이 증기가 된다. 그 증기가 터빈을 돌리고 터빈에 연결된 발전기에서 전기가 만들어진다. 이후 증기는 다시 물이 되는 과정이 반복된다. 연료인 석탄이 타고난 후 남은 재를 처리하고, 발생한 배기가스에서 황산화물을 제거한 후 높은 굴뚝을 통해 가스를 날려 보낸다.

원료에서 전기가 만들어지는 과정에서 김용균이 했던 '운전' 분야는 석탄 하역-저장-분쇄-운반 등 석탄이 보일러에 들어가기 전까지의 공정 운영을 말한다. 연료인 석탄이 이리저리 실려갈 때, 컨베이어 벨트 속도가 빠르고 실어나르는 양이 많다 보니 컨베이어 벨트 아래로 떨어지는 석탄이 많다. 이렇게 떨어지는 석탄(낙탄)을 공정에서 완전히 제거하는 일은 2차 하청업체에서 맡아서 한다. 1차 하청업체는 낙탄이 쌓여서 컨베이어 벨트와 닿지 않도록 밖으로 끄집어내놓고, 컨베이어 벨트나 설비 이상 유무도 점검한다. 설비 이상 유무는 컨베이어 벨트가 가동되고 있을 때 점검한다. 하루 세 번 자신이 맡은 구간을 돌면서 평상시와 다른 소리가 나는지 귀를 갖다대고 들어야 한다. 소리를 듣고 최대한 눈으로 확인하고 사진도 찍어놔야 한다. 어디가 문제가 생겼는지 사진을 찍어서 정비를 요청하거나, 정비가 마무리되었다는 것을 확인해서 보고해야 한다. 이것이 태안화력발전소 현장 운전원 김용균의 업무였다.

2

최소한의 것을
지키기 위해

유가족
김미숙 씨

아들의 소식을 듣다

2018년 겨울, 김미숙 씨는 아들을 잃었다. 꿈에도 생각지 못한 일이 일어난 것이다. 아들 김용균이 첫 직장을 구해서 다닌 지 3개월 만의 일이었다. 그 첫 직장에서 사고를 당했다.

그날의 기억을 묻는 질문 앞에서 김미숙 씨의 목소리는 담담했다. 간간이 끊기기는 했지만 높낮이는 일정했다. 숱하게 질문받았기 때문일 것이다. 질문들이 되풀이되지 않았다면 달랐을까. 그렇지 않은 듯 보였다. 질문이 아니더라도, 그날을 기억하는 일은 미숙 씨의 모든 일상 사이사이에 공기처럼 스며 있는 듯했다.

그날, 2018년 12월 11일은 미숙 씨의 아침 출근이 있는 날이었다. 그녀는 주야간 교대 근무를 해야 히는 비정규직 노동자였고, 그날은 주간 근무조에 배정된 날이었다. 아침 6시

가까이 용균 아버지의 휴대전화로 문자메시지가 몇 개 들어왔지만 잠에서 깨기 전이라 모르고 지나갔다고 했다.

"6시쯤 전화가 울렸을 때에야 우리는 잠에서 깨서 문자 메시지를 확인했고 통화를 했어요. 경찰서였어요. 아이가⋯⋯. 아이가 맞는지⋯⋯. 확인을 해달라고 했어요. 상태가 어떤지는 와서 보면 안다고 하면서 안 알려주더라고요. 최소한 죽지는 않았어야 한다고 생각했죠. 아닐 거라고, 아니어야 한다고⋯⋯ 생각을 했어요. 빨리 가보자고 그랬어요. 근데 애 아빠가 앓고 나서부터 병원에서, 운전하지 말라 그랬거든요. 기차를 타고 거의 다 왔는데⋯⋯. 이제 경찰서에서 연락이 왔어요. 태안의료원이란 데가 있는데 거기로 가라고⋯⋯. 그래서 택시 기사한테 말해서 그쪽으로⋯⋯."

용균 씨의 아버지는 오래전 큰 병을 앓았다고 한다. 미숙 씨는 그게 그날만큼 아쉬운 때가 없었다고 했다. 두 사람은 기차를 타고 대전역으로 갔고 거기서 내려 경찰서로 가는 택시 안에서 경로를 틀었다. 곧장 태안의료원으로 오라는 경찰 측의 전화 때문이었다. 미숙 씨는 불길했지만 애써 그 마음을 잠재우려 했다.

의료원에 도착하자마자 1층 로비에서 마주친 간호사를 붙들고 물었다. 김용균이라는 사람이 병원에 들어왔냐고. 확인해본 간호사는 그런 이름은 없다고 대답했다. 응급실이나 병실에 없다면 어디에 있는 건가 생각했다. 아니, 생각하고 싶지 않았다. 하지만 확인은 해야 했다. 176센티미터 정도 되는 젊은 남자애가 영안실에 들어왔냐고 물었다. 미숙 씨는 차마 듣고 싶지 않았던 대답을 들어야 했다. "네, 있습니다."

두 사람은 안내를 받아 지하로 향했다. 대답을 들었고 그 말대로 영안실로 향하고는 있었지만, 그러는 동안에도 미숙 씨는 아니길 바랐다고 했다. 영안실에 자신이 아는 아들이 없기를 바랐고, 그럴 리 없다고 생각했다. 하지만 그렇다면 더더욱 확인은 해야 하는 거니까 따라갔다고. 아니라는 걸 확인하기 위해서라도 따라갔다.

영안실은 서늘했다. 관리자는 미닫이로 된, 굳게 닫혀 있던 서랍장을 힘껏 당겨 보여주었다. 머리부터 빠져나오는 구조였다. 아니라는 사실을 알기 위해 확인하는 과정이 필요했고, 그래서 미숙 씨는 더더욱 자세히 들여다보았다. 얼굴 윤곽이 어딘지 모르게 익숙해 보여서 얼굴을 만졌다고 했다.

"그전에 만졌던 거랑 같은……. 그 부드러운 느낌이 있는 거예요. 그 느낌만 똑같고 나머지는……. 다 까매져 있으니까 그래도 우리 아들 아니었으면 좋겠다는 마음이 되게……."

이야기를 듣고 끄덕일 수는 있어도 감히 미숙 씨의 당시

심경을 안다고 말할 수는 없다. 그녀의 내리깐 시선이, 그때 아들을 만졌던 그녀 자신의 두 손을 향하고 있는 듯도 했다.

미숙 씨는 그 길로 나와 경찰서로 갔다. 경찰서에서는 미숙 씨에게 확인했느냐고, 아들이 맞느냐고 물었다. 미숙 씨는 잘 모르겠다고 답했다. 그땐 정말 그게 진심이었다고 했다. 그러고 다시 영안실로 갔다. 그 차가운 서랍장을 열게 했다. 알아야만 했다. 다시 보니 이제 더는 아니라고 할 수 없었다. 얼굴, 머리카락 모두 아들이 맞았다.

미숙 씨는 다른 데도 다 봐야 한다고 생각했다. 아들의 전부를 다 보고 싶고 확인하고 싶었다. 그런데 다른 곳이 다 비닐로 싸여 있었다. 아들을 좀 봐야겠다고 말했다. 영안실 담당자는 천천히 고개를 저으며 되물었다. "여기 오기 전에 들은 이야기 없으십니까?" 미숙 씨는 의아한 생각이 들었다고 했다. 내가 무슨 이야기를 들어야 하나. 들은 게 없다고 말했다. 아이 몸을 볼 수 없는 상황이라면 말로라도 알려달라고 했다.

"그랬더니 이러더라고요. 몸하고 머리하고 분리되어 있다고……. 그래서 만신창이라고. 그래도, 그래도 보려고 했는데……. 이제 그만 나가라고 하는 거예요. 모르는 사람들한테 양팔이 붙들려서 끌려 나왔어요. 그런데 그때가 마지막이 될 줄은 몰랐어요. 정말."

그렇게 끌려 나와 복도에서 용균 아버지와 바닥을 뒹굴면서 울었다. 다른 사람들은 이렇게 울다 보면 기절도 하던데 그때 자신은 왜 기절도 하지 않았는지 모르겠다는 이야기를 덧붙였다. 그건 차마 믿고 싶지 않은 현실이었으니까. 기절이라도 했으면 그 순간만이라도 잠시 잊을 수 있었을까. 알 수 없다.

"가지 말라는 데를 가고 하지 말라는 일을 했다"

울다 지쳐 젖은 솜 같아진 몸을 간신히 이끌고 두 사람은 태안의료원 건물 1층으로 올라갔다. 그곳에 있던 하청회사 이사와 또 다른 한 사람이, 쓰러지기 직전인 미숙 씨와 용균 아버지 두 사람에게 말을 걸어왔다. "용균이는 착실하고 일도 잘하고 그러긴 했는데, 가지 말라는 데를 가고 하지 말라는 일을 했어요. 그래서 사고가 났습니다." 미숙 씨는 그때 아무 정신이 없는 와중이었다. 그래서 그 말을 흘려들었다고 했다.

흘려들을 말이 아니었다는 걸 깨닫는 데 그리 오랜 시간이 걸리지는 않았다고 미숙 씨는 또박또박 힘주어 말했다. 그것은 용균이의 잘못으로 사고가 났다는 이야기인 거였다. 눈앞이 깜깜했다. 처음엔 용균이가 정말 그랬을까 하고도 생각해봤다. 용균이가 그랬을 리 없다고 생각하면서도 겁이 났고, 혼란스러웠다고. 하지만 예전부터 이런 일이 일어나면 회사에서 수순처럼 사고의 책임을 사고당한 노동자에게 물리는 일이 흔했다는 걸, 미숙 씨는 나중에야 알게 되었다.

미숙 씨는 회사 사람들의 눈을 피해서, 병원을 찾은 용균이 동료들에게 사실을 물었다. 정말 용균이가 그랬냐고. 가지 말라는 데를 가고 하지 말라는 일을 했냐고. 기계에 이상이 있다는 게 감지되어도 일단은 그 자리에 꼼짝하지 않고 대기해야 하는 거냐고. 용균이가 그걸 어긴 거냐고. 동료들은 절대 그런 게 아니라 했다. 이상 신호가 전달되면 그 즉시 확인해야만 한다고 했다. 회사의 말과 정반대였다. "우리는 시키는 대로만 일해야 하는 상황에 있습니다." 회사가 아무 잘못 없는 아들에게 모조리 뒤집어씌우려 하고 있다는 것을 그때 알았다. 미숙 씨는 정신을 차려야겠다는 생각이 들었다. 무슨 일이 있어도 회사의 의도대로 되게 할 수 없다는 생각을 한 것이다.

당시 태안의료원에는 용균 씨 동료들이 서 있던 곳에서 조금 떨어진 지점에 다른 무리가 서 있었는데, 그들이 미숙 씨 쪽으로 와 알은체했다. 그들은, 가지 말라는 데를 가고 하지 말라는 일을 해서 이런 일이 벌어졌다고 말하는 이들과는 어딘지 모르게 달라 보였다고 한다. 명찰에는 '공공운수노조 ○○○'이라고 쓰여 있었다.

처음에 미숙 씨는 조금 경계하기도 했다. '왜 내게 손을 내미는 거지? 혹여 어떤 이익을 노리는 건 아닌가?' 누굴 믿어야 할지 혼란스러웠다. 그런데도 문득 저들이 회사 사람들

보다는 낫겠지 싶었다. 미숙 씨는 코오롱에 다니면서 오래 노
조 활동을 해왔던 제부 생각이 나서, 전화를 해 물었다. 제부
는 그들이 괜찮은 사람들이니 믿어도 될 거라고 했다.

시민대책위와 손잡다

며칠 뒤 미숙 씨는 빈소에서 편치 않은 한 장면을 목격했
다. 회사 측 사람들이 시민대책위[1] 사람들에게 왜 유족들과의
소통을 당신들이 독점하느냐고 언성을 높여 말하고 있었다.
어이가 없었다. 미숙 씨는 시민대책위에 힘을 실어주고 싶었
다. 태안의료원에서 하청회사 이사를 마주쳤을 때 그가 한 말
이 계속 생각났다. 사고당한 아들 탓을 하고, 이 사고와 관련
해 없는 사실을 만들어내서 이야기했던 회사 사람들이었다.
미숙 씨는 어떤 방식으로든 그들과는 접촉하고 싶지 않았다.

미숙 씨는 시민대책위 측에 부탁했다. 위임장을 써줄 테
니 회사 사람들이 눈에 보이지 않게 해달라고. 그들과 함께라
면 옳지 못한 방향으로 잘못 휩쓸리는 걸 막을 수 있을 것 같
았다. 걱정이 없지는 않았다. 시민대책위와 공공운수노조 측
이 진실을 제대로 밝혀줄 수 있을지 조금은 불안했다. 하지만
적어도 이 사고의 책임을 아들에게 덮어씌우려 하고, 사고 현
장을 은폐하려는 시도까지 해가면서 사고를 축소해 빠르게
매듭지으려 하는 회사 쪽보다는 나을 거라는 사실만큼은 알

았다.

미숙 씨도 이런 일은 처음이었다. 누가 이런 일을 두 번씩 당할까. 이런 사고에 대해 누가 사전에 예측을 하고, 대비를 하겠는가. 대비할 지식이 없고 요령이 없는 건 산재사고 유가족이라면 누구나 마찬가지일 것이다. 미숙 씨 역시 불빛하나 없는 어두운 밤길에 홀로 내던져진 기분이었을 것이다. 발을 잘못 디딜까 봐 두려운 마음에도 불구하고, 다만 공공운수노조와 시민대책위라는 희미한 빛이라도 믿어보고 싶었을 것이다. 시민대책위와 손을 잡게 된 뒤로 미숙 씨는 매번 사건 관련 회의에 꼬박꼬박 참석했다. 회의 참석에 대한 제안은 시민대책위 측에서 먼저 했다.

"사측이 용균이 잘못으로 계속 몰아가는데……. 진상규명이 그냥 되는 게 아니고, 모든 증거는 회사가 갖고 있고. 유족으로서 뭘 해야 할지 모르겠더라고요. 수사 기록 열람도 그렇고 아무것도 모르는 상태였어요. 시민대책위에서 아침저녁으로 회의하는 걸 보라고 하더라고요. 계속 갔어요. 처음엔 하나도 못 알아들었다가 조금씩 귀가 열리고……. 모르는 거 있음 물어도 보고 했어요. 거기서는 투명하게 회의를 하니까……. 언론팀 등 해서 네 가지 방향으로 팀을 구성했다고 하더라고요. '계획적으로 꾸준히 해보겠다', '사람들 관심 꺼지지 않도록 해보겠다'는 말도 해주고요. 매 회의 때마다 지난 회의 이야기 정리하고, 방향

김용균, 김용균들

차근차근 잡고 하더라고요. 내용뿐만이 아니라 진행하고 구성하고 하는 게 진정성이 있었다고 할까……. 누가 봐도 제대로 볼 수 있게끔 했어요."

회의가 거듭될수록 아들 용균이의 일이 용균이만의 일이 아니라는 걸 미숙 씨는 알게 되었다고 했다. 용균 씨가 처했던 상황, 그래서 그가 당할 수밖에 없었던 사고는 같은 현장에서 일하는 많은 동료와 또 그 밖의 숱한 비정규직 노동자들이 마주한 문제이기도 하다는 것을 말이다. 생산에 들어가는 비용을 줄이기 위해 많은 기업이 노동을 외주화하고 노동자들의 숱한 요구에도 아랑곳하지 않고 위험한 노동 현장을 방치한다. 아니, 노동자들의 요구가 담긴 목소리는 원청기업에 전달조차 되지 않는 경우가 허다하다. 외주화는 노동자를 투명화한다. 있어도 없는 사람으로 만드는 것이다. 그들의 목소리는 그들이 노동할 때뿐 아니라 사고를 당한 뒤에도 묵음 처리된다. 산재사고는 대부분 노동자의 부주의로 일어나는 사고가 된다. 노동 현장은 문제가 없고 단지 노동자가 주어진 규정을 지키지 않았기에 사고가 발생한다는 논리다. 기업 대표가 처벌을 받는 일은 고사하고 노동자들이 산재 피해자의 지위를 얻는 일부터가 너무 멀고 험난하다.

김용균 씨와 같은 발전 노동자뿐만 아니라, 건설 노동자, 그리고 산업시설을 짓거나 수리하는 일을 하는 플랜트 노동자 등이 외주화된 노동을 감수하며 안전이 결여된 현장에서 산재 사망사고를 당하는 경우, 그 유가족은 누구에게 책임을 물어야 할지 막막한 경우가 대부분이다. 사고에 대한 책임을 질 주체가 누구인지부터 가려내야 하는데, 원·하청은 대개 서로에게 책임을 떠넘기며 발뺌하거나 문제를 축소하며 조용히 덮으려 하기 때문이다. 사고 원인 규명을 위한 부검 요구가 제대로 수행되지 않거나 받아들여지지도 않는 경우가 많고, 사고 현장이 훼손되는 경우도 허다하다. 이때 유가족은 가족을 잃은 고통뿐 아니라 사고의 진상을 밝히고 책임자를 가리는 등의 어렵고 지난한 과정까지 떠안는, 이중고에 내몰린다. 게다가 싸움의 방법이나 과정을 미리 알지 못하는 경우가 많아 막막함은 배가될 수밖에 없다.[2]

미숙 씨 역시 산재 사망사고에 대해 보여온 사용자 측의 대응 수준이 얼마나 형편없는지 구체적으로는 알지 못했다. 얼마만큼이나 집요하게 매달려 진실을 파헤쳐야 하는지도 알지 못했다. 회사 측에서 사고 현장을 은폐하려고 했다는 걸 미숙 씨가 알아차린 건 사고가 나고 며칠 안 된 시점이었다. 그즈음 꾸려진 시민대책위 측은 미숙 씨에게 사고 현장에 가볼 의향이 있냐고 물어왔다. 따지고 살필 것이 없었다. 볼 수 있다면 당연히 봐야 했다. 그곳이 얼마나 위험한 곳인지, 또 어떤 상황이었던 건지 미숙 씨는 눈으로 직접 확인하고 싶었다.

"이제 내가 애한테 더는 뭘 해줄 수 없는 입장이잖아요. 마지막으로 해줄 수 있는 게 이 한 번을 제대로 밝히는 거,

진상규명하는 거, 우리 아들이 한 거 아니라는 거……. 그 때가 된 거죠, 그게. 아들한테 꼭 이것만큼은 해서 명예 회복시켜야 되겠다 하는 마음."

사고 이전에는 한 번도 아들 일터의 작업환경을 의심해본 적이 없었다. 공공기관이었으니까. 그러니까 믿고 아이를 보낸 것이다. 입사하고 나서도 아들 용균에게 물었던 적이 있지만 그가 답하기를, 다른 작은 발전소에서 화재가 난 적은 있어도 이곳은 괜찮은 것 같다고 했다. 그래서 조금은 마음이 놓였다. 위험의 가능성을 더 세심하게 짚어보았더라면 달랐을까. 아들이 일하는 곳이 어떤 곳인지 더 제대로 알아보려고 했다면 달랐을까. 미숙 씨는 이런 마음을 뒤로하고 현장으로 향했다. 늦었지만 미숙 씨는 자신이 할 수 있는 모든, 몇 안 되는 것들이라도 다 해야겠다는 마음이었다.

사고 현장을 마주하다

그렇게 아들이 일하던 태안화력발전소 앞에 김미숙 씨는 처음으로 섰다. 아들이 몸을 쓰고 일하던 현장까지는 용균 씨의 동료들이 동행해주었다. 5층짜리 건물이라고 했다. 하지만 층고가 높아 일반 아파트로 따진다면 15층 높이쯤이었다. 미숙 씨는 아들이 현장에서 어떻게 일해왔는지 낱낱이 확인하고 싶은 마음이 컸기에, 용균 씨가 출근해서 움직여야 하는 동선을 따라 차근차근 재연하듯 살펴보자고 용균 씨 동료들에게 제안했다.

우선 작업 현장에 들어가기 전 거쳐야 하는 탈의실부터 갔다. 공간도 좁고 열악했지만 무엇보다 캐비닛이 아주 좁았다. 미숙 씨는 거기서부터 마음이 안 좋았다고 했다. 작업 동선상에는 화장실도 없고 음수대도 없었다. 공공기관에서 사람을 이렇게 관리하고 있었다는 걸 납득하기 어려웠다. 그 마음을 표하기라도 하듯, 이야기를 하는 중에 미숙 씨의 표정이 굳어졌다.

용균 씨가 직접 작업했던 현장을 맞닥뜨렸던 이야기를 할 때는 목소리마저 딱딱해졌다. 당시 기계는 멈춰 있었음에도 불구하고 쌓여 있는 탄가루들의 모습이 마치 눈의 언덕 같았다고 한다. 미숙 씨는 컨베이어 벨트가 있는 곳까지 가는 것만도 쉽지 않았던 상황을 증언했다. 각 층을 연결하는 것은 철제 계단이었는데 그게 너무도 가팔랐다. 작업환경은 열악했다. 기계가 가동되지 않는 상태였고 또 낮이었는데도 어두컴컴했다. 단지 눈으로 보기만 하는데도 위험이 감지되는 곳이었다. 사람이 일하는 곳을 이렇게 만들어놓고 사람을 밀어넣는다는 사실을 눈으로 보면서도 믿을 수가 없었다고, 미숙 씨는 말했다.

"이게, 낙탄이 군데군데 막 다 무덤처럼 막……. 이걸 다 용

컨베이어 벨트 가동 중 발생한
낙탄이 가득 쌓인 작업 현장.

균이가 꺼냈을 거라는 것을 생각하면, 이 많은 거를⋯⋯.
이 일을 다 할 정도면 밤새도록 쉬지도 않고 일했겠네,
그 먼지를 뒤집어써가면서 이 1층에서 15층 높이를 가려
면⋯⋯. 내가 너무 몰랐다는 게 부모, 엄마로서, 애가 세 달
동안 그런 현장에서 일했는데 내가 모르고 아무렇지 않게
그냥 살았다는 게 너무⋯⋯."

용균 씨의 사고 현장, 아니 용균 씨가 일하던 현장에 대
한 이야기를 할 때 미숙 씨의 목소리는 가장 크게 진동했고
더 자주 끊어졌다. 그녀는 아들인 용균 씨가 최소한 자신보다

는 나은 데서 일하길 바라왔다고 말했다. 공공기관에서 지은 최신 시설에서 일한다는 사실에 마음을 놓아버렸다고, 믿어버렸다고 또 한 번 이야기했다. 그래서 아들에게 물어보지도 못했다고. 현장이 어떤지, 일하는 게 힘들지는 않은지 말이다. 미숙 씨는 아들이 일하는 그 3개월 동안 자신이 멋모르고 편안하게 삼켰던 밥을 모조리 다 토해내고 싶을 정도였다고 했다. 후회스러워하고 비통해하는 그녀 앞에서, 누구라도 그랬을 거라는 말, 누구라도 그렇게 믿었을 거라는 말 같은 건 하지 않았다. 그건 별 소용도, 힘도 안 되는 말이라는 걸 알았다.

그곳 현장에서, 용균 씨는 컨베이어 벨트가 돌아가는 중에도 탄을 긁어내는 일을 했다. 겨울이라 더더욱 긁어내기가 쉽지 않은 상황이었다는 아들 동료들의 이야기를 미숙 씨는 그저 들었다. 그들은 힘을 가해 탄을 긁어내는 시범을 보여주기도 했다. 그걸 보고 들으며 미숙 씨 일행은 한층 더 무거워진 발을 이끌어 사고가 난 5층으로 올라갔다. 미숙 씨 마음 안에, 왜 사고가 났는지 알고 싶고 증거를 찾고 싶다는 일념이 더욱 거세게 일던 참이었다. 그런데 말도 안 되는 일이 벌어져 있었다. 물청소가 되어 있었던 것이다. 현장 증거가 될 만한 것을 다 지워버린 셈이었다.

미숙 씨는 어안이 벙벙했다. 가지 말라는 곳에 가서 하지 말라는 일을 했다는 회사 관리자의 말이 겹쳐졌다. 사고를 당한 사람을 유가족 앞에서 탓한다는 것이 너무나 의아했고 의심스러웠다. 직감적으로 거리를 둬야겠다 싶었던 마음의 근거가 눈앞에서 확인된 셈이었다. 사고 은폐 현장을 미숙 씨 눈으로 직접 목격한 것이니까. 억울한 감정이 폭풍처럼 밀려왔다. 아들이 죽은 것만으로도 억울한데 은폐라니. 미숙 씨는 그때 소리를 지르면서 울었다. 짐승처럼 울었다.

원·하청 구조를 돌아보다

컨베이어 벨트에는 일하는 이들을 보호한답시고 케이스(철제 외함)를 만들어 씌워두고 있다. 하지만 개구부가 회전체와 일치되어 있지 않아 곳곳마다 사람이 몸을 넣어야 하는 상황이 벌어진다. 낙탄을 꺼내는 역할뿐 아니라 이상 소음이 있으면 확인해서 휴대폰 카메라로 찍어 보고하는 역할까지도 노동자들에게 할당되어 있다. 분진 때문에 문제가 있는 부분을 쉽게 알아볼 수가 없는 상황이라 최대한 가까운 지점에서 사진을 찍어야 한다. 사진을 찍기 위해 몸을 기계 쪽으로 더 바짝 들이대야 하는 거였다. 게다가 그 어두운 곳에서 상태를 제대로 담아내려면 휴대폰 플래시를 켜야만 하는데, 그걸 켜면 그 외의 다른 곳은 상대적으로 더 잘 안 보이게 마련이다. 그런데도 현장에서는 랜턴조차 제공이 안 됐다. 상황이 그러니 기계가 무섭게 돌아가는 개구부 안쪽으로 몸을 밀어 넣을 수밖에 없었던 거다.

누구라도 그 일을 좋아서 하지는 않았을 것이다. 지시받은 업무 항목 중에 사진을 통해 작업 현장 상황을 보고하라는 항목이 포함되어 있었고, 용균 씨는 어떻게든 그걸 해내려고 했던 거였다. 용균 씨가 속했던 현장의 업무 구조에 대한 이 모든 말도 안 되는 불합리함과 열악함에 대해 미숙 씨는 차근 차근 설명했다. 김미숙 씨 역시 비정규직으로 오래 일했기에 원·하청의 관계와 그 구조를 웬만큼 알고 있었다. 원청이 현장 노동자들과 실질적인 접촉이나 소통은 하지 않으면서, 관리·지시에 관한 건 모두 원청에서 내려오는 기형적인 구조 속에서 수십 년을 일해왔다. 그런데 미숙 씨는 자신이 몸담았던 몇몇 직장은 최소한 안전관리는 잘했다고 했다. 그래서 용균 씨의 직장이 이 정도일 거라는 건 미처 상상하지 못했다. 회사 오너라면 현장부터 안전하게 만들어놓고 일을 시키는 게 당연한 거라고 여겨왔다.

용균 씨의 일터에 직접 가보고서야 알았다. 모든 곳이 다 노동자의 안전을 우선시하지는 않는다는 걸. 너무 늦게 알게 된 거다. 사람이 죽었다. 현장이 안전하지 않아 일어난 사고라는 게 드러났다. 유족뿐 아니라 회사 측도 그걸 알았다. 어쩌면 처음부터 이미 이 위험에 대해 알고 있었을지도 모른다. 처음부터 알았든 이제야 알게 됐든 드러난 이상 잘못을 인정하지 않을 수는 없다. 그런데도 그들이 이렇게 사건을 은폐하려 하고, 사고의 원인을 노동자의 잘못으로 돌리려 하는 게 기가 막혔다고 미숙 씨는 덧붙였다.

미숙 씨가 일할 당시에는 늘 업무량에 대한 것이 문제였

김용균, 김용균들

다. 매일 12시간씩 일했기 때문이다. 하는 일이 제품 불량 검사이니 최대한 집중해야 했다. 12시간을 연이어 하기에는 노동 강도가 센 편이었다. 불량 유출을 하면 안 된다는 스트레스도 무척 심했다. 사람들이 다 지나다니는 잘 보이는 위치에 각 노동자의 실적과 업무 상황에 관한 그래프를 게시하던 시절도 있었다. 서로 경쟁하게 만드는 것이다. 비인간적인 처우였다. 같은 일터에서 일하던 동료들이 그로 인해 얼마나 큰 모멸감을 느꼈는지는 표정만 봐도 알 수 있었다. 하지만 누구도 거기에 문제를 제기하지 않았다. 그럴 수 없는 분위기였다. 그 부당함 앞에서 힘없는 개개인이 할 수 있는 일이 없다고 생각했다. 당시에는 사람을 얼마나 어떻게 고용하거나 해고할지가 전적으로 원청의 지시에 달려 있었다. 삼성, LG, LG 협력업체들, 하이닉스까지가 다 미숙 씨 회사의 원청이었다. 그들 손에 하청의 존속이, 아니 운명이 달렸다고 할 수 있었다. 하청의 작업이 마음에 안 들면 단칼에 다른 하청으로 물량을 다 빼주던 시절이었다. 살벌했다. 하청이 노동자들을 더 극단적으로 쥐어짜고 압박할 수밖에 없는 구조였다.

하지만 미숙 씨는 그것이 당장 살고 죽는 문제와 직결될 수 있다는 생각은 하지 못했다. 원청이 하청에 지대한 영향을 주는 건 맞지만 그 구조가 작업환경 자체에 영향을 준다고 생각하진 않았다. 하지만 용균 씨 사고 이후, 아들이 일했던 현장을 확인한 뒤로는 생각이 달라졌다. 원·하청 구조가 사람의 목숨까지 위협할 수 있다는 걸 알게 됐다. 원청으로부터 하청에 지급되는 비용 안에서 하청은 최대한의 이윤을 뽑아내기 위해 온갖 방법을 동원한다. 현장 안전설비에 대한 비용을 동결하고, 인건비를 줄이기 위해 발전소 근무상 중요한 안전수칙인 2인 1조 근무 시스템을 무시한다. 그 현장은 작은 실수가 곧장 죽음으로 연결될 수도 있는 곳이 되고 만다. 용균 씨가 일하던 현장이 바로 그런 곳이었다. 그곳은 단 몇 초 사이에도 생사가 갈릴 수 있는 곳이었다.

비용과 맞바꾼, 위험이라는 구멍

태안화력발전소 내부는 먼발치에서 미숙 씨가 바라보고 상상했던 것과 정확히 정반대의 모습을 하고 있었다. 환하고 웅장해서 왠지 믿음직스러웠던 외관은 그저 외관일 뿐이었다. 발전소 내부의 어둠과 분진과 소음만으로도 몸이 절로 경직되고 움츠러들었다. 소음이라는 말로는 모자랐다. 컨베이어 벨트가 돌아가면 말 그대로 굉음이 난다. 그럴 때 이상 소음을 들으려면 기계가 가동되는 지점에 더 바짝 귀를 가져가야 한다. 분진으로 인해 깊어진 어둠을 간신히 밝혀놓은 불빛이 있지만, 벨트가 돌아가는 케이스 안쪽의 조도는 고작 1럭스에 지나지 않는다. 너른 거실에 촛불 하나 켜놓은 정도. 그러니까 귀라도 갖다 대야 하는 것이다.

미숙 씨는 벨트를 감싸고 있는 케이스에 대해서도 꼭 짚

김용균, 김용균들

분진으로 인해 더욱 캄캄해진
태안화력발전소 내부.

어야 한다고 했다. 무엇보다 중요한 이야기라고 했다. 케이스
는 컨베이어 벨트의 위력으로부터 노동자를 보호하는 장치
다. 사람이 컨베이어 벨트에 직접 접촉하는 것을 막기 위한
장치다. 그래서 그걸 만들어 씌우도록 법이 명시하고 있다.
그런데 회사는 그 법을 형식적으로만 따랐다.

　방법이 있었고 회사 역시 그 방법을 알고 있었다. 케이스
를 씌우되 그 안에 사람이 들어가지 않아도 되게끔 탄가루를
물로 씻어내는 보조장치를 설치하면 될 일이었다. 현장 노동

고인이 사고를 당한 공기부상형
컨베이어 벨트 밀폐함 점검구.

자들도 처음부터 그걸 요구했었다. 그런데 회사는 그 말을 절반만 들었다. 케이스를 만들기는 했지만 비용이 많이 드는 보조장치를 설치하는 대신 사람이 몸과 머리를 넣어 안쪽을 들여다보도록 하게 하는 개구부를 뚫은 것이다. 비용을 아끼기 위해 위험이라는 구멍을 낸 거였다.

재판 과정[3]에서 회사 측은, 개구부를 만든 게 노동자들의 요구에 의한 것이라고 말했다. 말 자체는 맞는 말이지만 그 사이의 과정이 전부 생략되어 있어 결국 틀린 말이라면서 미숙 씨는 분통을 터뜨렸다. 탄가루를 씻어내고 작동 오류를 체크하는 게 원래 노동자의 몫이자 업무로서 주어져 있었던 건 맞다. 하지만 탄가루를 물로 씻어내는 보조장치를 설치했다면 노동자는 그 보조장치를 관리하는 것만으로 자신들의 임무를 다할 수 있었을 것이다.

"용균이 동료들이 증인을 섰는데, 증인들 거의 다가 '우리는 들어가기 싫었다. 위험한데 누가 들어가고 싶냐. 근데 일의 구조상 들어가서 안 할 수가 없는 구조다' 다들 이렇게 얘기를 했어요."

회사 측에서 보조장치를 누락한 채로 케이스를 설치한 탓이었다. 그럼에도 노동자들은 자신들에게 부여된 업무를 어떻게든 해내야 했다. 노동자들은 그렇게 부여된 작업을 차질 없이 하기 위해 점검부에 구멍을 따고, 구멍을 넓히고, 구멍을 더 많이 만들어달라고 요구할 수밖에 없었다. 회사에 의해 유도된 요구였고 강제된 요구였다.

싸움의 길로 들어서다

사고 현장을 보고 난 뒤 1층까지 어떻게 내려왔는지 기억이 안 난다고 미숙 씨는 회고했다. 그리고 내려가는 동안에는 철제 계단이 얼마나 위태로운지 더 깊이 실감했다고 한다. 거의 수직에 가깝도록 가파르게 놓인 계단이었다. 몸을 돌려서 거꾸로 내려가야만 했다. 손잡이조차 없었다. 한 발 내디딜 때마다 계단이 들썩이는 걸 느끼며 미숙 씨는 이 현장 전체가 위험으로 빽빽이 들어차 있구나 생각했다. 1층에 모여 있는 용균 씨 동료들의 얼굴이 눈에 들어왔다. 모두가 아들 같아 가슴이 아팠다. 이대로는 안 된다는 생각이 들었다.

사고 이후 날이 거듭되는 동안, 사람들을 만나고 아들의 지난 시간과 동선을 되짚으면서 미숙 씨의 내면에는 어떤 생각이 점점 더 선명하게 꿈틀거렸다. 가만히 있으면 안 되겠구나 하는 생각. 사고를 아들의 잘못으로 몰아가려 했던 사측의 말과 물청소가 되어 있던 현장을 보고도 가만히 있을 수는 없었다. 아들의 죽음 앞에서, 죽음의 진실이 왜곡되거나 은폐되는 사건 앞에서 미숙 씨는 어떻게든 움직여야만 했고, 진실을 찾아 나서야만 했다. 방법을 모르는 채로도, 특별한 결의와 선언 같은 것 없이도 미숙 씨는 수순처럼 싸움의 길로 들어섰고, 싸우는 사람이 되어갔다.

물론 미숙 씨에게는 아들의 사고 소식을 듣고 달려와 먼저 말을 걸어주고 손을 내밀어준 공공운수노조가 있었다. 사고 직후에 꾸려진 시민대책위와의 연결 또한 크나큰 힘이었다. 그들이 아니었다면 김미숙 씨가 싸움을 시작하거나 싸움의 방향을 잡는 데 큰 어려움을 겪었을 게 분명하다. 그들을 포함해 너무도 많은 시민이 용균 씨 곁을 지켜주고 함께 싸웠기에 큰 움직임이 만들어졌고, 또 그 덕에 이 불씨가 계속 활활 타오를 수 있었다는 것 또한 미숙 씨는 잘 안다. 고용노동부와 한국산업안전보건공단 등의 집계를 종합해볼 때 한국에서 2021년 산재로 인해 사망한 노동자는 2,000명을 웃돈다.[4] 이 같은 상황에서 한 청년 노동자의 죽음 앞에 이렇게 많은 힘이 모이기는 쉽지 않다.[5] 김용균투쟁 이전에도 구의역에서 스크린도어를 수리하다 사고를 당한 '구의역 김군' 사망사고가 있었고 그 사고를 계기로 투쟁이 촉발되기도 했지만 김용균투쟁의 규모에 미치지는 못했다.

예기치 않은 장애물도 있었다. 갖가지 회유가 들어왔다. 용균 아버지가 잠시 동네 세탁소를 들렀을 때의 일이다. 그 짧은 시간을 틈타 회사 쪽 사람이 찾아왔다. 다행히 용균 아버지가 미숙 씨에게 연락해 이 심상치 않은 상황을 이야기했고, 미숙 씨는 곧바로 공공운수노조에 연락해 남편이 빠져나오도록 도왔다. 아들 용균의 잘못만을 말하고 사고 현장을 백지 상태로 만들어놓았던 회사 사람들이었다. 모르긴 몰라도 그들과의 접촉을 피해야 한다는 것쯤은 알 수 있었다. 사고가 난 지 얼마 안 된 시점이어서 다른 유가족이나 피해자의 경우에는 어떻게 처신하고 있는지, 무엇이 맞는지 확인할 길이 없어 미숙 씨는 불안했고, 전전긍긍하기도 했다. 하지만 적어도 미숙 씨는 자신이 흔들릴 수 있는 사람이라는 걸 인정하고 움직였다. 시민대책위에 사건 대리를 위임한 것도 이 때문이었다.

"다른 유가족의 경우엔 어떻게 해왔나 그런 건요……. 전혀 찾아보질 못했어요. 정신이 없었어요. 찾아볼 생각조차 못 했어요. 3일차에 현장 가서 물청소되어 있는 거 보고 나선 할 말을 잃을 정도였으니까. 숨기는 게 많겠구나 하는 생각이 들었어요. 진짜 캐봐야 되겠구나 그런 생각만……. 무섭더라고요. 공기업하고도 싸우는 거지만 나라하고도 싸우는 거니까. 그전에 있었던 '구의역 김군' 사건도 당시에는 기억에서 옅어져버린 상황이고. 내가 당할 거라고는 전혀 생각하지 못했죠. 누가 어떻게 하고 있는지, 그전에 어떻게 했는지 하는 건 아예 생각도 안 났어요. 그전에 뭐, 잘 해결된 것들이 없었으니까 잘 안 보이기도 했을 것도 같지만……."

물론 2018년이 꼬박 다 가기 전, 미숙 씨는 가까스로 다른 유가족의 존재를 생각해냈고 그들을 만나고 싶다는 마음을 가졌다. 그 소식을 전해 들은 몇몇 유가족들이 미숙 씨를 찾아와 막막했던 미숙 씨에게 의지가 되어주기도 했다. 미숙 씨가 나중에 유가족 지원을 중요하게 생각하게 되고, 또 이를 김용균재단의 핵심 역할 중 하나로 삼게 된 것 역시 이때 받은 묵직한 힘의 기억 때문인지도 모르겠다.

이 같은 주변의 크고 작은 온기에도 불구하고, 미숙 씨를 내내 가슴 아프게 한 일이 있다. 투쟁을 이어가야만 했던 시간 동안 자식을 냉동고에 넣어두고 말라가도록 한 일. 남편에게는 한 달 정도 기다리면 될 거라고 했다. 회사에도 한 달간의 휴가를 낸 상태였다. 한 달이 지나자 남편이 이제 더는 안 되겠다고 했다. 그 심경을 누구보다 잘 아는 미숙 씨였지만 그 말대로 할 수는 없었다. 큰맘 먹고 그를 설득했다. 사고 원인을 제대로 밝히는 게 맞는지, 아니면 그것과 상관없이 장례부터 치르는 게 맞는 건지 물었다. 용균이가 곁에 있다면 무얼 더 간절히 바랄 것 같으냐고. 그는 미숙 씨 말의 의미를 어렵지 않게 이해했다. 남은 것은 남편 쪽 식구들이었다. 보수적인 분들이었고 장례가 자꾸 미뤄지는 것을 못마땅해할 게 분명했다. 그분들에 대해선 용균 아버지에게 부탁했다. 우리 쪽 가족은 내가 맡을 테니 그쪽은 당신이 맡아달라고 했다. 가족들부터 설득할 수 있어야 더 큰 싸움이 가능할 거라는 생각에서였다.

더는 뒤로 돌아갈 수 없다

용균 씨가 죽은 지 한 달을 넘긴 때에도 싸움은 이어졌다. 그쯤 되면 힘이 빠지거나 관심이 옅어질 만도 했지만 오히려 날이 갈수록 더 많은 관심과 목소리가 모였다. 미숙 씨는 이 싸움에 함께해준 셀 수 없이 많은 고마운 이들을 생각했다. 아들의 일에 일면식 하나 없는 수많은 시민이 찾아와 모이고, 그것이 이만큼의 대대적인 시민적 투쟁을 불러왔다는 게 놀라웠다. 미숙 씨는 아들의 일이 단지 아들의 일이 아님을 점점 더 크게 느꼈다.

산재로 인한 사망자 수가 매년 2,000명을 초과하는 사회. 이처럼 비현실적인 숫자가 매년 반복적으로 찍히는 사회가 정상적인 사회일 리 없다. 그럼에도 대부분의 사람들은 생계를 유지하느라 이런 현실에 온전한 관심을 쏟기 어렵다. 하지만 김용균 사고는 달랐다. 유독 많은 이들을 거리로 나오게 하고 목소리를 집결시켰다.

이에 대해 김미숙 씨는 위험의 외주화, 죽음의 외주화에 대해 지금까지 품어왔던 분노와 절망이 사람들의 마음에 불을 지폈기 때문이 아닐까 싶다고 했다. 어쩌면 사람들은 이렇게 모이고 싸우게 될 날을 기다리고 있었던 것인지도 모르겠다고. 유족도, 동료 노동자도, 언제든 자신이나 자신의 가족이 그 같은 위험의 구멍으로 내몰릴 수 있는 상황에 처한 평범한 사람들도 이제 더는 안 된다고 생각하지 않았겠느냐고 했다. 노동자들이 불안정한 고용 상태에서 말도 안 되게 혹사당하는 걸 지금껏 어쩔 수 없는 일이라 생각해왔다면, 이제는 그 고리를 끊어내고 싶다는 열망이 한데 집결된 것이 아닐까 싶다고 했다. 그 같은 상황이 부당하다는 사실을 몰랐던 게 아니라 모르는 척해왔을 것이라고 했다. 그래야만 이 막막한 하루하루를 그럭저럭 버텨낼 수 있을 거라 믿었을 테니까.

김미숙 씨 역시 몇십 년을 비정규직으로만 살아왔다. 아들의 일을 맞닥뜨렸을 때 그래서 더 아팠는지도 모르겠다고 했다. 그런 미숙 씨에게 특히 큰 울림이 되고 힘이 된 건, 미숙 씨에게 찾아와 직접 들려준 살아있는 목소리와 손안에 전해진 손수 쓴 편지였다. 그중에서도 비정규직으로 일하는 청년들의 편지가 마음 깊이 박혔다.

"저는 그때 되게 암울한 상태였잖아요. 그때 단식투쟁하는 사람들이 있었거든요, 한쪽에서. 노·사·유족 합의가 빨리 안 되다 보니까, 천막농성하는 현장에서 시민대책위 대표 여섯 명이 김용균투쟁에 단식투쟁으로 힘을 실어줬어요. 그중 청년전태일 대표가 있었는데 그쪽 분들이 편지를 써서 줬어요. 저한테 해줄 수 있는 게 뭐가 있을까 생각하다가 편지글 쓰는 거였다고 하면서⋯⋯. 하루에 몇 통씩 '저희가 생각해서 어머님한테 드릴 수 있는 게 이거'라고, '이게 저희 성의 표시예요'라고 하면서 자기들 사연을 적어서 저한테 주셨어요. 하나같이 고용이 불안정하거나 안전하지 않은 일터에 있으면서 글을 써준 건데⋯⋯. 근데 거기서 하나같이 용균이가 보이는 거예요. 저는 그 힘으로 계속 왔다고도 할 수 있어요."

그 밖의 수많은 편지에도 지지와 응원의 마음을 이런 식으로라도 전하고 싶었다는 메시지가 담겨 있었고, 또 그 문장들 안에 하나같이 용균이가 들어 있었다고 미숙 씨는 회상했다. 위험 속에서 일하지 않을 수 없고, 불합리한 상황이 반복적으로 일어나는 걸 알고도 피할 수 없었다는 고백들이었으니 그도 그럴밖에.

그중 한 사람의 글이 특히 오래도록 미숙 씨의 마음을 아프게 했다. 그는 고공에서 일하는 사람이었는데, 자기 목숨을 그리 튼튼하지 않은 나일론 끈 하나에 잇고 의지한 채로 일을 지속해야 한다고 했다. 일하는 중에 종종 딛게 되는 발판도 탄탄하지가 않은데, 한번은 발을 잘못 디뎌서 죽음 앞까지 간 적이 있다고 했다. 그런데 더 암담한 건 그렇게 가슴을 쓸어내리는 극한의 위험을 경험한 뒤에도 그가 여전히 별 변화 없는 현장에서 계속 자신의 일을 이어나갈 수밖에 없다는 사실이었다.

또 다른 한 사람은 편지 속에서 미숙 씨에게 그랬다. 왜 이런 일을 하느냐고. 이제 좀 그만둘 수 없느냐고. 이런 현장이 너무 많은데 어떻게 다 바로잡으려 하느냐고. 이 무모하고 답 없는 싸움을 왜 계속하는 거냐고. 사회는 바꾸려고 하는 의지가 없다고. 그는 조선소에서 일용직으로 오래 일해왔는데 한 번도 도움받거나 기댈 수 있는 상황을 만나지 못했다고 했다. 작업환경이 나빴을 뿐 아니라 주변 사람들 역시 배타적이었다고. 너무 힘들고 외로웠다고. 그는 이렇게 아무도 믿지 못할 상황에서, 다른 이의 삶에 별 관심이 없는 사람이 너무 많은 이 땅에서, 어떻게 희망을 찾을 수 있냐고 했다. 아무리 발버둥 쳐도 세상은 안 바뀐다고 힘주어 썼다. 절망적인 어조였다. 미숙 씨는 마음이 너무 아팠다. 그 말을 할 때까지의 상처가 얼마나 깊고 또 잦았을까 생각했다. 미숙 씨는 자신에게 질문했다. 우리의 싸움이 그의 생각을, 그리고 삶을 바꿀 수 있을까. 이 싸움을 지속하는 것이 누군가에게 큰 힘과 의미가 될 수 있을까. 이에 정확히 답할 수 없었지만 분명한 건, 더는 뒤로 돌아갈 수 없다는 거였다.

"내가 이렇게 사회를 모르고 살았구나"

용균 씨 사고 이후 시민단체 주관으로 매주 토요일마다 추모 문화제가 열렸다. 시민단체의 존재도, 그들이 하는 일이 무엇인지도 미숙 씨는 예전에는 전혀 알지 못했었다. 그도 그럴 것이 김미숙 씨는 오랫동안 비정규직 노동자로, 2교대 근무자로, 그리고 가사노동까지 해가면서 바쁘게 앞만 보고 달려온 사람이다. 특별한 사건 앞에 놓이지 않는 이상 시민운동을 포함한 사회문제에 각별한 관심을 갖기가 쉽지 않다. 아들이 사고를 당하고 나서야 미숙 씨는 다른 세상을 만나게 되었고, 다르게 움직이는 사람들을 만났다. 많은 사람들이 오래전부터 중요한 싸움을 이어나가고 있었다는 사실을 알게 됐다. 아들의 사고에 대해서도 그들이 그렇게 나서서 싸운다는 것을 알고 나서는, 더더욱 힘을 내야겠다는 생각이 들었다. 안 되면 고용노동부라도 찾아가야겠다 싶었다. 애가 죽었는데 내가 못 할 게 뭐가 있나 싶은 마음이었다. 아들 보내고 난 뒤로부터는 두 시간쯤 밤잠을 자고 나면 어김없이 용수철처럼 튀어 오르며 깨곤 했다. 아들이 없다는 사실에 몸서리가 쳐졌다. 그러고 나면 다시 잠들기가 어려웠다.

그럴 때마다 미숙 씨는 아들을 떠올리고 사건을 되짚으며 글을 썼다. 그렇게 정리한 것을 발언 기회가 있을 때마다 읽었다. 많은 사람이 미숙 씨의 이야기를 깊이 귀 기울여 듣는 것이 다 느껴졌다. 들어주고 있고 듣고 싶어 할 때 더 많이 말하자 싶었다. 여러 매체의 기자들도 연락을 취해왔는데, 그들 하나하나가 소중했다. 한 사람이라도 더 붙들고 싶었다. 미숙 씨의 생생한 목소리로 사람들에게 사건과 싸움을 알릴 수 있는 흔치 않은 기회였다. 산재 피해 유가족 누구에게나 다 이런 장이 마련되지는 않는다. 그래서 더 허투루 응할 수 없었고, 산재사고 문제에 대해 더 제대로 전하자 싶었다. 사회와 국가를 움직이려면 목소리가 더 많이 전해져야 했다.

기존 산재 피해 유가족들도 많이들 찾아와 힘을 보태주었다. 무엇보다 세월호 희생자 유가족들이 해준, 밥 챙겨 먹으란 이야기가 고맙고 찡했다고 말할 때 미숙 씨의 얼굴은 조금 더 씩씩해 보였다. 체력이 있어야 계속 싸울 수 있다는 걸 그들이 경험해봐서 아는 거라는 말도 덧붙였다. 이런 경험을 공유하는 상황이 가슴 아프면서도 소중하다고 했다. 시민들이 마련해준 용균이 빈소에 비정규직 노동자들도 찾아와 자신의 이야기를 들려줬다.

계산도 조건도 없이 찾아와주는 이런 이들의 존재를 이제까지는 미처 알 길이 없었다. 미숙 씨는 '내가 이렇게 사회를 모르고 살았구나' 하는 생각이 들었다고 했다. '이런 이들이 있어서 우리나라가 괜찮은 사회가 될 수도 있겠구나' 하는 생각도 들었다. 누구도 혼자서는 싸울 수 없다. 그리고 혼자라면 그 싸움은 지속될 수도, 널리 퍼져나갈 수도 없다. 하지만 함께라면 많은 일이 가능하다. 적어도 미숙 씨에게는 김용균투쟁이 그걸 확인시켜준 경험이었다.

산안법 개정, 그러나 김용균 없는 '김용균법'

산안법 개정을 위해 싸우는 일에도 미숙 씨는 전력을 다했다. 처음엔 산안법이라는 게 있는지도 몰랐는데 시민대책위를 통해서 알게 되었다. 산안법은 1990년 문송면·원진레이온 사고[6]로 전면 개정된 이후로 28년 동안이나 꼼짝없이 멈춰 있었다. 산안법이 멈춰 있는 사이, 위험한 업무를 도급으로 떠넘긴 탓에 죽고 다친 사람들이 셀 수 없이 많았다. 그 수많은 원청 책임자들은 대부분 처벌받지 않거나 벌금만 조금 무는 정도로 끝났다. 위험 업무에 대한 도급 금지 규정을 갖추고 있지 않은 산안법이 문제였다. 이 같은 악순환을 산안법이 떠받치고 있었다고 해도 과언이 아니었다. 무조건 바꾸어야 하는 법이었다. 산재 피해 유가족이라면 누구나 산안법 개정이 바로 자신의 일이나 다름 없었다. 그 과정이 쉽지만은 않았다.

"국회에 3일을 그냥 계속 드나들었거든요. 첫날에는 국회 사람들이 좀 귀를 기울이더라고요. 아, 되겠다 싶더라고요. 근데 그다음에는, 그 뒤에 나머지 이틀은 별의별 반응들이 다 있었어요. 무시하는 것 같기도 하고, 첫날이랑 뭐가 이리 다른지……. 기복이 심하다고 해야 할까. 그 안에서도 의원들 각각의 반응이 다 다르고."

한 치 앞을 알 수 없는 다양한 반응을 접하면서, 이 법의 개정이 왜 이리 순탄치 않은지 미숙 씨는 이해할 수 없었다. 사람 목숨이 제일 중요하다는 걸 이 나라는 말로만 떠들어댄 것인가 하는 생각이 들었다. 산안법 개정은 사람을 죽지 않게 하는 최소한의 안전장치를 만들라는 요구인 것을. 미숙 씨 마음속에 거듭해서 분노가 끓어올랐다. 말 좀 들으라고 소리를 질렀다. 그러다 안 되겠다 싶으면 읍소도 했다.

개정되리라는 확신이 없는 상태였지만 할 수 있는 건 다 했다. 시민대책위 사람들과 결과를 기다렸다. 드디어 산안법이 개정됐다는 소식을 들었다. 개정안이 2019년 1월 15일에 공포되고 2020년 1월 16일부터 시행된다는 소식. 꿈만 같았다. 김용균투쟁이 이렇게 큰 힘을 발휘할 수 있다는 게 놀라웠다. '지지 않고 싸우면 되는구나' 하는 생각도 들었다.

하지만 이게 끝이 아니었다. 통과된 개정안은 문제가 있었다. 개정안의 세목에 노동자들이 요구한 것들이 제대로 반영되지 않은 채로 통과된 것이었다. 도급 금지가 개정안의 핵

김용균, 김용균들

심이었는데 개정된 산안법이 도급 금지로 규정하는 업무에 발전소 업무가 빠져 있었다. 사업주 처벌 항목도 형식적으로만 강화되었다. 실질적 처벌이 되려면 '1년 이상의 징역'이라는 하한형을 도입하는 게 중요해 그것을 함께 요구했는데, 개정된 안에는 '7년 이하 징역'을 '10년 이하 징역'으로 하는 상한형만이 반영되어 있었다.[7]

정녕 이것이 노동자를 생각하고 개정한 법이 맞는지 의심스러웠다. 중간 과정에서 기업의 눈치를 보고 그들의 입장을 어느 정도 반영한 것이 분명해 보였다. 선거를 앞두고 여론을 잠재우기 위해, 보여주기식으로만 고쳐진 것이라고밖에는 생각할 수 없었다. '김용균법'이라는 이름이 붙은 법이었지만 그 안에는 용균 씨가 없었다. 용균 씨 동료들은 개정된 법안상 도급 금지 항목 중에 발전소 업무가 빠졌다는 사실을 마주하고 분노를 참지 못했다. 미숙 씨 역시 망연자실했다. 산안법 개정을 위해 지금껏 그렇게 열심히 달려온 시간이 다 뭐였나 싶었다. '싸움의 시간은 아직도 우리 앞에 너무 많이 남아 있구나' 하고 생각했다.

용균 씨 사고에 대한 합의는 해가 바뀌고서야 이끌어낼 수 있었다. 2019년 2월이었다.[8] 그것조차 제대로 안 될 줄 알았지만 100여 개가 넘는 단체가 합심해서 목소리를 높이고 시민들까지 힘을 모아준 덕에 가능했다. 그제야 장례를 치를 수 있었다. 실감이 나지 않았다. '아이는 갔어도 차갑게나마 몸은 남아 있었는데, 이제는 영영 뼛가루가 되는 거구나' 하는 생각에 미숙 씨는 다시금 가슴에 구멍이 뚫리는 것 같았다. 울음조차 나오지 않았다. 한참이 지나고서야 다시 정신을 차렸다. 숙제가 많이 남아 있었다. 무엇보다 용균이가 빠진 기만적인 '김용균법' 앞에서 이대로 가만히 주저앉아 있을 수는 없었다.

유족은 누구라도 처음일 것

김용균투쟁 때문에 미숙 씨는 회사에 한 달의 휴가를 신청해둔 상황이었지만 회사 측에서는 더 늦어져도 좋으니 언제든 돌아오라고 했다. 배려해준 것이 고마웠지만 회사로 돌아가는 것은 도저히 맞지 않는 선택이라는 생각이 들었다. 아들이 사고를 당하기 이전으로 모든 걸 깨끗하게 되돌릴 수는 없었다. 용균 씨의 죽음으로 미숙 씨 삶의 한 부분이 뭉텅 잘려나갔기 때문이기도 하지만, 그전에는 보이지 않았고 볼 수 없었던 많은 것들을 새롭게 보게 됐기 때문이기도 하다. 무엇보다 용균 씨의 사고와 관련된 재판들이 남아 있었다. 그 모든 재판의 과정들을 허투루 대비하고 싶지 않았다. 미숙 씨는 망설임 없이 퇴사하는 쪽으로 마음을 굳혔다.

물론 이것이 유가족 누구에게나 유일한 길이거나 최선의 방향이라 말할 수는 없을 것이다. 비슷한 피해를 당했거나 진상규명을 하는 데 이와 비슷한 과정을 경험한 유가족들이라고 해서, 모두 미숙 씨의 경우와 같지는 않을 것이다. 이런 선택이 못내 내키지 않는 상황을 앞두었거나, 그럴 마음이 있어도 여건이 되지 않아 선택하지 못하는 경우도 있다. 모든 걸 뒤로하고 싸움에 뛰어들고 싶어도 현실의 벽에 가로막히는 경우는 너무도 많다. 그러니 다만 이 선택은 김미숙 씨에게 중요했던 것이고 또 그녀의 상황과도 맞는 유효한 선택이었다고 해야 할 것이다.

시민대책위가 미숙 씨 곁을 지키고 있었지만 언제까지, 또 어떤 방식으로 도움을 받을 수 있을지 막막한 마음도 있었다. 앞으로 줄줄이 이어질 재판 생각을 할 때 특히 그랬다. 김미숙 씨는 이 싸움을 오래 이어나가기 위한 좀더 체계적인 방식이 무엇일지 시민대책위와 상의했다. 함께 싸우고, 오래 싸우기 위한 판을 어떻게 만들지에 대한 고민은 시민대책위 안에도 있었다. 재판에 대응하고 진상규명위원회를 구성하는 등의 후속 대책을 뒷받침하기 위한 정식 조직이 필요했다. 김용균투쟁을 사회적으로 더 크게 확대해나갈 조직 말이다. 2019년 2월 5일, 회사와의 부속합의서에도 이런 구상이 반영된, 재단 설립의 안이 포함되어 있었다. 이 같은 시민대책위의 고민 및 구상과 김미숙 씨의 의지와 간절함이 만나 김용균재단 구성에 대한 논의가 본격화되었다.

시민대책위에서는 그 뒤 곧바로 공식적인 재단 준비위원회를 구성했다. 김용균재단이 어떤 지향을 갖고 어떤 사업에 집중해야 좋을지 함께 머리를 맞대고 논의했다. 재단 대표는 자연스럽게 김미숙 씨가 맡게 되었다.

> "제가 대표로 추대를 받기는 했지만 제 마음 안에도 그런
> 게 있었어요. 다른 사람이 아니라 반드시 제가 대표가 되
> 어야 한다는……. 특조위도 만들어야 되고 재판도 진행해
> 야 하고. 그리고 뒤에도 계속…… 용균이의 이름을 지켜나
> 가야겠다는 생각이 있었거든요."

김용균의 이름을 지키는 일이란 또 다른 용균이가 나오
지 않도록 하는 일이라고 미숙 씨는 말했다. 그렇게 법을 바
꾸고, 현장을 바꾸는 일. 특히 열악한 현장에서 일하는 수많
은 청년 노동자들이 미숙 씨에겐 다 아들 같았다. 그들의 노
동환경과 고용조건이 나아지지 않는 한 그들은 여전히 살벌
한 위험 속에 머무르는 것과 다름없다. 미숙 씨의 이 같은 의
지는 비단 유가족인 미숙 씨만의 것이 아니라 한국 사회에서
비정규직, 플랫폼 노동 등 불안정 노동 형태로 고용되어 살아
가는 수많은 이들과 그들 곁에 서는 수많은 시민의 의지이기
도 할 터였다. 그리고 김미숙 씨는 이 모든 사람의 뜻을 누구
보다 뜨겁고 정확하게 대변할 수 있는 존재임에 분명했다.
수많은 노동자와 시민이 광장으로 쏟아져 나와 다양한
목소리로 이에 대한 의지를 보여주었다. 김용균투쟁은 이들
의 목소리가 들불처럼 일어난 사건이고, 셀 수 없이 많은 단
위의 사람들이 힘을 모아준 덕에 더욱 거세질 수 있었던 싸움

이다. "내가 김용균이다"라고 말하며 그 죽음에 함께 아파하고 분노하고 추모하며 행동한 많은 이들이 투쟁의 불길을 키웠다. 김용균이 당한 사고는 용균 씨 한 사람만의 사고가 아니기 때문이었다. 그걸 모두가 알고 있었다. 미숙 씨 역시 이 사실을 잘 알고 있었다.

김미숙 씨는 이 투쟁에 함께하는 동안, 스러져간 노동자의 뒤를 이어 목소리를 내며 싸우는 일이 얼마나 중요한지를 절감했다. 그 싸움을 위한 단단하고도 지속적인 힘의 결집이 얼마나 절실하게 필요한지도 경험했다. 이 경험에 기대지 않고서 김용균재단의 나아갈 방향을 정할 수는 없었다. 단지 김용균 한 사람을 기리는 데서 그치는 것이 아니라 산재 피해 유가족을 지원하고, 싸우는 유족 및 노동자, 또 이들에 연대하는 시민들의 힘을 모아 이 사회의 불합리한 관행과 시스템을 바꿔나가는 것이 필요했다. 다음 유족이 나오지 않기를 바라고, 미숙 씨와 기존의 유족들이 겪었던 일을 다시는 다른 이들이 겪지 않기를 바라는 마음. 그렇게 싸우면서 죽음의 행렬을 끊어내고, 비정규직을 정규직화하며, 차별 없는 일터를 만드는 것이 재단의 최종적인 목표가 되기를 바랐다. 그리고 이 모든 것이 김용균의 이름을 지키는 일에 다름 아니었다.

김용균재단 설립 당시 무엇보다 중요한 목표는 노동자, 시민과 연대하고 함께 싸우면서 사회를 바꾸는 데 힘쓰는 재단이 되는 것이었다. 재단의 대표로 3년가량 활동을 이어온 지금의 김미숙 씨는 재단이 가장 가까운 목표로 삼아야 할 것은 유족 지원이라 여기고 있다고 했다. 누가, 언제, 어떻게 유족이 될는지는 아무도 알 수 없다. 유족은 누구라도 처음일 것이며, 예외 없이 막막할 것이다. 누구를 붙잡아야 하는지, 또 누구에게 따져 묻거나 확인해야 하는지 하나부터 열까지 다 더듬듯 살펴가며 여러 문제에 맞닥뜨리게 될 유가족에게, 기댈 어깨가 되어주고 실질적인 정보를 제공하는 것은 사고 직후 가장 먼저 해야 할 일이자 가장 중요한 일이 될 수밖에 없다는 생각을 미숙 씨는 하고 있다.

유족 지원 및 연대와 관련해서는 김용균재단 설립과 비슷한 시기에 결성되었던 산재피해가족네트워크 다시는(이하 '다시는')에 대한 이야기도 빼놓을 수 없다.[9] 미숙 씨는 다시는을 꾸리고 다지는 데에도 힘을 기울였다. 유족들 간 연결을 만들고 유족 투쟁의 연대체를 공고히 하기 위한 노력의 일환으로 꾸려진 모임이었다. 이 모임 역시 김용균 사건이 계기가 되었다. '다시는'이라는 명칭은 그렇게 모인 이들이 "우리의 아이들은 다시 돌아올 수 없어도, 다시는 우리와 같은 아픔을 겪는 피해 가족들이 생기지 않기를"[10] 바라는 마음을 담아 만든 이름이다. 온 삶이 송두리째 흔들리는 고통과 비애의 힘으로 서로의 곁에 서고, 그 힘으로 사회를 바꾸는 싸움을 하겠다고 결의한 모임이다. 미숙 씨는 산재 피해 가족이 연대라는 명확한 목적 의식 아래 모인 것은 다시는이 처음이라고 말했고, 지금까지도 모임에 많이 의지하고 있다고 했다. 유가족이 된 것이 처음이듯, 함께 연대의 장을 만들어가는 경험 역시 이들에겐 처음이다. 사람들이 모이는 곳이 어디나 그렇듯 다시는 또한 크고 작은 부침들을 경험하면서도 어디로든 나아가는 중일 테다.

다시는의 존재도 그렇지만 재단이 만들어진 것은 김용균투쟁에서 하나의 분기점이라 할 만큼 큰 변화일 터다. 그렇다면 재단 설립이 김미숙 씨에게는 어떤 영향을 미쳤을지 궁금했다. 김미숙 씨는 용균 씨 장례 합의를 2019년 2월에 이끌어낸 뒤로도 여기저기 온갖 연대를 하러 다니느라 정신이 없었다고 했다. 그해 4월에는 마지막 전체 시민대책위 회의가 있었고, 곧이어 재단 구성에 관한 구체적인 논의가 이루어진 뒤, 김용균재단 준비위원회가 꾸려졌다. 이어서 7월에 김용균재단에서 함께할 활동가가 새롭게 결합했고, 김미숙 씨도 재단의 대표이자 활동가로서 그와 함께 재단 구성에 관한 많은 논의를 이어갔다. 서류 작업에도 많은 이들이 품을 들여주었다. 그렇게 그해 10월에서야 재단이 온전히 만들어졌다. 그러고 보면 미숙 씨의 활동에는 공백 기간이랄 것이 없었다. 재단 설립 이전이든 이후든 미숙 씨는 계속 달리고 있었던 셈이다.

그 많은 용균이들 곁에 서고 싶다

미숙 씨는 아들이 어렸을 적부터 병치레가 많았다고 했

다. 그래서 늘 미숙 씨 가까운 곳에 아들이 있기를 바라왔다. 1994년 12월 경상북도 구미에서 태어난 용균 씨가 유일한 자식이었기 때문에 더더욱 그랬을 것이다. 그만큼 용균 씨는 사랑을 듬뿍 받으며 자랐다.

용균 씨는 원래 공부에 큰 관심을 갖지 않았는데, 고등학교에 올라가 성적이 오르면서 대학 진학에 관심이 높아졌다. 학원 갈 생각이 있느냐고 미숙 씨가 묻자 그제야 용균 씨는 대답했다. 학원 가고 싶었는데 말하지 못했었다고. 늘 가정 형편을 생각하는 용균 씨였다. 학원에 딱 3개월을 다니고 난 뒤, 50점이었던 영어, 수학 점수가 95점까지 올라갔다. 그 다음부터는 학원에 안 다니겠다고 용균 씨는 말했다. 학원에서 공부하는 방법을 가르쳐줘서 다 따라갈 수 있다고 했다. 그렇게 성적이 오른 뒤로 용균 씨는 대학 걱정과 커리어에 대한 고민을 본격적으로 하기 시작했다.

"언젠가 애한테 갑자기 물어봤어요. 지금까지 살면서 죽고 싶은 생각을 한 번이라도 해봤냐고. 그랬더니 해봤대요. 그래서 왜, 뭐 때문에 했느냐고 그랬더니 학교에서 1등을 계속 잡고 있다가 2등으로 떨어지니까 죽고 싶었다고, 옥상에서 딱 떨어져 죽고 싶었다고, 이러는 거예요. 그래서 공부 꼴찌해도 되니까 그런 걱정하지 말라고 했어요. 우리한테 진짜 소중한 건 너라고, 그 공부가 행복을 만들어준다고 생각하지 않는다고도 했어요. 나도 공부를 잘하지 못했지만 공부를 잘해서 만들어지는 게 행복이 아니고, 진짜 내가 원하는 거에서 기쁨과 행복을 찾아가야 한다고요. 너 자체가 자신의 삶의 지향점이 돼야 하는 거니까 공부를 그렇게 염두에 두지 말라 그랬어요."

미숙 씨는 또박또박 힘 있게 그날을 회상하며 말하면서도 왠지 모르게 복잡한 얼굴이 되었다. 떠올리면 모든 순간이 다 마음 아프지만 한편으론 그런 대화를 통해 아이를 깊이 안아줄 수 있었던 것만으로도 다행이라고 말하는 걸 듣고서야 그 얼굴의 이유를 알 수 있었다.

입시에서 용균 씨는 4년제 국립대를 비롯해 여러 대학에 붙었다. 어디로 갈지 결정만 하면 되는 상황이었다. 그런데 4년제를 갔다가 졸업할 때쯤 되면 오히려 취업문이 더 좁아져 있지는 않을까 하는 우려도 들었다. 당시 집안 사정도 그리 좋지는 않은 상황이었다. 결국 용균 씨는 2년제 대학엘 갔다. 아니다 싶으면 그때 4년제에 편입해 들어가자고 가족들끼리 이야기를 나눴다.

대학 1학년을 마치고 군대에 간 용균 씨는 거기서 전기 일을 하게 됐는데 그게 마침 적성에 맞았다. 그 뒤로 2학년에 복학한 용균 씨에게는 한전 취업이 새로운 목표가 되었다. 그런데 한전에 입사 지원을 하고 면접을 보는 과정에서, 더 많은 스펙이 필요하다는 것을 알게 되었다. 용균 씨는 경력을 쌓아 나중에라도 그곳에 들어가야겠다는 생각 끝에 한국발전기술에 입사했다. 2018년 9월 17일이었다. 한국발전기술은 한국서부발전이라는 원청의 하청업체였다.

원래 목표했던 곳에 대한 꿈을 조금 미루자 했지만 아쉬운 마음이 없는 것은 아니었다. 하지만 발전소는 공공기관이니 다른 민간회사들보다는 좋은 조건일 거라고 여겼다. 공공기관은 그래도 우리 사회에서 하나의 기준이 되는 곳이니까. 부모님에게 선물받은 새 양복과 새 신발을 집에서 신어보면서 용균 씨는 포즈를 잡아보았다. 가족들이 모처럼 다 함께 환하게 웃었다.

한국서부발전(태안화력발전소)은 출퇴근이 가능한 거리에 있지 않았기에 용균 씨는 가족과 떨어져 지냈다. 미숙 씨는 틈날 때마다 용균 씨와 전화로 안부를 주고받았다. 목소리에서 조금 지친 듯한 기색이 느껴져 힘들지 않냐 물으면 용균 씨는 대답했다. 경력을 쌓으려고 들어온 거니까 그 생각만 하면서 열심히 일하고 있다고. 쉬는 날 기숙사에 머물면서도 용균 씨는 막연히 쉬기만 한 적이 없었다. 늘 자기 업무 분야와 관련된 책을 붙들고 있었다. 업무 관련 시험 준비를 위한 서적은 용균 씨의 가방에 들어 있던 마지막 물건이기도 했다. 미숙 씨는 아들이 집에 와서조차 쉬지 않고 공부하던 모습을 떠올릴 때마다 마음이 쓰라려 아무것도 손에 잡히질 않는다고 했다.

용균 씨 이모가 미숙 씨에게 이런 말을 한 적이 있다. 그랬던 자식이 죽었는데 어떻게 다른 이들이 눈에 들어오느냐고. 어떻게 다른 사람 생각할 여유가 있느냐고. 자기라면 내 아픔과 고통에 온통 다 집어삼켜져서 다른 건 아무것도 보이지 않을 것 같다고 했다. 아무리 발버둥 치고 애써도 어차피 내 자식은 안 돌아오니까 싸울 힘을 낼 수 없을 것 같다고 했다.

그 말을 듣고 미숙 씨는 자신이 이상한 건가 잠시 생각하기도 했지만, 그렇지는 않을 거라 생각을 고쳤다. 상황이 다를 수는 있어도 마음이 다르지는 않을 것이다. 자식 잃은 사람 중에 그 비통함이 육중하지 않을 이가 있을까. 하지만 그 마음과 별개로 위험한 작업환경, 불합리한 구조 때문에 일어난 사고를 두고서 사고의 책임을 사고당한 자식의 잘못으로 몰아가는 걸 보고도 제대로 싸우고 싶지 않은 이는 없을 것이다. 내 자식이 당한 일을 다른 이들 역시 줄줄이 겪게 될 걸 알면서도 손 놓고 싶어하는 이 또한 없을 것이다. 단지 각자가 처한 상황과 여건이 달라 원하는 만큼의 싸움을 하지 못하는 경우만이 있을 터다. 남은 자식들이 있어서 그들을 챙겨야 하는 경우, 사측과 직·간접적으로 연관이 되어 있는 경우, 힘을 보태줄 사람을 찾을 수 없거나 도움을 어떻게 받는지 몰라서 싸워보지 못하는 경우도 있을 것이다.

미숙 씨가 싸움을 시작하기 전부터 이 사고의 구조적인 원인과 문제를 다 알았던 건 아니다. 다만 이 사고가 아들의 잘못이 아니라는 걸 밝히고 책임자를 제대로 처벌받도록 하기만 하면 될 것이라 생각했다. 하지만 공공운수노조, 시민대책위와 회의를 거듭하고 싸움을 함께하면서 새롭게 알게 되었다. 용균이가 사고를 당한 것은 원·하청의 기형적인 계약 구조 속에서 하청 소속 비정규직 노동자들이 위험한 작업환경을 견디고 일해야 하고 과중한 업무를 떠안으며 일할 수밖에 없었던 탓이라는 걸. 진상규명 및 책임자 처벌 문제와 비정규직의 정규직화 문제는 떼려야 뗄 수 없는 문제였다.

용균 씨 사고 이후에도 가슴 아픈 산재사고는 거듭해서 발생하고 있고 여전히 갈 길은 너무도 멀다. 그럼에도 불구하고 미숙 씨는 처음 자신의 곁에 서주고 함께 싸워줬던 수많은 얼굴과 그 뜨거운 마음을 기억하는 힘으로 조금 더 힘을 내 싸워보고 싶다고 생각한다. 전해 받은 그 온기를 누군가에게 다시 건네고 또 갚는 마음으로.

이전의 삶과 이후의 삶

김미숙 씨의 활동가로서의 삶은 김용균 사건이 없었다면 있지 않았을지도 모른다. 몇 년 사이에 삶의 형태와 패턴이 완전히 바뀐 것이다. 한 사건을 기점으로 이전의 삶과 이후의 삶이 확연히 나뉜다. 이 상황에 대해 미숙 씨 자신은 어떻게 느끼고 있는지 궁금했다.

"한마디로, 그 전에는 안 보이던 세상이 확 보였고, 다가왔고……. 이전 세상에서는 되게 안이하게 다른 생각에 많이 붙들려서 살았고, 내 삶만 생각하고 살았다면, 이쪽에 들어와서는 나는 좀 내려놓고 다른 것을 위해서 살고 있다는 느낌이 들어요."

그렇다면 미숙 씨는 지금의 달라진 삶을 어떻게 느끼는지 궁금했다. 예전에 비해 더 많은 보람을 느끼고 있는지. 그 물음 앞에, 신중하면서도 솔직한 그녀는 딱 잘라 말하지 않고 조금 뜸을 들이며 말했다. 어떤 게 더 좋은 삶이라고 감히 말할 수는 없겠다고. 지금 사회적 대의를 위해 실천하고 투쟁하는 일이 분명히 값지고 의미 있는 일인 것임에는 틀림없지만, 가족을 소중히 여기며 열심히 달려왔던 지난날 역시 그 나름의 가치와 행복이 있었던 시간이라고 했다. 과거의 삶, 과거의 자신에 대해서조차 쉽게 판단하거나 대상화하려 하지 않는 김미숙 씨의 태도를 확인할 수 있었다.

"그때는 삶에 대한 그 나름의 믿음이 있고 꿈이 있었고, 저는 한눈 안 팔고 그 시간을 열심히, 나름대로 살았거든요. 용균이가 가고 없는 지금, 당시의 꿈들이 다 사라졌지만 다른 이들을 위해 사는 삶도 큰 의미가 있고요. 발 벗고 나서서 누군가를 돕는 데 뜻이 있기는 있었거든요, 그때도……. 근데 그걸 돌아볼 시간이나 체력이 없어갖고 하지 못했다고도 할 수 있거든요, 예전에는요. 지금은 그걸 할 수 있어서 좋아요. 이전과 이후를 딱 저울에 올려놓고 그렇게 따지기는 좀…… 그렇죠. 다 각각 의미가 있으니까."

이 척박한 사회를 살아가는 누구나가 다 자기 삶과 상황에서 벗어나기란 쉽지 않을 것이다. 자기 삶의 바깥을 보는일은 드물게만 일어난다. 미숙 씨도 사건 이전에는 마찬가지였던 것이다. 그녀는 아들이 회사에 다니거나, 결혼을 하거나, 아이를 낳아 키우거나 하는 걸 옆에서 지켜보고 또 지켜주고 싶었다. 그게 아니라도 나이 먹어가는 걸 보고, 함께 나이 들어가고, 또 이따금 여행도 갈 수 있기를 바랐다. 꿈이라면 그런 게 꿈이었다.

개인적으로는 남편과 노후생활을 잘 꾸리고 싶기도 했다. 나중에 여력이 되면 카페를 열어 차곡차곡 돈을 모아볼생각도 했다. 평범하고 소박한 꿈. 하지만 이젠 돈을 모으거나 버는 일이 의미가 없어졌다고 했다. 돈 벌어봐야 이제는아들에게 맛있는 거 하나 먹여줄 수가 없게 되었다고. 그녀의 마음에 공감이 되면서도, 남은 사람의 삶도 중요하지 않느냐고, 자기 자신을 돌보고 챙기는 일에도 비용은 필요하지 않느냐고 되묻고 싶은 마음이 들었다. 미숙 씨는 조금 쓸쓸하게말을 이었다.

"돈 벌 이유가 사라진 것 같고……. 좀 막막해요. 행복이 뭔지도 잘 모르겠고요. 바깥에서 막 사람들 옆에 서 있고 투쟁하고 그러다가 집에 들어오면 갑자기 좀 멍해져요. 할 일도 딱히 없고요. 그래서 집에 혼자 잘 안 있어요. 일이 없을 때면 오히려 사무실에 나가요."

그럼에도 김미숙 씨가 힘을 보태고 싸우며 현장을 지키는 동안 도저히 안 될 것 같았던 일들, 예컨대 산안법이 개정되거나 중대재해처벌법이 제정되는 등 중요한 일들이 성사되었다. 그럴 때 느끼는 보람에 대해서도 듣고 싶었다. 행복을 모르게 되었다고 하지만 어쩌면 행복의 질과 내용이 좀 바뀐 것은 아닐까. 그녀는 이에 동의하면서도 다시 한숨을 쉬었다.

보람이 있어야 하는데, 죽음들이 끊임없이 들려온다고 이야기했다. 법을 만들거나 개정해서 도대체 뭐가 달라진 건가 하는 생각이 든다고도 했다. 주변 사람들은 이 법이 이 나라에서 만들어질 거라곤 아무도 생각하지 못했다고 하지만, 법이 만들어졌으면 달라진 게 보여야 한다는 거다. 이 법들은 사람 살리자고 만들어진 건데 들리는 뉴스는 여전히 죽음들에 관한 것이 대부분이다. 살았다거나 죽음이 줄었다는 이야기는 거의 들리질 않는다. 답답하고 힘이 빠질 수밖에 없다고 미숙 씨는 한탄했다.

미숙 씨의 한숨에 공감이 갔다. 먼저의 죽음에 대한 보도가 미처 하루해를 넘기기 전에 바로 그다음 죽음에 대한 뉴스가 뜬다. 사고를 당하고 죽음을 당한 이가 어떻게 일해왔고 또 어떻게 살아왔는지는커녕 어떻게 죽게 되었는지조차 제대로 알 수 없고 찾아볼 수 없다. 그럴 시간이 주어지지 않는다. 그 모든 죽음은 노동자의 잘못인 동시에 '어쩔 수 없는' 사고에 지나지 않는다. 죽음들은 애도되지 못했고 빠르게 잊혔다. 아니, 잊힐 수도 없었다고 하는 게 더 정확할 것이다. 그것들은 기억조차 되지 못했으니까.

하지만 그럼에도 불구하고 싸우는 사람들에게는 상상력이 필요하다. 데이터로 제시되고 드러나는 건 대부분 죽음에 관한 숫자들이다. 이따금 '아차사고'라는 이름으로 보도되기도 하지만, 죽을 수도 있을 만큼 큰 사고가 날 뻔했으나 안전장치 덕분에 목숨을 건진 그와 같은 사례가 목록화된다거나 그 숫자가 데이터화되기 쉽지 않은 것도 사실이다. 싸우는 사람들에겐 내가, 또 우리가 싸우지 않았다면 이 숫자의 10의자리, 100의 자리가 달라졌을 거라는 상상력이 필요하다. 김미숙 씨도 이런 상상력을 어쩌면 알게 모르게 작동시키고 있지는 않았을까. 소용없다는 마음뿐이었다면 계속 거리로 나갈 수는 없었을 테니까 말이다.

미숙 씨 역시 시시때때로 찾아오는 무력감과 깊어지는 한숨에도 불구하고 하나하나, 차근차근 해나가는 방법밖에는 없을 거라 했다. 당장 눈앞에 보이지는 않는다고 해도 말이다. 산안법이 개정되고 중대재해처벌법이 만들어진 덕분에 시민들은 노동자들이 당하게 되는 중대재해나 심각한 사고의 구조적인 원인이 무엇인지를 알게 되었다고도 할 수 있다.

사업장 내 안전장치와 관리의 잘못뿐 아니라 본질적으로는 이윤을 최우선으로 하는 잘못된 고용구조가 낳는 위험의 외주화와 간접고용, 비정규직화가 사고의 원인이라는 것을 말이다. 미숙 씨는 중대재해처벌법 제정 당시 이 법에 대한 국민 지지도가 72퍼센트였음을 강조하면서, 이것을 발판으로 개정안을 만들 때는 더 큰 힘을 끌어올려, 지금 뚫려 있는 구멍들을 잘 메워야 할 것이라 말했다.

법을 바꾸는 일은 중요하다. 지금의 부당한 시스템을 확실하게 가시화하고 개선하는 방법일 테니까. 하지만 거리 시위나 투쟁이 활발하지 않고 노동에 몸담은 당사자들의 성장이 없다면, 그리고 사회적 인식의 개선이 없다면 법은 별 쓸모가 없다. 자기 사업장 안에서 실질적인 개선을 요구하는 일은 너무도 중요하다. 집회 또한 그 자체로 힘이 세다. 불법으로 낙인찍히기 십상인 몸들이 쏟아져 나와 돌발 시위를 하는 것. 그 모든 힘에 대해 미숙 씨는 어떤 생각을 하는지 궁금했다.

"부당한 건 바꿔야 하는 거라는 생각에서 몸이 먼저 나가는 거예요. 세월호가 대표적이지 않을까 싶은데……. 세월호를 봤을 때, 이걸 부당하다고 생각해서 다 뛰쳐나왔잖아요. 그것처럼 부당함을 우리 손으로 바꾸기 위한 노력들이, 시민 한 사람 한 사람이 해야 될 몫이라고 저는 생각해요. 분노가 열망으로 바뀌어서 거리로 나가게 되는 것 같아요. 내 권리를 찾으려면 바꿔야 하니까."

김미숙 씨는 이제 더는 유가족으로만 호명되지 않는다. 최근 들어 노동 활동가라는 말을 듣는 일이 많다. 많은 시간 길 위에 있고, 자신이 처한 부당한 상황에 대항하려 하는 노동자들 곁에서 함께 목소리를 높이는 사람이니 그럴 만도 하다. 누군가 어떤 사건이나 상황, 처지와 위치 앞에서 부당함을 느끼는 건 감정의 문제인 동시에 무엇이 정의인지를 생각하는 첫걸음일 것이다. 나아가 그것은 한 사람의 생존 혹은 그 최소한의 삶이 무엇에 의해 지탱되는지를 묻게 만든다. 목소리를 얻은 질문들은 싸움을 열고, 그 싸움이 삶을 바꾼다.

"어떤 기사를 봤는데, 누가 그러대요. 자기가 이렇게 투쟁에 나선 이유는 정말 먹고 살기 힘들어서……. 지금 겨우겨우 자기 밥을 먹고 빵을 사 먹고 이렇게 있는데, 이걸 안하면 빵조차 밥조차 못 먹을 것 같아서……. 그런 글을 읽는데, 이런 생각이 들더라고요. 이 사람은 자기가 살 수 있도록, 최소한의 것을 지키려고 저렇게 싸우는구나."

목소리는 목소리를 부른다. 노동 활동가로서 거리에 나서는 김미숙 씨는 하나의 목소리를 알아보는 사람이자, 망설임 없이 그 목소리 곁에 또 하나의 목소리를 세우는 사람일 것이다. 물론 그 목소리의 시작에는 김미숙 씨만의 경험이 있

김용균, 김용균들

다. 또 그 경험을 계기로 거리에 서고 길 위에서 보내게 된 숱한 시간이 있었다.

"예전에는 내 가족만 생각하고 살았는데, 용균이 일 겪으면서 사회를 점점 더 볼 수 있게 됐어요. 사람들이 들려주는 이야기 들으면서, 연대 활동 다니면서 시야가 확장됐어요. 보통 사람들은 그냥 열심히 살다가 어느 정도 여유가 있으면 즐기고 살겠거니 생각했는데 안 그런 사람들도 많구나⋯⋯. 어두운 면이 많이 보였어요. 용균이뿐만 아니라 그동안 사람이 엄청 많이 죽었고, 지금도 위험을 안고 일하는 사람이 엄청 많고, 원직복직 투쟁자도 많고, 투쟁하다가 너무 억울해서 자살하는 사람, 또 옛날에는 고문당해 죽은 사람도 있었고⋯⋯."

미숙 씨는 덧붙여 말했다. 좁게 보면 이 일들이 하나하나의 사건이자 하나하나의 투쟁 같지만 전체 사회와 국가 차원으로 보면 이 모든 것들이 다 연결되어 있다고. 이걸 조금이라도 바꿀 수 있는 힘은 지속적으로 나가서 운동하고 싸우는 길에서밖에 나오지 않는다고. 아직 배울 게 너무 많지만, 할수 있는 데까지 해보겠다고 했다.

유족인 동시에 활동가로 살아가는 일이 쉽지는 않을 것이다. 여전히 산재 사망사고 현장 싸움에 힘을 보태러 달려가는 일이 가장 많은 미숙 씨는 다른 유족들을 만날 때 자신이 겪은 일을, 아들의 죽음을 다시금 선명하게 떠올리게 될 수밖에 없다. 유족들에게나 혹은 연대 발언을 할 때 그 이야기를 빼놓고는 말을 시작할 수 없는 상황이 있기 때문이다. 그때마다 그녀는 이런 생각을 한다. '아, 이래서 유족들이 그만 물러나는구나.' 미숙 씨의 이 한숨 앞에 어떤 말을 보탤 수 있을지 알 수 없었다. 여기서 오래 멈춰 있을 것 같았던 대화는 미숙 씨 스스로에 의해 금세 다시 재개되었다.

"사실 저를 생각했으면 이런 일을 안 하겠죠. 하지만 이 사회를 그냥 두고 볼 수가 없는 거죠. 노동자들이 이렇게 죽는다는 걸 알고도 그냥 두고 보면 계속 돌아가시는 분들이 나올 테고, 유족도 나올 테고…… 얼마나 힘들까……. 그런 생각이 들더라고요. 용균이 사고 터졌을 때는 이렇게 생각했어요. 그동안 그렇게 많이 죽었다는데 왜 아무도 나서지 않았나. 제대로 나서고 싸워줬더라면 용균이 죽지 않을 수 있었는데……. 그게 원망스러웠어요. 근데 저도 이렇게 노력했는데도 계속 똑같이 죽고 있잖아요. 법을 두 개나 바꾸고 만들고 했는데도[11] 죽음의 숫자가 줄어들지 않는 걸 보고 이 운동이 힘들다는 걸 알았어요."

죽음들 앞에 크고 작은 싸움들이 분명 있었고 그 싸움을 자신의 삶으로 삼은 사람들이 셀 수 없이 많다. 이 사회가 그 싸움에 귀 기울이지 않았고, 없는 것으로 취급해온 것이 문제였을 뿐. 김미숙 씨 또한 그걸 의식하듯 말했다. 기업살인법[12] 이 있는 영국의 경우에도 유족들을 중심으로 한 싸움이 그 법을 만들어내긴 했지만 법 제정 직후 곧바로 죽음의 숫자가 줄어든 것은 아니라고. 수차례 보완 과정이 필요했을 뿐 아니라 산재에 대한 사회의 인식이 온전히 바뀌는 데에도 시간이 필요했다고. 미숙 씨의 목소리에는 다시 생기가 돌았다. 생기 넘치는 목소리로 힘주어 말했다. "우리도 법 만드는 데서 그치지 않고, 쉽게 실망하거나 주저앉지 말고 계속 싸우고 행동해야겠죠."

편견 역시 인권의 문제

김미숙 씨는 특히나 청년들을 애틋하게 여기는 마음이 크다. 다음 세대는 우리보다 좀더 나은 환경에서 행복을 느끼기를 모두가 바라는데 그게 안 되니 너무 안타깝다는 거다. 공부를 못하면 비정규직이 되고 험한 일을 하게 된다는 생각 때문에 그들은 사회에 나가기 전부터 치열하게 경쟁을 한다. 그 바늘구멍을 통과해 정규직이 된다 한들 경쟁구조에서 벗어날 수 있는 건 아니다. 회사 내 위계적 시스템에 자동으로 놓이게 되기 때문이다. 어디에 서 있든 힘들다. 드라마 〈혼술남녀〉의 조연출이었던 이한빛 PD 역시 그랬다.[13] 자신은 정규직이었지만 비정규직 노동자를 휘두르거나 착취하도록 내몰렸다. 죽기보다 싫은 일을 해야 하는 상황에 던져졌다. 그것을 견딜 수 없었던 그는 그 상황을 어떻게든 피해보려다가 정규직 사이에서도 따돌림을 당했다. 상부의 지시를 따르지 않으면 토사구팽이 된다. 처음부터 크게 잘못된 구조라는 이야기다.

"저는 아이한테 그랬어요. 꼴찌해도 된다, 꼴찌해도 된다. 사회가 이렇게까지 암울한 거를 몰랐어요. 사고가 나고……. 그런 뒤에야 제대로 알았죠. 우리나라는 청년들이 살기에 너무 힘들어요, 척박하고. 불합리해요. 오죽하면 '이생망[이번 생은 망했다]'이라고 하겠어요?"

미숙 씨는 어린이와 청소년, 청년들이 지향하는 것, 꿈꾸는 걸 국가가 뒷받침해줘야 하는데 그런 시스템도, 그에 대한 고려도 전혀 이뤄지지 않고 있다는 점을 개탄스러워했다. 물질과 상품을 생산하는 인력에만, 값싼 노동력을 재생산하는 데만 혈안이 된 사회는 결코 건강하게 오래 지속될 수 없다.

김미숙 씨 본인의 청년 시절은 어땠을까. 결혼 전에는 IMF 외환위기가 닥치기 전이라 경제 상황이 좋았고, 당시에는 자신도 정규직이었다고 미숙 씨는 회고했다. 비정규직이라는 개념 자체가 일반화되지 않았고, 그 비중도 극히 작았던 시절이다. 물론 당시에도 성별 임금격차는 있었다. 가정을 꾸려가야 한다는 이유로 남자들에게 임금을 더 주는 게 의아했다고 그녀는 말했다. 여자도 가장일 수 있고, 혼자 살 수도 있는데. 하지만 그때는 그런 문제에 대해 아무도 이야기를 하지 않은 상황이라 미숙 씨도 그냥 넘어갔다. 성별 임금격차는 지금도 여전하다. OECD 가입국 29개국 대상으로 조사를 시행한 2013년 이래 현재까지 10년 연속으로, 한국은 '유리천장 지수(glass ceiling index)' 꼴찌를 기록하고 있다. 성별 임금격차가 29위, 관리직 여성 비율이 29위, 기업 내 여성 이사 비율 29위, 여성 노동 참여율이 28위다.[14] 남녀고용평등법이 최초 제정된 것이 1987년 12월이고 법은 그 뒤로도 개정을 거듭해 왔지만 실질적인 변화는 이뤄지지 않은 셈이다. 당시 김미숙 씨 역시 출산, 육아와 직장생활을 병행하는 것이 어려워 직장을 그만둘 수밖에 없었다고 했다.

"아이를 어느 정도 키워놓고 나서 다시 일을 알아봤거든요. 그런데 그때는 나와 있는 자리가 다 비정규직인 거예요. 온통 하청회사들이었죠. IMF [외환위기] 영향이 컸겠죠. 시대적 분위기가 있었으니까 저 역시 IMF [외환위기] 때문이라고 생각하고 그걸 당연히 여겼어요. 그런데 지나고 보니까 외환위기는 핑계였다는 걸 알겠더라고요. 자본가들이 국가와 결탁해서 노동자들을 자기 입맛대로 처리하기 쉽게 만들어놨구나 하는 걸 말이죠."

그럼에도 김미숙 씨는 자신의 청년 시절과 요즘 청년들

이 사는 시대에는 차이가 있다고 이야기했다. 계급 상승이 가능했던 시대에서 이제 그것이 거의 불가능한 시대로 건너간 셈이라고. 지금은 가난과 계급의 대물림이 상식이 된 시대다. 기회가 불평등하게 주어지기 때문이다. 그렇다면 기회의 분배가 근본적인 대안이 될 수 있을까. 그렇지 않다. 기회의 평등을 뛰어넘어 출세, 혹은 계급이라는 개념 자체가 사라져야 진짜 좋은 사회라 말할 수 있을 것이다. 김미숙 씨 역시 이에 동의하면서 하청업체 비정규직 노동자, 3D업종 종사자, 돌봄 노동 종사자 등의 노동이 가치 없거나 하찮다고 보는 건 사회가 만들어낸 프레임에 불과하지 않느냐고 했다. 누가 어떤 일을 하는지에 관계없이 한 사람, 한 사람의 가치는 각기 다르게 중요한데도, 사회가 끊임없이 계급을 나누고 양산한 결과라는 것이다.

김미숙 씨는 이 사회에 깔린 유족에 대한 시선들에 대해서도 지적했다. 유족을 불쌍한 존재로만 바라보고 규정하는 흐름에서 벗어나야 한다고. 이건 누구나 겪을 수 있는 일인데, 이 같은 고정관념이 사라진다면 선 긋지 않고 서로에게 더 다가갈 수 있지 않겠냐고 했다. 그녀는 이 유족다움에 대한 은근한 강요와 관련해 어떤 어려움을 겪었는지, 그걸 어떻게 깨트리고 있는지 풀어놓았다.

"유족 아닌 이들을 보면 각자 다 다르잖아요. 취향도 그렇고 개성이 다 다르잖아요. 유족도 마찬가지예요. 유족이 열이면 그 열이 다 다를 수 있는 거예요. 어떤 방송사 기자와 인터뷰를 하는데 그분이 그러더라고요. 보통 유족은 검은색 입는데 어머님은 다르다고……. 깜짝 놀랐죠. 그제야 내 모습을 알아차린 거예요. 내가 그랬구나, 하면서. 그때부턴 오히려 더 그렇게 했어요. 그날 기분에 따라 입고 싶은 옷 입고. 왜, 비 오는 날에는 누구나 밝은 옷 입고 싶은 마음이 있잖아요. 유족이라고 달라야 할 이유가 있나요."

미숙 씨는 이 이야기를 하면서 산재피해가족네트워크 다시는 이야기를 꺼냈다. 그들 앞에서는 이런 걸 다 설명할 필요가 없어서 좋다고. 옷차림이나 머리 모양 같은 외적인 부분은 물론이고 어떤 행동을 할 때 특별히 신경 쓸 필요가 없다는 것이다. 한번씩 웃음이 터지는 순간에도 다시는 식구들과는 그냥 다 같이 크게 웃어젖히곤 한다고 했다. 말을 조심하거나 표정을 조심할 필요도 없다. 평가당할지 모른다는 긴장감이 없어도 된다는 것이다.

그 이야기를 들으며, 조금 전까지만 해도 옷차림에 얽힌 유족다움에 대해 그렇게 자유롭게 의견을 말하던 그녀도 실은 사람들의 시선에서 온전히 자유롭기란 좀체 어려운 것이었는지, 갸웃했다. 조심스레 물었다. 즐거워하는 모습을 보이는 게 조심스러우신 거냐고. 김미숙 씨는 대답했다. 자신이 찍힌 영상을 보면 인터뷰하면서 가끔 웃는 표정이 보이는데, 그걸 보면서 사람들이 나름의 판단 같은 걸 하지 않을까 하는 생각을 한다고.

유족도 여전히 다양한 감정을 가지고 있고 그 감정을 여러 방식으로 표출할 수 있는 인간이라는 것을 이해하고 감각하는 상상력과 경험이 우리 사회에 더 많아져야 한다는 생각이 들었다. 유족들의 다양한 삶의 모습을 담은 이야기가 더 많아져야 하지 않을까 싶었다. 일관되게 슬퍼하거나 고통스러워하는 모습만 보이는 것 역시 '유족다움'에 대한 믿음과 고정관념을 재생산하는 계기가 될 테니까. 유족이라고 해서 그가 지금까지 겪어왔고 겪어갈 모든 생활과 일상, 다양한 기억과 감정이 가족을 잃은 슬픔으로 인해 모조리 삭제되는 것이 아니다. 가족을 잃은 슬픔만이 한 존재를 구성하는 시간의 전부는 아닌 것이다.

미숙 씨도 말을 이었다. 가까운 활동가들도 그녀가 깔끔하게 꾸미고 방송 인터뷰에 나갈 때가 더 보기 좋고 반가웠다고 했다고. '서구 여성들' 이야기도 덧붙였다. 체형이나 연령에 구애받지 않고 그들은 더 당당하게 자신의 몸을 드러내 보이는데, 그럴 때 그것을 보는 이들마저 해방감을 느낀다고 말이다. 외모가 아니라 태도가 중요하다는 역설이다.

김미숙 씨는 지금의 숱한 선입견들이 보수적인 가치나 기준을 전혀 의심하지 않고 따르는 오랜 흐름이 만들어낸 결과라 했다. 그러면서 노동운동뿐만 아니라, 편견에 얽매여 누군가를 억압하고 옥죄는 부당한 것들을 바로잡는 운동을 계속하고 싶다고도 했다. 이 모든 것이 인권의 문제임을 미숙 씨는 강조했다. 사람 자체를 제대로 마주하고 존중하는 것이 아니라, 그 사람의 계급이나 성별, 처해진 상황 등을 놓고 선을 가르거나 선입견대로 판단해버리는 때가 바로 차별의 순간인 것이다.

'싸우는 사람'으로 나란히 함께

이처럼 다양한 이야기를 또박또박 풀어내는 와중에도 미숙 씨는 다시금 어쩔 수 없이 하나의 사실로 되돌아가기도 한다고 말했다. 자신이 유족이라는 사실. 그 사실은 어떤 상황 속에서도 변하지 않는다. 그래서 마음속 한편이 늘 허하다고 했다. 그럼에도 이렇게 마음을 다잡고, 공부를 하고, 목표를 세우고, 연대가 필요한 여러 현장을 찾아다니는 것은 나중에 미숙 씨가 용균 씨를 만나게 되었을 때 자신이 그의 부당한 죽음 앞에서 가만있지 않았다는 걸 보여주기 위해서라고 했다. 지금의 상황과 조건하에서 할 수 있는 최대한의 것을 했다는 걸 말해주고 싶어서. 또한 김용균 사고의 진상규명과 용균 씨를 추모하는 일뿐 아니라 세상의 그 많은 '김용균들' 곁에 서는 옳은 방법이 무엇인지를 묻는 일이 뒤에 남은 사람의 몫이라 생각해서다.

한편으론 문득문득 아들에게 미안한 마음이 들어 미숙 씨는 몸서리를 치기도 한다. 하루 삼시 세끼를 꼬박꼬박 챙겨 먹는 일부터가 죄스러운 마음. 하루에도 몇 번씩 그 마음이 고개를 든다. 그럴 때면 지금 이어가고 있는 이 싸움과 견딤과 연대가 다 의미 없는 것처럼 느껴지는 순간을 맞기도 한다. 언제까지 이 활동을 지속할 수 있을까 하는 질문.

하지만 아직은 너무도 중요한 숙제가 남아 있다. 2022년 2월 10일 대전지법은 김용균 씨 사망사고에 대한 1심 공판에서 원청 대표인 한국서부발전 김병숙 전 대표에게 무죄를 선고했다. 하청업체와 김용균 씨 사고에 직접적으로 관련된 부서 책임자들에게는 징역형이 선고됐지만 이마저도 모두 집행유예 처분을 받았다. 김병숙 전 대표에게 무죄를 선고한 데 대해 재판부는 "한국서부발전의 대표이사로 취임한 이후 컨베이어 벨트와 관련한 위험성이나 한국발전기술과의 위탁용역계약상 문제점을 구체적으로 인식하였다고 보기 어려우며, 업무상 주의의무를 위반했다고 보기 어렵다"[15]라는 이유를 덧붙였다. 그러나 미숙 씨는 다르게 말했다. 김용균 씨 이전에도 여러 건의 컨베이어 벨트 협착 사망사고가 있었다.[16] 그리고 용균 씨 사고 이후에도 컨베이어 벨트로 인한 심각한 사고가 한 차례 있었지만 2인 1조 근무수칙을 지킨 덕분에 죽음은 막을 수 있었다. 김병숙 전 대표도 이 사실을 알고 있었는데 컨베이어 벨트와 관련된 위험성을 인식하지 못했다고 판단하는 게 어떻게 가능하냐고 미숙 씨는 목소리를 높였다.

"말도 안 되는 판결 때문에 온몸이 분노로 휩쓸렸어요. 쓰러져 있는다고 누가 답을 가져다주는 것도 아니고……. 어차피 내가 마주하고 가야 할 길이라는 건 알지만 앞이 잘 보이지 않고 막막하다고 할까요. 딴 일을 하고 있다가도 문득문득 울분이 차올라요."

미숙 씨는 1심 공판 이후로 정신과 약의 도움을 받게 됐다고도 했다. 재판이 이것으로 끝인 건 아니지만 앞으로의 싸움은 무겁고 힘겨울 수밖에 없다. 1심 판결은 김용균투쟁 이전의 상식과 기업 중심의 힘의 논리에서 조금도 나아가지 못했다. 이 싸움에 대한 시민들의 지속적인 관심, 그리고 이 사회의 인식 전환이 시급하게 요구되는 시점이다.

많은 이들이 싸우는 사람은 타고나길 특별하다거나 원래부터 남다른 성향을 지녔을 것이라 짐작한다. 하지만 그렇지 않다. 미숙 씨는 자신이 이런 싸움을 하게 되리라곤 한 번도 생각해본 적이 없다고 했다. 그뿐만 아니라 그녀는 이 싸움을 하고 있는 지금도 매일같이 흔들린다. 싸우는 사람 대부분이 그럴 것이다. 이들이 흔들리면서도 중심을 잡기 위해 얼마나 애쓰며 사는지 사람들은 잘 보지 않는다. 미숙 씨 안에도 두 마음이 있다. 이 싸움을 끝까지 제대로 해서 사회를 바꿔보고 싶다는 마음과 이 사건의 재판만 모두 끝내고 나면 싸움과 상관없는 다른 삶을 살겠다는 마음이 계속 다툰다.

자신을 김용균의 어머니로 기억해주는 것은 늘 고마운 일이라고 미숙 씨는 말했다. 그건 김용균을 기억하고 김용균

투쟁을 기억한다는 거니까. 하지만 미숙 씨는 자신을 '싸우는 사람 김미숙'으로만 읽는 것에는 이따금 부담스러운 마음이 든다고 했다. 미숙 씨는 한 아이의 평범한 엄마일 뿐이었다. 잘난 것도, 내세울 것도 없는 평범한 엄마. 몇몇 기자가 전태일의 어머니인 이소선 씨를 언급하면서 김미숙 씨에게 당신도 노동자의 어머니로 살 거냐고 묻는 일이 종종 있었다. 처음에는 어리둥절했다. 그러다 《전태일 평전》을 읽어보고 나서야 질문의 의미를 더 구체적으로 이해했다. 하지만 이소선 씨는 그분이 해야 했거나 할 수 있는 일을 자신의 뜻에 따라 했을 뿐이다. 그 행보와 업은 분명 존중받아야 마땅하지만 그분은 그분이고 김미숙 씨는 김미숙 씨다. 어머니가 열이라면 애도의 방법도 열이다. 그는 그의 싸움을 하고 나는 내 상황에 맞는 나의 싸움을 할 뿐이라고, 미숙 씨는 덤덤히 말했다.

김미숙 씨 역시 여전히 때론 모든 걸 뒤로하고 자신의 슬픔에만 빠져 있기도 하는 사람이고, 그래서 곧장 아무도 모르는 곳으로 도망치고 싶고 숨어버리고 싶다는 생각을 수시로 하는 사람이며, 또 한편으론 여전히 스스로의 일상을 꾸리며 살아갈 수밖에 없는 사람이다. 계속 싸움을 해나가는 유족과 안 하거나 못 하는 유족 모두가 이 모습을 공통되게 가지고 있을 것이다. 미숙 씨에게도 처음부터 어떤 사명감이나 목표의식 같은 게 있었던 건 아니다. 이루 말할 수 없는 슬픔과 막막함, 끝 모를 분노에 휩싸였고, 그 안에서 많은 질문이 생겼고, 그걸 어떻게 풀어야 할지 고민했을 뿐이다. 그 질문을 계속 끄집어 올리는 게 미숙 씨 자신의 역할이라고 생각했다. 그리고 함께 싸우는 사람들이 있어 그 역할을 하는 게 가능했다.

김용균투쟁은 아직 끝나지 않았다. 투쟁의 차가운 길 위에 김미숙 씨가 서 있다면 그것은 그 뒤에 서 있는 수많은 노동자와 시민들 역시 안전하지 않다는 의미이기도 하다. 지금까지 줄곧 그래왔던 것처럼 앞으로도 목소리로, 손 편지로, 밥 먹으라는 권유로, 함께 걷고 곁에 서는 것으로 힘을 보태주었던 많은 고마운 이들을 생각하면서 김미숙 씨가 자신에게 주어진 숙제를 차근차근 풀어나갈 것을 믿는다. 하지만 그 숙제는 결코 혼자서는 완수할 수 없다. 우리가 여전히 그 곁에 있어야만 온전히 풀어질 숙제다. 마찬가지로 김미숙 씨 또한 언제고 힘겹게 자신의 싸움을 해나가는 누군가의 곁이 될 수 있다. 그렇게 자신이 선 위치를 점검하고 또 그 위치를 바꾸기도 하면서 서로의 곁이 되는 모두의 싸움을 상상해본다.

김용균투쟁 62일, 김미숙의 발언들[*]

2018년 12월 14일, 기자회견

우리 아들은 어려서부터 속 썩인 적이 없습니다. 너무 착하고, 너무 이쁘기만 해서 아까운, 보기만 해도 아까운 아들입니다. 저희 부부는 아들만 보고 삽니다. 아이가 하나뿐입니다. 아이가 죽었다는 소리에 저희도 같이 죽었습니다. 아이가 죽었는데, 저희가 무슨…… 아무 희망도 없고……. 이 자리에 나온 건, 우리 아들 억울하게 죽은 거 진상규명하고 싶어서입니다.

어제, 아이 일하던 곳을 갔었습니다. 갔는데, 너무 많은 작업량과 너무 열악한 환경이, 얼마나 저를 힘들게……. 말문이 막혔습니다. 내가 이런 곳에 우리 아들을 맡기다니. 아무리 일자리 없어도, 놀고먹는 한이 있어도, 이런 데 안 보낼 거라 생각했습니다.

---

[*] 김미숙 씨의 발언문 전부가 아닌 일부만을 추려 실었다.

어느 부모가, 자기 자식을 살인 병기로 내몰겠습니까. 저는 아이가 일하는 데 처음부터 끝까지 가보고 싶었습니다. 다니는 것도 너무 힘들었습니다. 어제는 기계가 서 있어서 그나마 앞이 보였습니다. 동료들 말로는 먼지가 너무 많이 날려서 잘 안 보이고 어둡다고 했습니다. 아들 일하던 곳은 밀폐된 곳이었습니다. 먼지가 너무 날려서 플래시를 켜도 뿌옇게 보였습니다. 그 안에 머리를 넣어 옆면을 보고 석탄을 꺼내는 거라고 하더라고요. 컨베이어 벨트가 중간에 있었습니다. 아들 사고 난 장소에 동그랗게 말려 있었습니다. 그게 위력도 세고 빠른 속도로 이동한다고 들었어요. 그 위험한 곳에 머리를 집어넣었다니, 저는 기가 막혔습니다.

동료들 말이 또 있었습니다. 아들 현장에서 봤을 때 현장에서 모습이 어땠냐고 했더니, 머리는 이쪽에, 몸체는 저쪽에, 등은 갈라져서 타버리고, 타버린 채 벨트에 끼어 있었다고 합니다. 어느 부모가 이런 꼴을 어떻게 받아들입니까. 평생을 이런 데를 보내고 싶은 생각도 없고……. 우리 아이가 그 일을 했다 생각하니, 당했다 생각하니……. 사진도 보고 동료들의 말도 듣고, 어떻게 이런 일이 우리나라에 있을 수 있는지, 옛날 지하 탄광보다 열악한 게 지금 시대에 있다는 게 믿기지 않았습니다. 아들이 억울하게 당해야 하는 이유도 모르겠고. 정말 어떻게 해야 할지 모르겠습니다. 이런 걸 알리고 싶어 나왔습니다.

가는 곳마다 문이 있었습니다. 그곳에서 일일이 탄을 꺼내 위로 올려야 했습니다. 그 양이 열 명이 해도 모자랄 것 같았습니다. 아이 두 동강 난 걸 사진도 보고, 이야기도 듣고, 이건 한국에서 벌어질 수 없는 일이라 생각했습니다. 지금도 일하고 있는 아이들에게 빨리 나오라 하고 싶습니다. 다른 사람으로 대체한다 해도 같은 상황일 겁니다. 아들이 일하던 곳, 정부가 운영했잖아요. 정부가 이런 곳을 운영한다는 게 믿기지 않았습니다. 일하는 아이들에게 빨리 나가라고, 더 죽는 거 보고 싶지 않다고 말했습니다. 우리아들 하나면 됐지, 아들 같은 아이들이 죽는 걸 더 보고 싶지 않습니다.

우리나라를 바꾸고 싶습니다. 아니, 우리나라를 저주합니다. 내 아들이 죽었는데, 저에게는 아무것도 소용없습니다. 명예 회복, 그거 하나 찾고자 합니다. 아들 억울함을 조금이라도 풀 수 있다면요. 도와주십시오. [후략.]

2018년 12월 17일, 시민대책위 기자회견

죽은 김용균의 엄마입니다. 먼저 원청에게 하고 싶은 말입니다. "너희들은 인간 쓰레기, 사람이 아니야. 짐승보다 못한 쓰레기들이야. 니들이 사람이라면 그렇게 열악하고 험악한 곳에서 일시킬 수 없어. 최소한의 인간성만큼은 지킬 수 있게 해야 했잖아. 할 수만 있다면 니들도 내 아들처럼, 똑같이 일하고 컨베이어 속에 갈가리 찢어 죽이고 싶어. 그래야 부모의, 감당키 어려운 고통에 갇혀 살아야 하는 것을 느낄 테니까. 아니다. 니들은 짐승만도 못하니까 그런 느낌도 있을지 의문이야. 그렇게 아픔을 느낄 수 있는 가슴이 있을지. 인간 쓰레기들아. 내 아들 내놔라. 그렇지 않으면 평생 용서 못 해."

대통령에게 말합니다. 대통령에게 이 사태의 책임 묻습니다. 공기업에서 어떻게 이토록 무지막지한 일이 벌어지고 있는지 책임을 져야 합니다. 우리 아들, 억울한 죽음에 대한 진상규명과 관계자 처벌을 부탁드립니다. 우리 아들 바람대로 대통령 만남을, 아들은 못 했지만 우리 부모라도 만나고 싶습니다.

내 아이가 일했던 회사에서 똑같이 일하는 동료에게 너희들도 너무 소중한 사람이니 여기서 다치기 전에 어서 그만두라고 했습니다. 이렇게 아차 하면 생명 앗아가는 곳에서 일하는 모든 노동자들이, 더 이상 죽지 않길 바랍니다.

아들이 일한 곳에 기자들이라도 데려가서 온 국민에게, 하나도 빠짐없이 모두 알리고 싶은 게 제 소망입니다. 국가 기밀이라고 해서 봤는데, 뭐가 기밀인지 모르겠습니다. 감출 것이 많아서 일부러 보여주지 않으려고 그런 것 아닌지 의문입니다. 9~10호기에서 아들이 일했는데 지금 그 기계만 서있습니다. 같은 위험에 노출된 1~8호기에서는 계속 일하고 있습니다. 지금 당장 멈추십시오. 지금도 현장에서 일하시는 분들, 죽음의 일터에서 벗어날 수 있도록 해주십시오. [후략.]

2018년 12월 22일, 24살 청년 비정규직 고(故) 김용균 1차 범국민 추모제

아들이 아기 때 불러줬던 노래가 있었습니다. 아이가 고등학교 다닐 때 물어봤습니다. "너 엄마가 많이 불러준 자장가가 있었는데 어떤 노래인지 알고 있니" 하고 제가 물어보니 아이가 대답하길 "당연히 알고 있다"고 대답했어요. "어떻게 그 노래를 알게 된 거니" 하고 물어보니 "따로 배운 건 아닌데 어렴풋이 엄마가 불러줬던 걸 기억하고 있다"고 말해서 웃으면서 같이 불렀던 기억이 납니다. 그 노래 제목은 모르겠고 "잘 자라 잘 자라 우리 아가야"로 시작되는 노래입니다. 용균이가 아기 때 잠투정이 있었는데 안아주고 업어주고 해서 이 노래를 불러주면 어느새 쌔근쌔근 참 잘 잤습니다. 지금도 자면서 웃는 모습이 너무도 예뻐서 자꾸만 생각나 눈물 납니다.

[중략.] 내 아들 용균이를 이렇게 만든 원청 책임자들, 그리고 구조적으로 살인을 저지른 이 나라 정부를 원망합니다. 비록 우리 아들은 원통하게 갔지만 아직도 아들 동료들은 위험에 노출되어 있는데 하루라도 빨리 위험에서 벗어나길 바랄 뿐입니다. 다시는 안타깝게 목숨을 잃는 일이 반복되지 않도록 나라가 책임 있게 행하길 바랍니다. 끝으로, 우리 서민도 똑같은 사람입니다. [중략.] 돈보다, 권력보다 제일 우선인 인간 가치가 존중받는 그런 나라를 만들길 바랍니다. [후략.]

2018년 12월 26일, 유가족 호소문

[전략.] 저희들에게 법률적인 지원을 해주는 많은 분들에게 물어봤습니다. 법적으로 1~8호기에서 일하는 우리 아들 같은 용균이의 동료들도 위험에서 당장 벗어날 방법이 있느냐 물었습니다. '사람이 먼저'라고 말하는 정부인데. 고용노동부가, 위험하므로 작업중지 명령을 내리면 된다고 들었습니다.

저희들은 정말 아픕니다. 아들이 매일 보고 싶습니다. 아들이 살아오지는 않습니다. 여기저기서 김용균법을 만든다고 합니다.

그 법을 어떻게 만들 것인지 서로 다투는 사이에도 용균이의 동료들은 여전히 위험에 노출되어 있습니다. '소 잃고 외양간 고친다'가 아닙니다. 고쳐야 할 외양간이 많은데 당장 그 외양간을 고치지 않고 '외양간을 이렇게 짓자, 저렇게 짓자'만 하고 있다면 한심한 일입니다.

지금 당장 태안화력 1~8호기를 멈추고 노동자들이 위험으로부터 벗어나게 [하길] 바랍니다. 그리고 전국에 동일한 발전소가 많다고 들었습니다. 정말 끔찍합니다.

용균이의 부모로서 살아오지 못할 아들이 원했던 것을 꼭 이루고 싶습니다. 그래야 우리 아들 김용균, 아들의 죽음이 헛되지 않았다는 것을 우리 아들 용균에게 보여주고 싶습니다. 매일 아침 장례식장에서 용균이의 손 피켓을 든 사진 앞에서 서서 용균이에게 약속합니다.

"용균아, 엄마가 너무 보고 싶다. 너가 왜 손 피켓을 들었는지 이제 이해가 된다. 엄마가 노력할게."

2019년 1월 5일, 24살 청년 비정규직 고(故) 김용균 3차 범국민 추모제

안녕하세요. 저 용균이 엄마입니다. 부모는 자식을 공들여 키우고 잘 크는 모습에 흐뭇해하며 그 자체로 보답을 받는 거라 생각합니다. 먹이고 입히고 제대로 잘 크라고 때론 혼도 내주고 공부도 노력해서 질하고 있는지 옆에서 지켜봐주고, 이렇게 아이는 커나갑니다. 하지만 제일 중요한 것은 그것이 아니라는 것을 용균이를 잃고 나서 알았습니다. 아이가 자라서 사회에 진출하면 60퍼센트 이상이 비정규직이 됩니다. 부모가 바라는 것과 상관없이 비굴한 현실 앞에 아이는 몸과 마음이 죽어갑니다. 결과적으로 우리들 부모가 공들여도 아무 소용도 없음을 알아야 합니다. 용균이는 회사에서 인간 취급 못 받고 아무런 저항도 못 하다가 나라에서 구조적으로 살인당했습니다. 우리는 일반적으로 막노동 일자리가 제일 힘들 거라고 생각하는 사람들이 많습니다. 현실에는 이것보다 훨씬 더 힘든 것이 많다고 들었습니다. 그리고 그 안에는 용균이도 속해 있고요.

아들이 일했던 현장을 제가 직접 가보니 현장은 전쟁을 치르는 아수라장 같아 보였습니다. 너무 큰 소음과 여기저기 흩날리는 탄가루와 바닥에 널브러져 있는 호스들, 가운데 군데군데 무덤처럼 쌓여 있는 탄가루들. 현장 상태가 너무 열악하고, 내 아들이 이런 곳에서 일했다는 게 너무 비참합니다. 무엇보다 제일 중요시돼야 하는 건 생명인데, 그곳엔 언제라도 조금만 실수하면 죽을 수밖에 없는 살인 병기들이 즐비하게 놓여 있어서 매일매일 삶과 죽음의 고개를 넘나들면서 일해야 합니다.

전 이대로 묵과할 수 없습니다. 부모님들한테 알려줘야 했습니다. 그래서 다른 부모들도 나같이 자식을 잃는 아픔을 겪지 않길 바라는 마음이 간절합니다. 부모는 자식을 잃으면 세상이 끝난 거나 마찬가지라 생각합니다. 이로 말미암아 한 가정은 산산이 부서집니다. 무엇을 해도 행복을 느끼지 못하고 그냥 허한 마음을 무엇으로도 채울 수 없습니다. 나라가 책임지십시오. 아니, 이 나라를 이렇게 이끈 국민이 책임지십시오. 그렇지 않고는 또 다른 용균이가 무수히 반복적으로 희생될 수밖에 없을 테니 명심하여 어떻게 해야 되는지 심사숙고해서 행하길 바라는 바입니다. 국민 여러분께서는 이 일을 놓고 여야 상관없이 똘똘 뭉쳐서 어떻게 하면 우리 앞날의 삶이 인간이 존중받을 수 있고 안전하게 일할 수 있는 조건을 갖추어지는지를 심각하게 고민해야 될 때라고 봅니다. 지금 고치지 않으면 절대로 안 된다는 것을 인지해야 합니다. 국민 한 사람, 한 사람이 나서지 않는다면 그 누구도 해결해주지 않습니다. 우리의 목소리가 커지지 않는다면 우리들은 현대판 노예밖에 안 된다는 걸 꼭 알려주고 싶습니다. 우리 어른들이 노력해서 내 아이들만큼은 이런 끔찍한 환경에서 벗어나서 살 수 있도록 우리 모두 힘을 모아 함께 풀어봅시다.

우리나라 사람, 국민들은 참 못났다고 생각했습니다. 어쩌면 무시받는 게 당연하다는 생각이 들었습니다. 나라에서 그렇게 만들었으면 국민들이 가만히 다 받아들이고 그대로 잘 따라주니 이런 지경까지 온 것 아닙니까. 최소한 생명만큼은 지켜줘야 하는데 멸시받고 무시받고 학대받고 짓밟혀도 일부는 왜 그런지도 모르고, 설령 안다 해도 반항 한번 제대로 하지 못한 상태입니다. 우리 국민이 작은 목소리를 내면 알아주지 않습니다. 하지만 똘똘 뭉쳐 한목소리를 내면 나라는 귀 기울이고, 무엇 때문에 뭘 원하는지 알려고 하고, 이해하려고 하고, 들어주려고 할 것입니다. 그렇게 해서 우리는 우리의 잃어버린 권리를 찾아야만 합니다. 용균이를 비롯하여 죽지 않아도 될 수많은 사람들이 인간 이하 취급받으며 죽었습니다. 그리고 앞으로도 또 그렇게 죽어갈 게 뻔한 사실입니다. 이렇게 어이없는 죽음을 여기서 끝냅시다.

신안법을 통과시키면서 알게 된 게 하나 있습니다. 산안법은 국민이 안전하게 일할 수 있게 만드는 법입니다. 산안법을 통과시키는 데 반대하거나 기권하는 사람들이 많다는 사실을 알게 되었고, 정치인들은 기업과 손잡고 일하는 사람들이라서 절대로 서민들을 생각하지 않고 돈만 중시하고 산다는 것을 제 눈으로 직접 보고 확인했습니다. 그들은 돈 앞에선 사람의 생명 따윈 중요하게 여기지 않습니다. 그런 마인드를 가진 기업들을 저는 절대로 용서할 수 없습니다. 아직도 원청인 한국서부발전에서는 용균이의 잘못으로 사고가 났다고 주장합니다. 저는 진상규명을 제대로 해서 최대한 강력하게 책임자들이 처벌받게 하고 싶습니다. 그래서 처참하게 죽은 내 아들의 억울한 원한을 풀어주고 싶습니다. 이제 우리 모두가 나서야 할 때라고 생각합니다. 절실하게 강구하고 더 이상의 기회는 없다는 심정으로 나서지 않는다면 우리의 아들딸들도, 그리고 후세들도 처참하게 일하다가 죽어갈 수밖에 없을 것입니다. 여러분께서도 우리가 나서지 않으면 절대로 이 나라를 바꿀 수 없다는 것을 인지하고, 이렇게 여론이 형성되고 모두의 주목을 받을 때 국민의 힘이 얼마나 무서운지를 보여주고, 이 기업을 단죄할 수 있는 처벌법을 만들어서 다시는 인간 생명을 함부로 하지 못하도록 우리 모두 끝까지 싸워나갑시다. [후략.]

2019년 1월 12일, 24살 청년 비정규직 고(故)김용균 4차 범국민 추모제

[전략.] 용균이가 사고 난 지 벌써 한 달이 지났습니다. 우린 아직도 진상규명과 책임자 처벌, 아무것도 이룬 게 없습니다. 장례도 못 치르고 용균이를 추운 곳에 놔둘 수밖에 없는 상황입니다.

하루빨리 일이 잘 해결되어 장례 치러주고 싶은데 참 힘듭니다. 특별근로감독은 우리가 신임할 수 있는 우리 쪽 사람들과 함께 조사가 이루어져야 믿을 수 있는데 회사 측 사람들과 나라가 정한 사람들로만 구성되어 믿을 수가 없습니다. 그래서 이번 진상규명을 할 때만큼은 우리 측 사람들로 구성되어 속속들이 다 파헤쳐서 내 아들의 억울하게 죽은 것을 입증하고 싶었습니다.

죽지 않아도 될 수많은 사람들이 왜 죽고 다치고 해야만 했는지, 나라와 서부발전에 연쇄 살인의 책임을 묻고 싶습니다. 아들이 일했던 지독하게 열악한 현장과 처참하고 참담하게 죽은 아들의 모습에 끝없는 분노가 치밀어 오릅니다. 세상이 겉보기와는 다르게 생각이 썩어가고 있습니다. 기업에 정부가 가세하여 국민의 인권을 유린하고 짓밟으며 아무 양심의 가책도 없이 하루에 6~7명 이상으로 구조적으로 죽게 했습니다. 그런 기업과 정부를 용서할 수 없습니다. 국민들에게 알리고 싶습니다.

[중략.] 지난 12월 11일 아들이 죽었다는 것을 안 그 순간부터 지금까지 우리는 힘이 듭니다. 여기저기 쫓아다니고 몸도 마음도 지치고 힘듭니다. 그래도 다잡고 다잡아 또 다니고 있습니다. 제가 이렇게 하지 않으면 죽을 것만 같아 괴롭습니다. 아직도 아들을 위해서 무언가 할 수만 있다면 그 무엇인들 다 하고 싶습니다. 용균이를 죽게 만든 원청인 서부발전 관련자들과 하청업체 관리직들, 구조적으로 살인한 이 나라 정부는 내가 죽는 날까지 끝까지 원망할 것입니다. 기업이 잘못 행한 것을 나라가 막지 못했고 오히려 힘을 보태주는 형국입니다. 나라가 책임지십시오. 그러지 않으면 국민은 분노할 것입니다. 오늘도, 내일도, 그리고 앞으로도 매일 산재사고로 평균 6~7명 이상 죽어 나갑니다. 예상했던 사고입

니다. 앞으로도 계속 이어질 것은 뻔한 사실입니다. 당장 내 자식 일이 아니라고 생각하지 마십시오. 어느 순간 내 자식이 당할 수 있는 조건입니다. 이런 현실을 대할 때마다 많이 답답하고 어떻게 든 빨리 이 현실을 바꾸고 싶습니다.

특별근로감독이 실시된 지 벌써 많은 시간이 지났는데 유가 족에게는 아무 중간 브리핑도 없고 어떻게 진행되고 있는지 도무 지 답답하고 기다리기 힘이 듭니다. 진상규명이 제대로 이루어져 야 하는데 현장에서는 증거를 인멸하고 있어서 현장 보존이 시급 합니다. 8년 동안 58건의 산재사고가 났고 12명이나 사망했습니 다. 한 회사에 이렇게 많은 사람이 죽는 것은 살인, 인재라고 볼 수 밖에 없습니다. 살인을 저지른 회사의 책임자는 살인법에 적용되 는 벌을 받아야 마땅합니다. 서부발전은 제발 돈보다 사람의 생명 을 우선으로 생각하고 기업을 운영하기 바랍니다. 당신들이 여태 껏 저지른 만행을 보면 최소한의 양심도 없고 사람이라고 볼 수 없는 일을 저질렀습니다.

기업하기 좋은 나라가 무엇을 의미하는지 모르겠습니다. 인 간의 존엄성은 무시되고 돈만 잘 벌면 되는 기업은 우리나라에 필 요 없습니다. 우리도 사람입니다. 우리의 인권은 누가 찾아주는 것 이 아닙니다. 우리의 인권은 우리가 지켜야 합니다. 우리 모두 인 권을 찾기 위해 투쟁합시다, 투쟁!

2019년 1월 27일, 24살 청년 비정규직 고(故) 김용균 6차 범국민 추모제(49재)

용균이 엄마입니다. 아까 단상 위에 제사상에 올려져 있는 딸기 보면서 마음이 너무 아팠습니다. 우리 아들이 딸기를 좋아했습니다. 딸기를 한 점씩 갖다주면 아들은 엄마한테 포크로 집어서 엄마 입에 먼저 넣어줬습니다. 엄마가 먼저 드셔보라고. 그리고 저는 아들한테 포크로 입에 넣어주고. 엄마 새가 아기 새한테 먹이를 주듯이 저도 우리 아들한테 그 딸기를 주면서 먹는 모습이 너무 이뻤습니다. 앞으로 그렇게 못한다고 생각하니 너무 마음이 아픕니다.

엊그제 사고 소식을 들은 것 같은데 어느덧 49재가 되었습니다. 49재는 이승하고 작별하고 저승으로 가는 날이라고 이야기 들었는데 아직도 장례를 치르지 못하고 시신을 냉동고에 놔둬야 한다는 현실이 너무도 비참합니다. 아직도 진상규명과 그에 따른 책임자 처벌, 그리고 비정규직을 정규직으로 전환하는 것들, 무엇 하나 이룬 게 없는 실정입니다. 스물네 살, 쳐다보기도 아까운 아들입니다. 아직 다 피지도 못하고 지는 꽃봉오리입니다. 용균이가 일했던 험악한 현장 상태와 너무도 처참하게 생을 마감한 아들을 생각하면 내 가슴에 맺힌 한은 어찌 다 말로 표현하게 할 수 있겠습니까. 너무도 억울하고 분한 마음. 내가 죽는 날까지 자본가를 원망하고 이 나라를 원망할 것입니다.

처음 아들의 사고 소식을 듣고 하청회사인 한국발전기술 관리직을 만나서 용균이가 용균이의 잘못으로 사고가 났다고 해서, 저는 관리직한테 대기실에서 이상 신호가 오면 어떻게 처리하냐고 물어봤는데 절대로 현장에 가면 안 되고 일을 해결해서도 안 된다고 얘기했습니다. 그래서 이 관리직 몰래 용균이 동료들께 이상 신호가 올 때 어떻게 처리하냐고 물어봤는데 무조건 현장에 가서 일을 해야 한다는, 완전히 상반된 이야기를 들었습니다. 그래서 회사가 용균이의 잘못으로 몰고 가고 있는 것을 알게 되었습니다.

너무도 황당한 회사의 태도에 죽음의 외주화 하청인 한국발전기술 회사를 어떻게 하면 제대로 처벌을 할 수 있을지를 생각하고 원망했고, 그다음 불법 파견을 해놓고도 아무런 책임을 지지 않는 원청회사인 서부발전을 원망했고, 그다음 구조적으로 정규직과 비정규직을 만들어서 서민을 노예 취급하는 취급하게 만든 나라를 원망했습니다. 내 아들을 누가 죽였습니까. 자본가와 정치가들이 죽였고 서부발전이 죽였습니다. 정규직과 비정규직을 만들어서 대립하게 만들고 비정규직들은 인간 취급받지 못합니다. 그리고 노예 취급받고 삽니다. 그래서 최소한 생명이 위태로워도 작업을 중지할 권한도 없고, 중지하려면 원청의 허락을 받아야 중지할 수 있다고 용균이 동료들은 말했습니다. 119를 부를 때 사람이 바로 죽거나 크게 다쳐도 빠르게 부를 수 없습니다. 죽음의 외주화로 하청 비정규직은 119를 부르려면 원청 관리직들에게 5단계 이상의 허락을 받고 불러야 한답니다.

중대재해처벌법이 없기 때문에 사망사고가 나더라도 하청이 벌금 500만 원 이하로 내면 처벌을 빠져나갈 수 있습니다. 외국엔 중대재해처벌법이 있어서 원청이 안전 문제로 인명사고가 나면 형벌을 4년 이상으로 실형을 살게 하고 벌금도 수익의 10분의 1로 강화해서 실제로 기업들이 안전을 철두철미하게 해서 사망사고가 현저하게 줄어들 수 있었고 노동자들이 안전하게 일할 수 있는 환경을 만들어졌다는 사례를 보았습니다. 우리나라도 그런 법이 있으면 좋겠다는 생각을 했습니다.

사람의 목숨은 모두 다 소중합니다. 정치는 국민 모두를 생각하는 마음으로 해야 합니다. 자본가나 정치인들을 위해 서민들은 존재하는 것이 아닙니다. 우리 모두 서로가 상생하고 적어도 사람 생명만큼은 지킬 수 있도록 안전하게 일을 할 수 있는 환경이 만들어져야 된다고 생각합니다. 지금도 안전장치만 갖추어진다면 죽지 않아도 될 사람들이 하루에 6~7명이 죽고 1년에 2,400명가량이 죽어 나가고 있습니다. 우리나라의 산재사망률이 OECD 가입한 국가 중 1위라고 합니다. 자살률도 하루에 36명으로 1위입니다. 빈부차도 1위입니다. 저는 이게 내가 살고 있는 나라라고 생각하니 너무도 창피하고 부끄럽습니다. IMF 터지고 그 이후 97년도에 김영삼 대통령이 비정규직을 만들었고 2000년 이후부터 김대중 대통령이 본격화해서 노무현, 이명박, 박근혜, 문재인 대통령이, 지금까지 자본가들과 이 나라 정부가 서민을 핍박하고 노예 부리듯 하고 있습니다. 대참사라고 생각합니다. 어찌 이렇게 참담할 수 있습니까. 내가 믿고 살던 이 나라가 어떻게 이렇게 국민을 기만하고 우롱할 수 있단 말입니까.

[중략.] 황유미 아버님 황상기 님도 10년 동안 처절하게 삼성과 싸워서 결국은 모든 것을 다 밝히고 승소해서 이겨냈다는 얘기를 듣고 저도 용기를 잃지 않을 것입니다. 저도 죽는 날까지 아들을 죽게 만든, 아니 그동안 수만 명을 죽음의 구렁텅이에 밀어 넣은 그들을 제가 죽는 날까지 절대로 용서하지 않을 것입니다.

국민 여러분, 무지막지한 이 나라를 바꿔야만 서민들은 살 수 있습니다. 비정규직을 없애야만 모든 것이 제자리로 돌아가서 서민들도 사람답게 살 수 있다고 생각합니다. 저와 뜻이 같다면 함께 일어나서 동참해주십시오. 이 나라를 올바르게 일으킬 수 있도록 모두 다 일어서서 투쟁해나갑시다.

2019년 2월 9일, 영결식

용균이 엄마입니다. 용균아, 너를 어쩔 수 없이 차가운 냉동고에 놔둘 수밖에 없는 엄마가 너한테 너무 미안하고 죄스럽구나. 하지만 엄마는 너의 억울한 누명 벗겨야 했고 너의 죽음이 헛되지 않도록, 많은 사람들이 너를 오랫동안 잊지 않고 기억하길 바라는 마음이 간절하단다. 정부와 서부발전, 그리고 네가 속해 있던 한국발전기술에서 어제 너한테 공식 사과문을 발표해서 너의 잘못이 없다는 것을 선포했단다.

아들 용균아, 오늘 마지막으로 너를 보내는 날이구나. 이 엄마 너 없이 어떻게 살라고 그렇게 아무 말 없이 가는 거니. 아들아, 사랑하는 내 아들아. 보고 싶고 만지고 싶고, 엄마는 어떻게 살아야 될지 모르겠구나. 꽃다운 아까운 청춘 가였어, 내 아들아. 너를 보내고 싶지 않은데 어찌 보내야 할지 막막하구나. 언젠가 엄마 아빠가 너에게로 가게 될 때 그때 엄마가 두 팔 벌려 너를 꼭 안아주고 위로해줄게. 언제까지나 너를 사랑한다, 내 아들 용균아.

김용균, 김용균들

3

일상이
된
싸움들

발전 비정규직
동료 이태성 씨

또 동료를 잃었다

"전 오늘 동료를 잃었습니다. 석탄을 이송하는 설비에 끼어 머리와 몸이 분리되었습니다. 태안화력발전소에서 일하던 스물다섯 살 청년 비정규직 노동자입니다. 죽은 시간도 알 수 없습니다. 여섯 시간 이상 방치되어 있었습니다. 저는 지난 10월 국정감사에서 이렇게 이야기했습니다. '정규직 안 해도 좋으니 더는 죽지만 않게 해달라'고. 그런데 오늘 또 동료를 잃었습니다. 대통령은 올 초, 〈국민 생명안전 지키기 3대 프로젝트〉를 발표했습니다. 신년 초에 말씀하셨습니다. 하청 노동자, 우리도 국민입니다. 죽지 않게 해주십시오. 그 길은 위험의 외주화, 아니, 죽음의 외주화를 중단하는 것입니다. 문재인 대통령님께 간곡히 청합니다. 비정규직의 목소리에 제발 귀 기울여주시길……."

    2018년 12월 11일, 비정규직 노동자들은 '문재인 대통령, 비정규직 100인과 만납시다'라는 기자회견을 열었다. 이태성 씨는 기자회견장에서 말을 하다 울음을 터뜨렸다. 김용균의 죽음은, 훌쩍거리며 말을 이어가던 태성 씨의 모습으로 세상에 알려졌다. 매일 7명의 노동자가 죽는다는 대한민국에서 애도받는 노동자의 죽음은 그렇게 많지 않다. 울어주는 이가 있다는 게 다행이라고 해야 하나. 이태성 씨는 김용균의 죽음과 어떤 관계가 있었던 것일까.

    기자회견 전날, 태성 씨는 태안에서 서울로 올라왔다. 동료를 만나 술을 마시며, 문재인 정부가 공공 부문 비정규직을 정규직으로 전환한다는 약속을 했지만 진척이 없다는 이야기를 나누다가 새벽 2시쯤엔가 잠이 들었다. 긴 잠을 자지 못하고 새벽 6시가 좀 지나 깼다. 핸드폰을 보니 부재중 전화가 여러 통 찍혀 있었다. 대체 무슨 일일까 생각하는 찰나, 태안화력발전소에 있는 발전 비정규직 노조 중 하나인 민주노총 공공운수노조 한국발전기술지부 태안화력지회 지회장이 전화를 했다.

    태안화력발전소에서 사고가 있었다. 입사한 지 3개월이 되었다는 만 나이 24세 김용균. 김용균과 현장 동료들이 연락이 되지 않은 건 12월 10일 밤 10시를 넘어서였고, 만나야 할 시간이 지나도록 오지 않는 그를 동료들은 계속 찾아다녔다. 낮에도 어두운 현장은 밤이라 더 어두웠고, 작업 현장은 너무 넓었다. 동료들이 흩어져서 그를 찾아 헤매다가 12월 11일 새

'문재인 대통령, 비정규직 100인과 만납시다'
기자회견(2018년 12월 11일)에서
김용균의 죽음을 알리는 이태성 씨.

벽 3시 23분, 컨베이어 벨트에 끼어서 몸이 찢긴 그를 동료가
발견했다는 이야기가 전화기를 통해 들려왔다. 새벽에 걸려
온 그 전화로 사고 소식을 듣는 순간까지 태성 씨는 김용균을
만난 적이 없고 알지도 못했다.

　　당시 이태성 씨는 발전 비정규직 노조들이 같이 활동하
기 위해 구성한 발전비정규직연대회의[1]에서 일을 맡아 처리
하는 간사 직책을 맡고 있었고 12월 11일 기자회견에 발전 비
정규직 대표로 참가하기 위해 서울로 올라왔다. 기자회견을
진행하려고 예정한 그때는 모든 비정규직이 정부에 할 이야
기가 많았다. 불안정한 고용 때문에 삶이 불안정해졌다고, 항

상 해야 하는 꼭 필요한 일인데 사람만 갈아치우니 비정규직 노동자들이 살기가 너무 힘들다는 말을 전하고 싶었다. 너무 뻔한 이야기라고 하더라도 아픔과 분노를 전달하고 싶었다. 희망 고문이 아니라면 정부가 약속을 지키는 노력을 보여달라고 말하고 싶어 마련한 기자회견이었다.

기자회견장에서 김용균의 죽음을 전하며 터져 나온 태성 씨의 울음은 안타까운 사고를 전달하기 위함이 아니었다. 눌러왔던 그간의 일들이 김용균으로 인해 드러난 순간이었다. 사고 소식을 전하는 전화를 받으며 그간 현장에서 일어났던 사고들, 동료들의 상처투성이 몸, 산재 신청도 하지 못했을 선배·동료들, 후배의 죽음이 떠올랐다. 그 사건들의 기억이 김용균의 죽음과 만나는 순간이었다.

그때도, 지금도

이태성 씨는 1998년 12월 10일에 한전 자회사인 한전산업개발 태안사업소에 입사했다. 태성 씨는 지역 언론사에서 1년쯤 일을 하다가 자신과 잘 맞지 않는다 싶어 그만두고, 공무원 시험도 두 번쯤 떨어진 후 친구의 권유로 공기업이라고 생각한 한전산업개발의 직원이 되었다. 기계나 설비는 전혀 몰랐다던 그는 입사하고 1년째에 사고를 당해 오른쪽 두 번째 손가락에 상처가 남았다.

김용균, 김용균들

태성 씨는 입사 당시 현장 운전원이었다. 처음 태안화력 발전소 현장에 배치됐을 때 운전 파트에서 버틸 수 있는지 실험하는 건가 싶은 생각이 들었다고 한다. 한 달 동안 낙탄을 치우는 삽질만 했다.

"한 달을 낙탄을 치우는데 때려치우고 싶더라구요. 그 전 신문사에서는 인턴 기자 정도였지만 달랐죠. 그래도 친구 소개니 6개월은 버텨야겠다고 생각했는데 한 달을 버티니까 사무실 내근을 하라고 하더라구요. 사무실에 갇히긴 싫어서 그땐 싫다고 했더니 회사에서 시키는 대로 안 한다고 욕 먹고, 교대 근무로 용균이처럼 운전원 일을 했죠."

석탄화력발전소에서 석탄을 옮기는 컨베이어 벨트 아래로 떨어지는 석탄을 낙탄이라고 한다. 낙탄은 그대로 두면 벨트 아래에 쌓여서 벨트를 멈추게 하거나 불이 나기도 하고 기계 고장의 원인이 되기도 한다. 낙탄을 치우고, 벨트나 설비 이상을 점검하는 게 실제로 현장 운전원들이 하는 업무였다. 그때는 지금보다 설비가 더 나빠서 치워야 할 낙탄의 양이 더 많았다. 벨트 아래에 쌓인 낙탄을 끄집어내려면 기계 점검을 위해 뚫어놓은 점검 구멍으로 삽을 넣어 요리조리 몸을 돌려가며 작업을 해야 한다. 잘 안 될 때는 삽에 긴 막대를 달거나 팔을 바꿔가면서 점검 구멍에 몸을 점점 더 깊숙이 집어넣어야 한다. 그런 작업을 하다 보면 빠른 속도의 컨베이어 벨트에 삽이 끌려 들어가는 경우가 종종 있다. 그럴 때 삽을 놓아 버리면 되는데 그게 뭐라고……. 그 순간에는 삽이 놓아지지 않는다고 했다. 다들 그렇게 일을 했다.

"지금 이 상처가 98년도, 99년도에 난 상처예요. 이게 그 때 컨베이어 벨트에 다 빨려 들어갔어요, 삽이. 그런데 제 가 그걸 빼내는 과정에서 이걸 그냥 놓으면 됐는데, 그때 는 선배들한테 많은 걸 배우고 한 적이 없었기 때문에 [삽 을 놓지 못했어요]. 저도 2주 정도 현장을 같이 다니고 바로 현장에 투입됐거든요."

중량물을 다루는 발전소다 보니 기계를 정비하는 노동자 는 훨씬 많이 다친다. 태성 씨는 자신이 당한 사고는 사고도 아니라고 했다. 그때나 지금이나 발전소 노동자가 일하다가 찰과상을 입고 어딘가가 찢어져 꿰매고 하는 일은 비일비재 했다. "이런 상처 하나 없으면 발전소 일은 못한다"라는 말이 있을 정도였다.

사고가 잦아서 동료들의 사고를 목격하는 경우도 종종 있었다. 그러나 동생 같은 후배의 죽음을 겪는 것은 차원이 달랐다. 이태성 씨가 동생이라 여겼던 동료이자 후배는 김용 균의 사고처럼 컨베이어 벨트에 끼어 목숨을 잃었다. 태성 씨 는 그에게 기술도, 직장생활도 알려주고 길을 터줘야 하는 직 장의 스승, 사수였다. 그 동생은 스물다섯 정도의 나이에 입사했다. 정비 업무는 보통 서너 명이 한 조를 이루는데, 태성 씨가 그와 한 조가 되었다. 신입이 들어오면 트레이닝을 시키고 설비와 정비를 가르쳐주면서 점점 동료가 되어간다. 몸을 많이 써야 하는 직종이라 하루 일이 끝나면 같이 소주도 마시고 어울리며 그렇게 동료가 되어간 두 사람이었다. 태성 씨는 그를 자신의 집으로 데리고 가기도 하면서 형, 동생이 되었다. 그 동생은 경력을 쌓고 공부도 열심히 하더니 진급해서 다른 지역의 발전소로 갔다. 헤어지는 건 아쉽지만 좋은 일이었다. 옮긴 발전소에서 동생은 결혼도 하고 아이를 낳고 아이가 100일이라며 연락을 했다. "형이 왔으면 좋겠어."

전화를 받은 건 동생이 사고를 당하기 2~3주 전이었다고 태성 씨는 기억한다. 많이 아팠다. 죽음을 받아들이는 것도 힘들었지만 그 죽음 앞에서 할 수 있는 게 없어서 더 아팠다. 동료들과 위로금을 모아 가족들에게 전달하는 것 말고는 동생의 죽음에 해줄 수 있는 게 없었다.

동생은 사업장 내에서 작업 과정에 사망했으니 산재처리는 너무 당연했다. 산재로 처리는 됐지만, 동생의 과실로 정리되었다. 업무와 관련된 재해냐 아니냐가 산재 여부를 가리는 기준이며, 산재를 예방할 의무가 사업주에게 있다는 것이 산안법의 취지다. 그래서 예방의 책임을 다하지 않은 사업주의 책임을 먼저 묻는 것이 당연한데, 일터에서는 언제나 노동자 과실과 책임이 우선 거론된다. 법은 사업주의 책임을 강조하지만, 실제 산재가 발생하는 곳에서는 노동자에게 산재 발생의 책임을 묻는다. 노동자 과실로 기록된 산재는 남은 산재 피해자들이 회사의 책임을 따지지 못하게, 배·보상을 요구하지 못하게, 재발 방지책을 내놓으라고 말하지 못하게 만드는 효과가 있다. 내 가족이 자기 실수로 죽었다는 말을 들으면, 회사에 책임을 물어서는 안 되는 것으로 느껴지기 때문이다.

게다가 중대재해 발생 이후에 노동청이 사고 원인을 밝히는 현장조사 외에 평상시 현장 안전관리를 어떻게 하는지 특별감독을 하곤 하는데, 회사가 그것을 피하는 방법 중 하나가 사고의 원인을 노동자의 과실로 기록하는 것이다. 특별감독을 하면 사고가 발생한 사업장 대다수는 산안법을 지키지 않았다는 결과가 나온다. 일상적으로 안전을 중시하는 경영을 하지 않아서 산재가 발생하기 때문이다. 그렇게 되면 회사는 지금 발생한 한 건의 사고 수습을 넘어 더 많은 개선을 해야 하니 비용은 더 많이 들 수밖에 없다.

특히 하청·외주·도급·파견업체 소속 노동자가 산재를 당하면 원청기업은 하청업체와 재계약을 하지 않는 방식으로 꼬리 자르기를 하기 때문에 간접고용 노동자들의 산재는 더욱 감춰지고, 산재처리 여부와 무관하게 노동자 과실로 정리되곤 한다. 어떤 경영 책임자는 노동자들이 조심하면 산재가 발생하지 않는다는 근거없는 생각을 너무나 확고하게 해서, 모든 정황을 그렇게 해석하고 주장하기도 하다.

회사에서 낸 동생의 사고 조사 보고서에도 그 사고가 개인 과실로 인한 재해라고 되어 있었다. 그걸 바로잡지 못하는 상황이 태성 씨를 힘들게 했다. 죽은 자의 잘못이라는 그 거짓을 고쳐주지 못했고, 그 점이 동생의 명예를 훼손하는 것이라고 태성 씨는 느꼈던 것 같다. 이후 이태성 씨는 마음의 부채가 생겼고 괴로웠다고 한다. 상담도 받았지만 상태는 호전되지 않았다. 그래도 생활은 이어가야 했다. 시간이 기억을 지워주길 기다리는 것 말고는 태성 씨가 할 수 있는 게 없던 때였다. 그렇게 한동안 전화번호를 지우지 못하고, 동생과 주고받은 메신저를 보고, 동생이 미리 찍어 올려놓은 애기의 100일 사진을 카카오스토리에서 들여다보고, 술을 마시고…….

이태성 씨의 시간은 그렇게 흘러갔다. 그러던 어느 날 동생 전화번호로 된 카카오톡 프로필 사진이 바뀐 사실을 알았다. 다른 사람이 동생의 번호를 사용하게 된 것이다. 태성 씨는 동생의 전화번호를 그때서야 지울 수 있었다. 전화번호를 지우는 게 한 사람의 흔적을 지우는 것처럼 느껴졌기에 주인 없는 번호를 계속 저장해둔 태성 씨였다. 하지만 전화번호를 지운다고 해서 아무것도 할 수 없다는 무기력함이 가져온 마음의 부채까지 지우지는 못했다.

피켓으로 말한 김용균

태성 씨는 김용균의 죽음으로 마음 밑바닥에 넣어두었던 동생의 죽음, 산재처리도 힘들었던 동료들을 떠올렸다. 아픈 기억들이 김용균의 죽음으로 봉인 풀리듯이 흘러나왔고 태성 씨는 순간적으로 그냥 이렇게 지금까지와 똑같이 보내면 안 되겠다는 생각이 들었다고 했다. 태성 씨는 정신을 차려야 했다.

'문재인 대통령, 비정규직 100인과 만납시다' 기자회견을 준비하면서 발전소 비정규직들을 포함한 전국 비정규직 노동자들이 공동행동을 했다. 그 공동행동에 김용균도 참가했는지 확인해달라고 동료에게 부탁했다. 전화를 끊고, 조금 지나니 발전사에서 만들었다는 사고 조사서와 석탄으로 뒤덮인 컨베이어 벨트 사진, 계단 사진, 시신 이송 사진과 함께 공동행동을 위한 손 피켓을 든 김용균의 사진이 태성 씨에게 전달됐다. 2018년 11월 28일 태안화력발전소 건물 복도에서 손 피켓을 들고 찍은 사진이었다.

"나 김용균은 화력발전소에서 석탄설비를 운전하는 비정규직 노동자입니다."

당시 비정규직 노동자 연대 모임인 비정규직 이제그만 1100만 비정규직 공동투쟁은 '비정규직 제로시대'를 약속한 문재인 대통령에게 비정규직 노동자의 요구를 담아 전달하는 캠페인을 벌였다. 나는 무슨 일을 하는 노동자인지 밝히고 피켓을 들고 사진을 찍어서 모두 모았다. 발전소 비정규직들도 손 피켓을 들고 사진을 찍었고, 김용균도 참여했다. 그렇

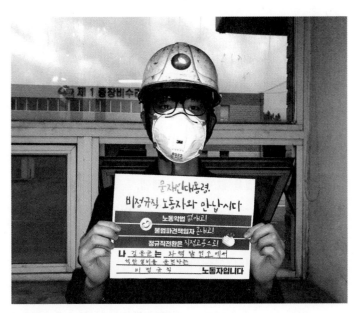

2018년 11월 28일, 비조합원이었지만
피켓을 들고 캠페인에 참가한 김용균.

게 김용균의 '피켓 든 사진'은 그의 유언이 되었다.

입사한 지 3개월. 당시 김용균은 노동조합에 가입하지
않은 상태였다. 태성 씨는 그래서 고민했다. 노동조합 상급단
체인 공공운수노조의 간부와 상의도 했다. 그들은 김용균이
피켓을 들었다는 것의 의미를, 자발적으로 진행하는 행동에
참여한 김용균의 생각은 무엇이었을까를 되씹고 되씹었다.
죽은 자는 말이 없다. 자칫 김용균이 가졌던 생각과 다른 해
석을 할까 봐 조심스러웠다. 당시 태성 씨와 공공운수노조는
김용균이 남긴 피켓은 비정규직을 없애자는 운동에 김용균

이 참여한 거라고 판단했고, 유족들의 판단도 같았다.

"입사한 지 3개월밖에 안 돼서 조합원이 아니었던 거예요. 고민했어요. 조합원이면 노동조합이 직접 개입하고 대변할 수 있을 텐데 조합원이 아니라서……. 공공운수노조 국장님과 상의도 하고 결정했어요. 이미 피켓을 들었을 때는 비정규직 차별을 없애자는 투쟁에, 운동에 참여를 한 것이다. [조합원도, 정규직도 아닌] 계약직이라고 하더라도 노동자의 권리를 [찾자는 걸] 인정한 것으로 봐야 한다. 그래서 우리 조합원이다. 그러니 알리자."

그렇게 노동자의 권리를 요구한 목소리와 죽음을 알려야만 할 의무를, 살아남은 이들이 스스로에게 부여했다.

이태성 씨는 그간 회사가 산재와 죽음을 돈으로 때우는 행태를 많이 보여왔다고 했다. 김용균 사고 한 해 전, 하청업체 일용직으로 일하러 왔던 기술자가 밸브에 머리가 끼여 파열된 사고가 있었다. 그 노동자는 머리를 다친 채 회사 차를 타고 이송됐지만 한 시간 만에 사망했다. 사고 발생 이유나 이송 과정에 문제가 있었겠지만 현장 노동자들은 따져 묻지 못했다. 그 당시 발전사는 사고 이유를 사망한 노동자의 과실로 하되, 다른 때보다 좀더 많은 보상금을 주고 덮었다. 더 이상 보상금으로 죽음을 덮어버리게 놔두고 싶지 않았던 절박함이 태성 씨에게 생겼다.

정규직이 되는 것도 좋지만 그것도 살아 있을 때 이야기다. 비정규직 노동자들은 열악한 노동환경과 죽음의 외주화에 내몰려 있었다. 태성 씨에게 김용균은 그가 떠나보냈던 스물다섯 살의 그 동생이었다. 김용균의 죽음은 김용균 한 명의 죽음이 아니라, 그간 죽어간 동료들이었다. 슬퍼하는 것 말고는 아무것도 할 수 없었던 기억이 더 태성 씨를 북받치게 했다. 상황을 알기 위해 봐야만 했던 사고 장면 사진. 그것을 본 것만으로도 그는 김용균의 죽음을 그냥 보낼 수 없었다.

김용균 죽음의 진상을 밝히는 형사재판이 진행될 때 사고 현장 사진이 재판정 영상막에 띄워진 적이 있어서 그 자리에 있던 사람들도 그 사진을 봐야 했다. 조금 흐릿하고 순식간에 지나갔지만, 기억에 박히는 장면이었다. 사고 현장 사진을 찍은 노동자는 "정신이 그나마 남아 있을 때 찍은 거예요"라고 말했다. 사고 장면 사진을 바라보는 게 고통이었을 것이다. 그만큼 잔인한 사진이었다.

2018년 12월 11일 기자회견에 참가하는 태성 씨의 아침은 이렇게 길고 긴 그의 20년 발전 비정규직 생활을 훑고 지나갔다.

우리 탓이 아니었다

예전부터 발전소에서 산재사고가 나면 발전사에서 사고

에 관련된 자료를 만들었고 현장 노동자들도 그 자료를 봤다고 한다. 사고의 내용은 달라도 노동자들이 조심하지 않아서 사고가 발생했다고 기록된 건 매한가지였다고 태성 씨는 기억한다. 작업자인 노동자들에게 사고 발생 책임을 떠넘겼지만 그런 것에 대해 노동자들도 심각한 고민이 없었다.

> "발전사에서 산재 조사 보고서를 작성했어요. 그래서 그걸 공람하게 했어요⋯⋯. 자료집 같은 거를 주는 거죠. 그래서 조심해라, 주의해라⋯⋯. 기본적인 패턴이 있잖아요. 2인 1조 안 했다, 무리하게 작업을 하다가 그랬다, 안전장치, 소위 컨베이어 벨트를 세워놓고 했어야 되는데 가동 중에 점검했다, 이런 식으로 피해 노동자 과실주의를 언급하게 됐던 거죠. 그런 거를 전파하니까 [나중에는] 우리도 이제 그런 인식을 갖고 있는 거예요."

작업을 위한 매뉴얼에는 안전한 노동을 위한 기본적인 조치가 적혀 있었다.

> "작업할 때는 2인 1조를 반드시 해야 된다, 허가서를 끊어야 된다, 정지 중에 해야 된다, 이런 매뉴얼들이 다 있는데. 그때는 그런 게 책 속에는 나와 있는 거지만 실제로 그렇게 하지는 않았죠. 그리고 안전장치도 그렇게 되어 있지 않았었고."

김용균, 김용균들

2인 1조로 나가는 건 인원이 부족해서 불가능했다. 기계 점검은 기계가 돌아가는 상황에서 해야 이상 여부를 감지할 수 있다. 그리고 낙탄 처리 지침서에는 기계가 비상정지되지 않도록 하라고 되어 있다. 매뉴얼에는 2인 1조로 나가서 기계를 정지시켜놓고 작업하라고 되어 있지만, 현실에서는 다 불가능했다. 더구나 전력 소모가 많은 때는 원청이 정해주는 석탄량을 맞추기 위해 컨베이어 벨트를 세울 수 없다.

위험할 때 당겨서 기계를 멈추게 하는 비상 목숨줄인 풀코드는 혼자 일하는 상황에서는 무용지물이었다. 기계 안으로 몸을 집어넣어 점검해야 하고, 비상 멈춤 작동줄은 기계 바깥에 있을 수밖에 없다. 기계를 점검하는 작업자 말고 다른 누군가가 당겨줘야 한다. 그런데 혼자 일하니 당겨줄 사람이 없다. 그나마도 작동되기 어려운 상태였다. 사고 이후 사고 조사를 위해 발전소를 다녀왔던 이들이 남긴 사진을 보면, 풀코드는 그냥 느슨한 줄이었다. 저 줄에 이어진 장비를 작동시켜 기계를 세우려면 얼마나 많은 힘을 써서 팽팽하게 만들어야 할까. 어느 정도로 저 줄을 당겨야 할까. 풀 코드를 당겨본 노동자가 과연 있었을까.

현장 노동자들은 회사의 주장에 동의하지는 않았지만 그 주장에 반박하지도 않았고, 회사의 논리는 노동자들에게 스며들었다고 했다. 발전사의 사고 보고서 등을 보면서 동료를 탓할 뿐, 기계나 시스템이 문제라고 생각하지 못했다. 시스템 같은 건 하청 노동자들이 바꿀 수 없다고 여겼다. 그래서 다

내 탓으로, 노동자 탓으로 여겼고, 사고가 나면 '너무 마음이 급해서 신경을 못 썼다', '운이 없었다'라고 생각하기도 했다. 태성 씨는 스스로 얼마나 멍청한 생각을 했는지 뒤늦게 깨달았다고 했다. 많은 동료를 떠나보내고 나서야 산재가 작업자 탓이 아니라는 말을 해야 한다는 걸 알았다.

2004년, 태성 씨는 처음 중대재해를 가까이에서 목격했다. 운전실에서 기계에 문제가 생겼다고 연락받은 동료가 컨베이어 벨트가 돌아가고 있는 중에 점검해야 했다. 지금처럼 혼자 일하다가 몸이 순식간에 벨트에 빨려 들어갔다. 동료의 사고 기록에는 "양팔이 컨베이어 벨트에 끼어서 등과 양쪽 손이 마찰로 인해 화상을 입었고, 이식수술을 했다"라고 적혀 있다. 동료는 얼마나 고통스러웠는지 세 시간은 끼어 있었다고 느끼고 기억하고 있었지만, 실제로 그랬다면 목숨을 건지지 못했을 거다. 사고 발생 10여 분 정도 후, 다른 동료가 발견하고 벨트를 정지시켰다.

"케어를 하게 됐어요. 제 개인 휴가도 좀 내고. 제가 한 1주일 동안 서울에 있는 병원에 와 있었는데, 이게 등이 다 파인 거예요. 이렇게 컨베이어 벨트에 쓸려가지고. 계속 쓸리면 이렇게 까맣게 타잖아요. 그렇게 쓸려서 이제 타기 시작해서 등 한쪽이 없고 손은 컨베이어 벨트에 [끼어서] 양쪽 손가락 두세 개씩 멀쩡하지 않은 상태였죠. 제가 아주 큰 산재를 직접 본 거죠. 한 1주일 동안 치료하는 게, 이게.

김용균, 김용균들

막, 살을 막. 이렇게 벗기는 과정까지 하는 거예요. 매번 새살이 나와야 되니까. 그런 것들을 하면서 실제로 산재에 대해서 굉장히, 막, 그 공포스러운 걸 느끼게 된 거죠."

태성 씨의 말을 들으며 그 장면이 머릿속에 자연스럽게 그려졌지만, 급하게 지워버리려고 했다. 상상만으로도 서늘해지는 느낌이 들 수밖에 없는데, 그 일을 직접 겪은 노동자나 그것을 지켜본 동료와 가족들은 어땠을까.

그런데 당시 회사는 처음에 그 사고를 산재로 처리하지 않으려 했다고 태성 씨는 기억한다. 뼈가 세균에 감염된 상태라 치료를 하는 중에 사망 가능성이 있다는 것 때문에 뒤늦게 동료의 산재가 처리되었다. 이런 정도니 목숨을 잃을 정도가 아닌 경우에는 산재 신청조차 되지 않는 게 대다수일 수밖에 없다. 그의 동료는 사고 이후 3년을 재활했지만, 자신이 원하는 만큼 팔을 움직이고 들어올리지는 못한다. 3급 장해등급을 받았다.

이대로 보낼 수 없습니다

2018년 12월 11일은 이태성 씨에게 긴 하루였다. 인터뷰도 그렇게 많이 해본 적이 없다. 기자회견에서 김용균의 죽음을 세상에 알린 후 많은 이들이 위로와 분노와 관심을 보내줬다. 태성 씨는 기자회견 즈음에 공공운수노조 간부로부터 전화를 받았다. 그가 기자회견을 하던 시각에 현장 동료들과 노동조합의 상급단체 간부들은 장례식장에 갔다고 전해 들었다.

"(공공운수노조 국장이) 아침에 제가 기자회견하기 전에 사고 현장, 태안의료원으로 갔던 거고. 그 상황에서 유가족을 만나고 저한테 전화한 거예요. '어려울 거 같다. 네가 빨리 와줬으면 좋겠다.' 그리고 현장도 어쨌든 노조가 생긴 지 얼마 안 됐기 때문에 이미 회사가 장악을 조금씩 조금씩 해오던 상황이었던 거 같아요. 그래서 이게 그냥 사망 사고로 치부될 수밖에 없는 상황까지 갔던 거예요."

태성 씨는 회사에 책임도 묻고 사과도 받고 개선책도 마련해야 한다고 생각했지만 김용균의 죽음에 대한 싸움을 잘 해낼 거라는 자신감이 있지는 않았다. 김용균이 사고를 당한 건 태성 씨가 속한 노조가 공공운수노조에 가입한 지 9개월, 발전소의 다른 하청업체에 노조가 만들어진 지 1년여 시간이 지났을 때다. 태성 씨는 김용균 사건 이전에 발전소 내 비정규직 노동자의 산재사고에 대해 문제를 제기하고 대응하는 경우를 본 기억이 없다. 그나마 정규직 노동자들은 비정규직과 비교하면 상대적으로 산재 발생이 적었지만, 그렇다고 대응이 크게 달랐다고 태성 씨는 느끼지 않았다. 발전사에서는 산재가 발생하면 돈을 주고 처리했고, 후유장해가 생길 게 분명할 때만 산재를 신청했다고 말해도 될 정도였다. 그간 회사는 유족들이 무엇을 해야 할지 정신을 차리기 전에, 현장 동료들이 분노를 모아내기 전에 상황을 정리했고, 현장 노동자들은 뭐라도 해봐야 한다는 움직임을 만들지 못했다. 그런 움직임이 필요없다고 생각해본 적은 없지만, 그랬다.

태성 씨가 속한 하청업체인 한전산업개발은 과거에 발전과 배전(검침 업무)이라는 두 개의 사업 분야를 가지고 있었다. 한 업체지만 배전 쪽은 노동조합이 있고, 발전 쪽은 노동조합이 없었다. 발전 쪽은 근로기준법도 지켜지지 않았다. 대근을 해도 대근비가 안 나오고 연장특근수당도 제대로 주지 않았다. 소장에게 이야기하면 찍힐 게 뻔하니 다들 참았다. 그런데 배전 쪽 사업이 줄어들면서 배전 인원의 일부가 발전 분야로 왔다. 이미 노동조합 경험이 있던 배전 쪽 사람들은 달랐다. 참지 않았다. 회사의 작태에 오랫동안 시달려온 태성 씨의 선배들도 힘을 합치면서 태성 씨가 입사한 지 2년 뒤 발전 분야에도 노동조합이 만들어졌다. 조합원이 아닌 사람이 없을 정도였고, 기존에 있던 배전 분야 노조로 통합했다.

"처음에 저도 멋있었던 게 [노조 중앙인] 본부 조합에서 국장이 왔는데 소장한테 뭐라고 하는 거예요. '조합도 못 만들게 하냐' 소리 지르고 하니까 사업소장이 꼼짝 못 하는 거예요. 그래서 노조가 있어야 한다는 생각을 했죠."

노동조합 지부장이 회사의 해당 발전소 지사장과 동급일 정도로 힘이 있었다. 노동조합을 아예 모르고 살던 태성 씨는 한전산업개발노조 태안지회에서 총무도 맡고, 본부 조합의 후생복지국장으로도 활동했다. 그런데 한전산업개발노조는 인원이 더 많은 배전 분야에만 중심을 둔 활동을 했고, 발전 분야 노동자들의 임금은 상대적으로 더 낮고 처우가 나빴다. 노동조합 집행부를 뽑는 선거 때는 발전 분야에 대한 처우개선이 공약으로 나오곤 했지만 약속이 실현되지는 않았다.

2013년 노동조합 선거 이후 이태성 씨는 '이제 노조 안 하고 진급해야겠다'는 마음을 먹었다. 그런데 공약을 지키지 않는 노조를 박차고 나와 새로 노조를 만든 이들이 손을 내밀었다. 고민이 깊었지만 결국 2014년 새로운 노조, 한전산업개발 발전노조(현 발전노조 한전산업개발 발전본부)에서 '이태성 사무국장'으로 활동을 시작했다. 자신이 활동하는 사람이라고 생각하게 된 건 발전 부문 최초의 경쟁입찰제도에 항의하며 싸우기 시작한 2016년이었다고 했다. 그리고 정부의 공공 부문 비정규직의 정규직화 정책에 공동대응하기 위해 발전소 비정규직 노조들이 2017년도에 모였다.

태성 씨는 발전소 비정규직 노조들이 제대로 된 활동을 시작한 지 얼마 되지 않았지만, 동생으로 여기던 동료의 죽음에 무기력했던 때와는 달라졌다고 믿었다. 뭐라도 해볼 수 있는 비빌 언덕인 민주노조가 있으니까.

2018년 12월 11일 늦은 오후, 그의 머릿속에는 유가족들을 만나서 어떻게 말해야 할지 걱정이 가득했다. 서울에서 기자회견을 마치고 다시 태안으로 내려가는 차 안에서 머릿속이 복잡했다. 동료로서의 미안함과 유족에 대한 죄송함, 그럼에도 뭐라도 해보자는 말을 해야 하는데, 어떻게 말해야 할지. 언론에서는 청년 노동자가 열악한 환경에서 일하다가 산재사고를 당했다는 기사들이 나오고 있었다. 태안으로 내려가는 길은 '또 청년이 산재로 사망했다'라는 짧은 기사로 이 사건이 끝나지 않게 해야겠다는 생각으로 가득 찬 시간이었다.

늦은 시간에 도착한 태안의료원에서 태성 씨는 처음 김용균의 어머니, 아버지, 친척들을 만났다. "결국은 죽었는데 당신들이 할 수 있는 게 뭐냐. 어떻게 책임질 수 있냐." 원망, 질책, 한탄, 속상함, 분노, 좌절……. 어떤 의미라고 해도 상관없을 유가족의 말이었다. 그는 그 자리에서 느낀, 노동조합에 대한 불신과 차가움도 기억하고 있었다. 노동조합에 대한 적대시라기보다는 부정적인 시각이었다. 그게 당연했던 상황이라고 그는 말했다. 우리 사회에서 노동조합은 좋은 이미지가 아닌 경우가 많으니까. 그리고 이렇게 사고가 나서 아이가 죽을 때까지 동료들은 뭘 했냐, 회사는 뭘 했냐 하는 원망이 왜 없겠냐고. 그때까지도 김용균의 어머니는 별다른 이야기를 하지 않았다. 태성 씨는 무릎을 꿇고 울면서 읍소했다. 자신이 혼자 책임질 상황도, 위치도 아니지만 절박했고, 노동조합이 책임져야 한다는 생각은 확고했다.

"제가 할 수 있는 걸 다 하겠습니다. 책임지겠습니다. 뭐든지 하겠습니다. 저희가 잘했으면 용균이가 안 죽었을 텐데. 그래도 이렇게 보내고 싶지 않습니다. 저희에게 기회를 한 번만 주세요. 반드시 이 죽음이 헛되지 않도록 만들겠습니다."

그때 태안의료원에는 김용균이 속한 하청회사 한국발전기술의 태안화력발전소 노조 대표자도 와 있었다. 당시 공공운수노조 한국발전기술지부 태안화력지회 노조 대표자인 이준석 지회장(이하 '지회장')을 만나서 이야기를 들었다. 지회장은 태안의료원에서 유족들과 같이 김용균의 시신을 확인하러 들어갔지만, 김용균의 어머니인 김미숙 씨는 당시 지회장이 같이 들어갔는지도 기억하지 못할 정도로 정신이 없었다.

"영안실 가서 김용균인지 확인하는 건 유가족이신 어머니와 아버지, 그리고 제가 했어요. 시신을 확인하고 주저앉으시는 어머님을 부축해 나오는데 무슨 말을 해야 할지 모르겠더라고요. 용균이가 우리 큰애랑 한 살 차이밖에 안 나서 남 일 같지가 않더라고요. 어떻게 말을 해야 할지, 위로는 어떻게 해야 하는지 조심스럽기만 하더라고요. 근데 어머니가 물으셨어요. 어쩌다 저렇게 되었냐고. 내가 보기엔 기계 점검이나 이상 소음 때문에 근접 촬영을 해서 보고하려다가 사고가 나지 않았나 추정만 한다고 말씀드리

김용균, 김용균들

고 죄송하다고만 했죠."

참혹함만 말고 진짜 이유에 관심을

다른 친척들보다 조금 늦게 김용균의 이모부가 병원에
도착했다. 김용균의 이모부는 다니던 직장에서 부당한 해고
를 당하고 오랜 기간을 싸웠다고 한다. "노조를 믿어야 한다.
그렇지 않으면 이 죽음이 그냥 묻힌다"라는 이모부의 말이 태
성 씨는 고마웠다. 만에 하나 유가족이 회사의 잘못을 따지지
않는다고 해도, 동료들은 문제를 제기해야 한다고 태성 씨는
생각하고 있었다. 그래도 유족의 동의 없이 동료들끼리 회사
에 맞선다는 건 쉽지 않은 일이다. 유가족이 회사를 믿을지,
노동조합을 믿을지에 따라 김용균의 죽음에 대한 진실을 밝
히는 길이 달라지리라. 책임과 진상을 밝히지 못했던 동생과
동료들의 사고 역시 다시 바라볼 수도 있으리라. 태성 씨는
유가족이 경황도, 정신도 없고 깊이 슬픔에 빠져 있지만 누구
보다도 이 죽음의 진실을 알고 싶어 하기에, 노동조합과 함께
할 거라고 믿고 싶었다.

중대재해가 일어나면 고용노동부는 작업 현장을 돌아
보며 위험요소를 찾고 개선 방안을 마련할 때까지 작업을 중
지시킨다. 그런데 고용노동부 보령지청은 김용균의 사고 공
정과 같은 방식의 작업들을 모두 중지시키지 않았다. 김용균

이 일했던 곳만 부분적으로 작업중지를 시켰다. 회사는 김용균의 사고가 "가지 말아야 할 곳을 가서, 하지 말아야 할 일을 하다가 생긴 사고"라고 말했다. 노동자가 잘못해서 사고가 났다며, 작업자에게 책임을 돌리는 행태를 이번에도 보였다.

언젠가 태성 씨는 동료의 산재사고를 목격하고 산재 신청을 하도록 설득한 적도 있었다.

"바가지 형태로 석탄을 이렇게 막 푸는 기계가 있어요. 그 기계가 동작이 되면 '삐삐' 이렇게 움직이는 소리를 내는 장치가 있거든요. 아무래도 현장 소음도 심하고 기계가 고장도 많고요. 그런데 천천히 그 기계가 오다가 낙탄 청소하는 업무를 하던 분 왼발이 그 기계 레일에 낀 거예요. 완전히 이 발바닥이 틀어지면서 이제 찢어진 거죠. 뜯겼다는 표현이, 그냥 찢어졌다는 표현이 정확할 거 같아요."

이태성 씨가 급하게 119를 부르고 회사 안전 담당자들이 사고 노동자를 병원으로 이송했다고 한다. 태성 씨가 퇴근 후 병원을 가보니 산재처리를 하지 않고 6주 정도 요양을 하는 게 어떠냐는 이야기가 오가고 있었다. 요양을 하고 완치가 되면 다행인데, 의사는 발바닥이 완전히 치료될지 모르겠다고 했다. 동료를 설득하고 회사에도 강하게 이야기했다.

"결국 재해자였던 형님을 설득해서 서울에 전문적으로 봉

김용균, 김용균들

합하는 [병원에서 치료를 받았어요]. 제 기억으로는 아마 구로였던 거 같아요. [거기는] 찢어지고 하는 사람들이 많으니까. 속에서 꿰매고 겉에서 꿰매고 이중으로 치료하는 그런 봉합 병원에서 치료를 했는데, 그 의사는 굉장히 오래 걸릴 거라고 얘기했어요."

그 형님은 사고 전의 몸 상태로 돌아가지 못하고 치료가 끝났다. 이후의 불편함이나 어려움은 개인에게 남겨진 채로, 회사에서 작성한 주요사고 사례 자료에는 사고 원인이 "안전불감증(이동 중인 S/R 미파악)"으로 적혔다. 언제나 작업자 탓이라는 회사의 태도는 여전했다.

태성 씨는 외주화가 죽음의 진짜 이유라고 생각하는 듯했다. 그래서 산재 이야기를 할 때는 처참함을 보여주는 게 아니라 외주화에 대한 신랄한 비판이, 죽어간 노동자들에 대한 이야기가 중심이 되길 원한다고 했다. 그는 김용균의 사고가 참혹함 때문에 관심사가 되는 것을 원치 않았고 불쌍하게 보는 건 더 싫다 했다. "몸과 머리가 분리되어"라는 내용들이 기사화되어 나오고 있었다. 문장이 떠올리게 하는 장면은 쉬이 사라지기 어렵고 충격적인 모습인 것은 확실하다. 한번 떠오른 생각이 잘 없어지지 않을 만큼 잔인하고 고통스런 순간을 간접적으로 느끼게 된다. 그래서 더 분노스럽다.

그럼에도 사고 장면을 많이 거론하지 않는 것은 산재로 인한 죽음이 비참하고 끔찍해서 문제가 있다고 말하고 싶지 않아서다. '일하다가 죽었다'라는 것. 그것 자체가 있어서는 안 되는 일이고 왜 그런 일이 생기는지를 알아주었으면 하는 마음이다. 김용균을 통해 죽음을 만드는 외주화에 대해 더 많은 이들이 알기를 바랐다.

"구조적으로 정부가 민영화시켰고 외주화시키는 과정에서 노동자들이 많이 죽었고. 불쌍한 형태로 비치는 게 맞지 않다는 생각을 강하게 갖고 있어요."

더 많은 기업이 부를 축적하기 위해 비정규직을 점점 늘려갔다. 하청·도급·용역·파견 노동자를 통해 '우리 회사 직원'이 아니어서 책임질 일은 없지만 '작업자의 의무'는 강요할 수 있는 방식으로 고용구조를 바꿔갔다. 재해의 책임은 언제나 '노동자'의 몫이었다. 재해 발생의 이유도, 결과에 대한 책임도, 처벌도 작업자에게 물었다. 발전소 노동자들이 목숨을 걸고 몸이 망가질 조건에서 일해야 하는 구조가 더 강화된 건 정부의 민영화 정책이 시작되면서였다. 전력산업의 민영화 정책으로 발전소에는 하청 비정규직 노동자가 점점 많아졌고 업체 간 경쟁은 심해졌다. 노동자들의 안전은 뒷전으로 밀리고, 목숨을 걸고 위험한 일을 하는 것이 '당연한 것'처럼 여겨지는 분위기가 있었다.[2] 비정규직이라는 존재가 되는 순간 일하는 사람들은 더 위험해졌고 기관과 기업은 다시 또 부를 확대했다.

이태성 씨는 김용균투쟁이 가능했던 여러 이유 중 한 가지가 '구의역 김군'의 죽음과 투쟁이 있었기 때문이라고 했다. 스크린도어 수리 업무를 하는 외주업체 소속인 '김군'이 구의역에서 스크린도어의 센서를 수리하다가 승강장으로 들어온 전철에 치여 목숨을 잃었다. 적어도 외주업체 소속 작업자의 작업 시작과 마무리 시각은 전철 운행을 관리하는 원청업체에서 알고 있어야 하고, 현장에서는 긴밀하게 소통이 되어야 한다. 그러나 원·하청 간에는 규정은 있지만 소통은 없었다. 그런 조건에서 외주업체 소속 노동자들은 2인 1조로 일하면서 위험 상황을 확인해야 하는데, 인원은 부족하고 수리 요청은 계속 들어오니 혼자 일을 하게 되었다. 더구나 스크린도어에는 광고를 위해 고정판을 만들어놔서 작업자들이 위험할 때 피할 곳이 없었다. 작업 공간에 작업자의 안전에 대한 고려는 전혀 없었다. 연결된 업무인데도, 고용구조와 고용형태에 따라 노동이 분리되면서 발생한 죽음이었다. 외주업체에 지급하는 금액을 최소화하기 위한 공공기관의 경제적 노력에, 업무량을 처리하기엔 적은 인원으로 "고장 1시간 이내 현장에 도착해서 처리해야 한다"라는 계약조건까지 가세해서 만든 죽음이었다.

2016년 '구의역 김군' 사망사고 이전에 이미 2013년 성수역, 2015년 강남역에서 하청 노동자 사망사고가 있었다. 두 사고 모두 개인 과실로 처리되었다. 안타까운 두 노동자의 사망사고와 달리 구의역 사고는 조용히 덮이지 않았다. 친구들과 청년들이 먼저 나섰고 노동자와 시민, 사회단체가 함께 서울시와 서울메트로에 항의하고 싸웠다. 그 결과, 서울메트로는 '이번 사고에 김군의 잘못은 전혀 없다'라고 인정했다.[3]

'구의역 김군'의 죽음에 "너의 잘못이 아니야"라고 말하는 사회. 이런 말은 발전소 현장에서 들어본 적이 없었던 태성 씨와 동료들. 그간 발전소에서 발생한 산재들에 대해서도 그렇게 인정하게 하고 싶었다. 원청은 하청업체가 관리 책임이 있다고 말하고, 하청은 노동자가 잘못한 거라고 말하는 게 문제였다고. 이런 외주화의 악순환 구조가 지속되어, 김용균이 사망했다는 걸 회사가 인정하게 만들고 싶었다. 이 악순환을 깨고 싶었다.

모두가 같이 지킨 죽음

태안의료원에 김용균의 빈소를 마련하고 발전소 관련 정규직-비정규직 노동조합들, 태안 지역 활동을 하는 민주노총 지역본부, 발전소 노동자들이 소속된 공공운수노조가 모였다. 지역의 노동안전보건위원회, 충남노동건강인권센터 새움터, 두리공감, 행복한서산을꿈꾸는노동자모임 등의 지역단체들과 활동가들은 지원자이자 연대자로서 현장 동료들만큼 빨리 달려왔다. 그간 민주노총 세종충남본부 노동안전보건위원회와 지역단체들은 지역 내에 산재가 발생했다는 걸 알게 되면 일단 그 현장으로 달려갔다. 산재가 발생한 사실은 고용노동부나 현장 노동자들을 통해 확인하기도 하고, 언론을 통해 알게 되기도 했다. 그들이 현장에 달려가는 데, 사건 발생 사업장의 노조 유무나 노조의 민주노총 소속 여부는 아무런 상관이 없었다. 이태성 씨는 이런 지역 단위들의 활동이 없었다면 김용균투쟁은 하지 못했을 거라고 했다.

"전문가 단체라고 해야 할까. 노동안전보건 활동을 하는 단체가 많이 왔는데. 충남 지역에서는 이전부터 안 돼도 부딪히고 요구하고 싸웠던 과정이 많았어요. 그들이 조합원들을 채비시켜주고, 현장 계획은 어떻게 하고, 노동청은 어떻게 대응해야 되고, 조합원들 트라우마는 어떻게 해야 하고……. 이런 것들을 많이 이야기해줬어요."

태성 씨는 충남 지역 노동안전보건 활동가들이 사업장 입구에서 들어가지도 못하고 아무런 대응을 할 수 없는 경우도 많았지만, 대응하기를 포기하지 않은 그들에게 감사했다.

김용균의 죽음이 확인되고, 12월 12일 김용균의 빈소에서 시민대책위 구성을 위한 회의가 있었다. 유족의 결정도, 함께할 단위들의 판단도 빨랐고, 발전 비정규직 노동자들도 시간을 끌지 않았다. 시민대책위로 모인 단위들은 적극적으로 서로 역할을 나눴다.[4]

모인 단위들마다 중심적으로 생각하는 바가 조금씩 달랐

지만 '연결'되어 투쟁해야 하는 이유가 있었다. 공공기관 민영화의 폐해, 반복되는 산재 자체의 문제, 비정규직 고용구조의 문제, 기본적인 법도 지키지 않는 사업주, 취업을 위해 권리는 뒤로 미루게 한 사회, 뭐든지 경쟁해야 하는 현실, 자본주의 사회 그 자체, 사라지는 공동체가 만든 문제 등이 만든 투쟁이었다. 그리고 청년의 죽음에 대한 처참함과 미안함, 너무도 열악한 노동 현실에 대한 분노까지 더해졌다.

모든 죽음이 세상을 울리는 건 아니다. 산재 피해 사망자의 죽음을 들여다보고 같이 아파하고 해결하자는 사회적 싸움이 언제나 있기는 어렵다. 유족들이 싸우겠다고 마음먹는다고 되는 일도 아니고, 동료들이 항의한다고 해서 모두의 공감을 받지도 못한다. 김용균의 죽음은 세상에 묻히지 않고 세상을 울렸다. 피켓을 들고 찍은 김용균의 사진이 수많은 김용균들을 떠올리게 했다. 취업을 위한 김용균의 노력과 상관없이 발전소 노동환경은 열악했고 그는 비정규직이었다. 그래도 포기하지 않고 미래를 준비했던 김용균의 상황은 많은 이들에게 그가 '나, 우리, 내 가족과 다르지 않다'라는 마음을 갖게 했다.

"문재인 대통령, 비정규직 노동자와 만납시다"라고 쓰인 피켓을 들었던 김용균의 뜻, 아들이 죽게 된 원인을 밝히고 아들이 들었던 피켓의 뜻을 이어가고 싶은 유족의 바람, 어제의 죽음을 막지 못했지만 앞으로의 죽음은 막고자 싸우는 민주노조의 존재, 다수의 목소리와 행동으로 이 끔찍한 죽음을 해결하자며 나서는 시민·사회·종교단체들이 모였다. 사회의 비정상성에 몸부림치던 이들의 행동이 김용균의 죽음을 '그냥 죽음'으로 남겨놓지 않았다. 8시간 노동을 할 때마다 1시간에 1명이 다치고 아프고 죽는 지금의 현실이 일상이 되면 안 된다고 여기는, 사회적 공감과 합의를 넓혀가는 투쟁은 그렇게 가능했다.

시민대책위는 김용균의 장례를 치른 후 투쟁의 시작과 과정, 의미를 담아 백서《김용균이라는 빛》을 발간했다. 백서는 김용균의 어머니, 현장 동료들, 수도회 수녀, 태안의료원장, 또 다른 피해 가족, 언론인, 지역 활동가 등 12명의 목소리도 담았는데, 시민대책위 백서발간팀에서 활동한 공공운수노조 활동가 정재은 씨는 이들의 인터뷰를 담은 이유를 이렇게 말했다.

"유족, 그다음에 당사자인 동료들 투쟁이 핵심인데, 사실은 그렇게만 볼 수 없는, 너무 많은 사람이 자기 투쟁으로 했어요."

정재은 씨는 "시민대책위가 서울로 올라오겠다고 결정하기 전까지 지역 동지들이 없었으면 초기 투쟁을 하지 못했을 것"이었다고 말했다. 언론들이 풍부하게 사건을 분석하고 간접고용 문제를 다뤄준 것도 중요한 역할이었다고 했다.

각자의 자리에서 자기가 할 수 있는 투쟁을 했고, 그것이

곧 모두의 투쟁이 되었다. 시민대책위 구성도 빨랐지만 태안이든 서울이든 주요 거점 지역에서만 활동하는 방식도 아니었다. 강원, 경기, 경북, 광주, 부산, 충남 지역에서는 지역별 시민대책위를 구성하고 활동했다. 경남, 대구, 대전, 울산, 인천, 전남, 전북, 제주, 충북 지역에서는 시민대책위를 구성하지 않았으나 추모집회와 활동을 지속했다. 전국에서 각자의 조건에 따라 매주 촛불 문화제를 하기도 하고, 여야 정당사무소 앞에서 항의집회를 하고, 시민들의 왕래가 많은 곳에 분향소를 설치했다. 모양이 다른 조각천을 기워 하나의 큰 보자기가 된, 우리의 투쟁이었다.

우리는 처음이었다

김용균의 빈소는 너무 조용하지도 외롭지도 않았다. 많은 이들이 찾아왔고, 각자 추모와 결의를 담아 나누고 돌아갔다. 빈소에 모인 발전 비정규 노동자들은 이것저것 만들기 시작했다.

"처음에는 종이로 국화를 만들었어요. 서부발전 앞에다가 조형물을 만들어서 추모 공간을 만들자고 한 거예요. 안전화, 촛불, 사진 놓고 주변에 국화를 붙여야 되니까요. 겨울이라 국화꽃이 다 얼어버렸거든요."

김용균, 김용균들

나중에는 김용균투쟁을 상징하는 게 있으면 좋겠다고 생각해 보라색, 노란색 부직포를 잘라 붙여서 추모 리본을 만들었다. 동료들이 만든 추모 리본은 투쟁하는 내내 많은 노동자, 시민에게 나뉘었다. 그때 나눈 리본은 이후 김용균재단이 제작한 '자전거 탄 김용균' 배지와 함께 여러 가방에 아직 달려 있다.

시민대책위가 그렇게 큰 규모로 빠르게 꾸려져서 이태성 씨도 놀랐다고 했다. '구의역 김군' 투쟁 이후 동료들이 정규직으로 고용되는 등 서울시의 대책이 나왔는데, 얼마 지나지 않아 김용균의 사망사고가 나니 사람들이 더 분노한 것 같다는 게 그의 추측이었다. 시민대책위에서 태성 씨는 언론팀 활동을 했다. 부각해야 할 문제를 정리하고 어떻게 언론에 내보낼지를 기획하고 회사 반응도 보면서 반론도 준비해야 했다.

"언론 기획하면서 처음 한 게 용균이 유품을 챙겨오라고 했던 거예요. 어떻게 생활했는지를 알기 때문에요. 제가 그때 동영상을 찍었어요. 시커멓게 된 때타월. 작업복과 수첩이 얼마나 석탄가루에 노출되었는지. 먹다 남은 간식 등 우리가 얼마나 열악하게 일하는지……. 사람들의 마음을 울릴 수 있어야 한다고 생각했어요. 그렇게 바로 공개하고 보도했죠."

태성 씨는 석탄화력발전소의 현실을 드러내줄 자료를 모

아야 했는데 비정규직들은 경험을 말할 수는 있지만 서류나 자료를 구하기는 어려운 경우도 있었다. 그런 자료들 중 일부를 메일로 받은 적이 있는데 태성 씨는 정규직 노동자들이 보내준 거라고 생각했다. 자료를 구할 수 있는 사람들은 정규직 노동자들이니까. 그렇게 받은 자료들은 현장에서 일한 비정규직들의 입을 통해 확인되고 힘을 얻었다. 그렇지만 현장 노동자들은 언론이 낯설었다. 태성 씨는 동료들이 힘들어하는 일인 줄 알면서도, 해야 한다고 설득해야 했다.

"동료들은 머리띠를 매는 것도 어설프고 팔뚝질도 낯설어했죠. 우리가 전달하는 선전물을 시민들이 받아주지 않을 때는 힘들었다고 하더라고요. 인터뷰하는 걸 제일 힘들어했어요. 그래서 '현장을 가장 잘 아는 너희들이 당사자인데 너희들이 직접 얘기를 해야 한다. 너희들 말고 누가 하겠냐'고 말하곤 했죠……."

시민대책위가 거리 선전전을 하던 2018년 12월은 주머니에서 손 꺼내기 싫어지는 추운 겨울이었으니 시민들의 손이 선전물을 선뜻 받아가기는 쉽지 않은 상황이었다. 한편 언론사들의 인터뷰 요청은 더 많아지고 있었다. 관심이 생기는 만큼 질문도 많아지고 그곳에서 일한 사람의 목소리만큼 강력하고 직접적인 증거와 진실은 없었다.

노조를 만들고 공공 부문 비정규직의 정규직화를 위해

활동한 지 1년, 회사와 대립하며 투쟁하던 발전소 비정규직들이 변화가 없는 지지부진한 상황에 조금 지쳐가던 때였다. 그러나 김용균의 죽음이 발견된 그 순간, 무조건 다시 기운을 차리고 달려야 했다.

"사고가 있고 초반에는 [김용균 씨가 일하던 한국발전기술에 노조가] 이제 막 생기고 바뀌고 하다 보니 적극적으로 나서는 입장은 아니었어요. 우리 발전 비정규직 단위 노조에서도 지쳐가던 상황이 좀 있었어요. 그런데 태안에 있는 동지들[태안화력발전소 비정규직들]이 적극적으로 이 싸움을 해야 된다는 생각들을 가지기 시작했죠. 그런 과정에서 한국발전기술 동지들하고 저희 한전산업개발에 있는 동지들이 적극적으로 나서기 시작한 거죠. 이미 사회적으로 이슈화가 됐고요."

시간이 지나면서 조합원들은 달라졌다. 본인들이 자료를 퍼서 나르기도 하고 처음에는 얼굴을 가리고 인터뷰를 하다가 어느 날부터는 얼굴을 자신 있게 드러내고 인터뷰도 했다. 국회의원들이 현장 방문했을 때 발전사에서 정해주는 동선이 있는데 "여기를 들어가셔야 한다"라며 현장에서 직접 알리는 노력도 했다.

지회장은 진상규명이 어디까지인지, 김용균투쟁이 얼마나 큰 사안이 될지 이때는 알지 못했다고 했다.

"용균이 죽음의 억울함을 푸는 게 가장 중요했어요. 그래서 처음에는 이렇게 큰 싸움이 될 거라고 생각하지 못했어요. 그런데 죽음의 억울함을 풀기 위해서는 결국 큰 싸움을 해야 했죠. 김용균의 죽음이 구조조정, 정규직 전환과도 연관되어 있다는 공공운수노조의 이야기가 맞다는 생각을 나중에는 했죠."

노동자들은 이번에는 세상이 자신들의 말을 들으려고 한다는 것을, 세상의 시선이 달라졌다는 것을 느꼈다. 현장 노동자들이 투쟁하자고 결의하기도 전에 사회에서 들려오는 목소리가 훨씬 더 컸다. 김용균의 죽음이 알려지고 나니, 공공기관인 발전소가 안전한 작업장이 아니라는 것이 확인되고 전파되는 데는 하루 이틀이면 충분했다.

한국발전기술 노조 지회장과 조합원들은 "회사의 태도를 보고, 원청이 설비 투자만 했어도 사고가 안 났을 거라는 판단을 하면서, 노동자들에게 관심을 두는 이들을 보면서 이참에 우리가 이거 해내자"라는 이야기를 나눈 적이 있다고 했다. 이태성 씨도 "이렇게 판이 커질 줄 몰랐다"라는 동료들 간의 이야기를 전했다. 처음에 빨리 사건을 매듭짓고 현장 복귀를 바라던 조합원들이라고 했는데 그들이 달라진 것이다.

원래도, 그냥도 없다

발전소에서 현장 노동자들은 개선이 필요하면 TM(트러블 메모)이라는 개선 요청서를 회사에 제출한다. 2018년 12월 14일 시민대책위원회는 '고(故) 김용균 태안화력 사망사고 현장조사 결과 공개 브리핑' 기자회견을 진행했다. 기자회견에서는 태안화력발전소에서 발전 비정규직들이 사고가 난 기기를 포함해 28번의 설비 개선을 요구했지만, 한국서부발전에서는 3억 원이 든다며 거부했던 사실이 거론되었다. 《태안화력발전소 비정규직 인권실태조사 보고서》에는 수시로 회사에 개선 요구를 했지만 받아들여지지 않았다는 노동자들의 증언이 가득했다.

"설비 개선은 들어올 때부터 요청한 거예요. 그때 하던 이야기가 '돈 들어가는 것은 말하지 마' 그랬어요. '돈 들어가니까 안 돼.' 같은 직원이[정규직이] 해줬으면 벌써 해줬을 거예요. 위험한 작업도 마찬가지입니다."[5]

"점검이나 낙탄에 대한 점검을 10번에서 하루에 1~2번으로만 줄여도 80%의 사고를 예방할 수 있으니 설비 개선을 제안하였으나, 다 묵살당했어요. 서부발전 원청은 의견을 묵살하면서 '돈 네가 대느냐, 네 돈으로 해라'고 이야기했어요."[6]

언제나 묵살되고 튕겨 나오기만 했던 발전 비정규직들은 자신들의 목소리에 힘이 생겨야 한다고 입을 모았다. 김용균 투쟁을 시작하고 노동자들의 사회적 목소리는 이전과 달라졌다. 이태성 씨는 원청 눈치를 안 봐도 되겠구나 하는 자신감이 노동자들 사이에 많아졌는데 '우리끼리 싸우는 게 아니다'라고 느낀 든든함이 크다고 했다. 김용균의 죽음이 보도된 후 하루에 세 곳 이상의 언론과 인터뷰를 해야 하는 등 언론의 관심이 지속적이었다고 했다. 서울과 다른 지역에서 추모제가 진행되면서 태안에 갇힌 사안이 되지 않았다는 점이나 국가인권위원회에서 대규모로 빈소를 찾아왔던 것, 사람들이 끊임없이 찾아준 게 힘이 되었다고 한다.

"태안 터미널에서 12월 13일에 첫 촛불 추모제를 했어요. 태안에서요. 사실 추모 문화제를 한다고 해서 이 시골에 누가 올까 했어요. 근데 300명씩 왔어요. 이런 게 유의미했죠."

촛불집회를 할 때, 행사에 참여하는 시민들을 보면서, 원·하청회사의 주장에 반박해주는 다른 이들의 이야기를 들으면서, 노동조합, 시민대책위, 유가족, 시민과 함께하면서 자신들의 목소리에 힘이 생겼음을 느꼈다. 태성 씨는 노동자들이 자신들만 싸우는 게 아니라는 것을 느끼게 되자, 자신들이 무엇을 위해 싸워야 하는지 더 인식하게 되었다고 했다.

"조합원들이 우리가 싸우지 않으면 바뀔 게 없다는 생각을 하게 된 거죠. 용균이 죽음 앞에 사죄도 안 하는 회사 모습을 봤고, 정규직화를 위한 싸움도 해야 하니까요. 용균이 동료로서 해야 할 역할도 있었고, 나 자신을 위해서 싸워야 되는 목적성도 인식하고 있었다고 봐요."

분진이 날리고 불난 석탄이 날아다니고, 앞이 보이지도 않는 곳에서 발암물질을 들이마시며 일한 발전소 노동자들은 다른 사람들이 알 수 없는 자신들의 일상을 증명해줄 자료를 모았다. 현장을 직접 보면 노동자들의 말을 받아들이기 쉽지만, 모두가 발전소로 와서 볼 수도 없고, 회사는 계속 부인만 하니, 사회에 내놓을 증거가 필요했다.

"계속 같이 있으니까 이제 이런 얘기, 저런 얘기도 하면서 서로 상황을 알게 되고 단체 카톡방에서 했던 이야기들이나 자료들, 동영상도 수집하게 된 거죠. 그러면서 본인들도[현장 동료들] 전면 작업중지가 들어가면서 순번을 정해서 장례식장에 모이고 상주하고 나가서 집회하고. 본인들이 자꾸 돌파하게 했죠. 그러면서 이제 인터뷰하고 현장에 또 더 알리고 자료도 내고 실질적인 큰 역할들을 하게 된 거예요. 그럴수록 현장 동료들은 더 싸워야 되겠다 생각들도 가진 거구요."

태성 씨에게 발전소 비정규직 조합원들이 보내는 현장 증거들이 모였다. 평소 컨베이어 벨트가 돌아가는 곳에 낙탄이 가득 쌓인 사진, 낙탄을 치워달라는 원청 관리자의 지시 글, 설비 이상 여부를 점검해 확인하고 보고하기 위해 작업자가 찍어 올린 사진, 특정 구역에 필요한 조치를 해달라는 관리자의 업무지시들이었다. 원청 관리자가 같이 있는 온라인 단체 채팅방은 비공식적인 업무지시서였고, 원·하청 간 지시와 보고가 이뤄지는 장소였다. 발전 비정규직 조합원들은 언론 인터뷰를 할 때 원청이 SNS(카카오톡)를 통해 지시하고, 자신들이 사진을 찍어서 SNS에 올려 작업 결과를 보고해야 한다는 사실을 이야기했다. 김용균이 일했던 태안화력발전소에서 공식적인 업무지시 절차는 생략된 채 일상적으로 카카오톡 업무지시가 내려졌다는 것이 세상에 알려졌다.[7] 단순화된, 그리고 비공식적인 업무지시 방식은 노동자들에게 더 많은 업무지시가 가게 만들고 더 많은 보고를 하게 만들었다.

"일하다 죽지 않게"는 안전에 대한 상징적 문구로 쓰였고, "위험의 외주화를 중단하라"라는 구호는 촛불 문화제에서 늘 울려 퍼졌다. 발전소를 넘어 지역을 통해 전국으로 김용균의 죽음이 파동을 일으켰다. 비정규직들은 광화문에서 1박 2일 노숙농성을 했고, 국회에서는 표류하던 산안법 개정이 그해 12월 24일부터 논의 속도를 내기 시작했다. 발전소 비정규직 노동자들도 이런 경험이 처음이었다. 자신들의 이야기에 귀 기울이는 사람들과 사회를 만난 것도, 자신들이 모이고 나서면 뭐라도 바꿀 수 있다는 가능성을 느낀 것도.

연말의 흥청거림도 새해의 희망도 시민대책위와 동료들에겐 없었다. "죽지 않고 일하고 싶다"는 구호만 남았다. 그 과정에서 크고 작은 의견의 나뉨도 있었고, 토론이 될 때도, 언성이 높아질 때도, 서로 실망할 때도 있었다. 그래도 이태성 씨도, 노동조합도, 조합원들도 계속 결정하고 선택하고 싸워가야 했다.

"제 기억으로는 작업중지권 해제 관련한 문제가 있었어요. 석탄을 저장해주는 저탄장이라는 데가 있는데 자연발화가 생겨서 상탄을 못 하니까 서부발전에서 불가피한 경우라고 현장에 사람을 투입해서 컨베이어 벨트를 돌려야 된다는 얘기를 한 거예요. 조합원들 일부는 방법이 없으니 우리가 현장 들어가서 석탄을 완전 소진시켜서 불난 거를 해결해야 된다고 하고, 일부는 사망사고 난 현장에 지금 들어갈 수 없다고 하고. 이런 게 팽팽하게 갈린 거예요, 조합원 내에서."

아직 현장조사가 안 끝났기 때문에 작업중지를 해제할 수 없는 한국서부발전은 고용노동부에 계속 작업중지 해제를 요구했고, 고용노동부는 민간위원까지 참여시켜서 작업중지를 해제할 것인지 논의했지만 결정을 하지 못했다. 공공운수노조를 포함해 조합 내에서는 의견이 나뉘었다. 언젠가 우리가 다시 일해야 할 곳이고 우리가 가장 잘 아니까 우리가 들어가서 컨베이어 벨트를 돌려야 한다는 입장과 지금 거기를 들어가면 트라우마가 더 많이 생길 거고 다른 방안도 있으니 발전사가 처리하라고 해야 한다는 의견으로 갈렸다.

"긴 얘기 끝에 '우리가 현장에 들어가서 할 수 없다'로 결론을 내렸죠. 근데 결국 발전사가 돈을 들여가지고 포크레인하고 덤프트럭으로 그걸 다 빼내기 시작한 거죠. 기계를 써서 결국 충분히 그렇게 할 수 있었다는 얘기인 거잖아요."

논란을 벌이면서도 현장 노동자들이 자기 결정권을 가지고 현장 경찰조사, 고용노동부 현장실사 같은 것이 끝나지 않으면 우리는 들어갈 수 없다는 기본 입장을 지켰다고 태성 씨는 말했다. 그리고 회사는 사람이 들어가서 작업해야 하는 불가피한 상황이라고 말했지만 결국 비용을 들이면 더 안전하게 일할 수 있다는 것을 확인한 계기이기도 했다. 사람이 삽으로 불을 끄는 게 아니라, 사람이 기계를 사용해서 좀더 안전하게 불을 진압할 수 있다는 거다.

세상에 '원래 그런 것'은 없다. 위험한 요소가 사고와 질병이 되지 않게 할 수 있다. 위험을 사전에 제거하고, 제거되지 않는 위험에는 안전조치를 해야 한다. 그게 되지 않아 김용균은 삶을 뺏겼다. 김용균은 돌아오지 못하지만 다른 김용균들, 우리들의 삶을 지켜야 하는 이들이 나서서 김용균투쟁을 했다. "원래 회사는 그런 거다", "원래 이런 문제는 해결되기 어렵다", "이긴다는 보장도 없는데, 고생하면서 투쟁을 꼭 해야 하냐"라는 말을 없애야 했다. '원래 그런 것'도 없지만, 원래 그런 것이라고 여겨지는 위험의 현장과 부조리한 사회를 우리가 직접 바꿀 수 있음을 많은 이들이 알게 된다면 일터의 죽음이 반복되지 않도록 만들 수 있다.

김용균의 죽음은 '위험의 외주화' '비정규직'을 상징하는 사건이 되었고, 2018년 연말이 다가오고 있었다. 태안은 작은 동네다. 그곳에서 태안화력발전소는 지역 경제든 고용이든 어떤 식으로든 영향을 줄 수 있다. 회식을 자제하면서 직원들이 지역에 나오지 않으니까 지역 경제가 죽는다며 "빨리 떠나라" "이 정도 했으면 되지 않았냐" 이런 말들이 나왔다. 원청의 영향력이었고 원청이 원하는 대로 역할을 해준 일부 사람들이 있었다고 태성 씨는 추측할 뿐이었다.

그럼에도 저녁마다 여기저기서 사람들이 모였다. 서울에서도 추모 문화제가 시작되었다.[8] 그 사이 국회는 부랴부랴 산안법을 개정한다고 난리였다. 2016년 '구의역 김군'의 죽음 이후, 이전부터 하청 노동자들의 산재 문제를 지속적으로 제기했던 노동·시민·사회단체들은 '유해·위험 업무의 도급 금지'를 중심으로 산안법의 개정을 요구했지만 2018년 12월 초까지도 국회 환경노동위원회에는 법안 상정조차 되지 않았다. 그리고 김용균의 죽음이 발생했다.

시민대책위는 위험의 외주화를 중단하기 위해 산안법 개정을 주요 요구로 제기했다. 산재·재난참사 피해 가족들이 모여 기자회견을 하고, 시민대책위와 유족은 국회 대응 투쟁을 시작했다. 결국 산안법이 28년 만에 전면 개정됐다.[9] 안 될 것 같던 법 개정이 이뤄졌다. 그러나 핵심적인 변화가 없는 것이 아쉬웠다. '구의역 김군'도 '김용균'도 도급 금지 대상에 포함되지 않았고, 사업주 처벌의 하한선도 만들지 못했다. 위험의 외주화는 그렇게 쉽게 없어지지 않았다. 반대하는 회사들의 힘도 컸고 눈치 보는 의원들도 있었으니 제대로 개정되기가 어려웠다. 노동자들이 가진 사회적 힘이 아직은 거기까지였다.

이태성 씨는 그래도 28년 만에 법 개정을 하게 한 건 우리의 힘이었고 한 발 앞으로 나아간 거라고 말한다. 부족했지만 변화의 시동을 걸었다는 건 사실이다.

"제가 기억하는 마음은 '어쨌든 산안법 개정을 통해서 사실 우리가 또 뭔가를 만들었구나'라는 게 있었어요. 김용균의 목숨으로 그 법을 개정했으니 '김용균법'이라고 저희가 얘기하기도 했어요. 어쨌거나 유족과 당사자인 우리들이 김용균과 같이 산안법도 개정하고 위험의 외주화를 알리고 이 싸움을 하고 있다[는 게 중요했어요]."

서울 거리로, 광장으로

싸우는 시간이 길어지고 연말이 지나갔다. 태성 씨는 추운 겨울 매서운 바람에 전면에서 싸우는 유가족에게 죄송했다고 한다. 진상규명, 책임자 처벌, 정규직화를 요구하며 같이 싸워온 분들이지만, 유가족들의 시간은 더 힘들었을 거라는 미안함이었다. 정규직화라는 방향은 세워졌지만 정부가 결단을 하지 못하고 시간만 흘러갔다. 유족은 이만큼 싸웠으면 엄청나게 잘 싸운 거고, 정규직화 투쟁은 노동자들의 투쟁으로 만들어가는 것이 태성 씨와 동료들이 유족에게 해줄 수 있는 일이라고 생각했다. 당시 태성 씨는 유족들에게 매일 미안하다고 했고, 유족들은 태성 씨와 동료들에게 고맙다고 했다.

태성 씨는 김용균을 빨리 냉동고에서 꺼내 따뜻한 곳에 뉘이고 싶었다. 그는 "우리[발전 비정규직]는 미치도록 싸웠어요"라고 했다. 조합원의 절반이 매일 집회와 행사에 참가했고, 교대 근무자를 빼고는 어디에서든 뭐든 하고 있었다. 나이트 근무를 끝내고 버스를 타고 서울로 올라오기도 했다. 서울을 가면 더 많은 이들을 만나고 힘을 받는다고 느끼는 조합원들도 있었다. 태안은 물론이고 전국에서 촛불투쟁이 일어났지만 정부는 계속 뭉갰다. 태안에서 김용균과 함께 싸우던 시민대책위는 투쟁의 중심을 태안에서 서울로 옮겼다.

"그러니까 이제 어쨌든 마지막으로 서울로 올라오게 됐어요. 현장 동료들은 서울로 상경해서 할 일이 더 생겼어요. 청와대 앞에서 아침, 점심, 저녁 선전전을 해야 되고 시민들에게 유인물도 나눠줘야 했어요. 우리가 종로라든지 시청이라든지 이런 데 가서 유인물도 나눠주고 분향소도 지켜야 하니까 분향소 지킴이도 필요하고. 분향소에서 잤거든요. 그러다 보니 용균이하고 같이 근무를 했거나 노조에 적극적인 동료들은 더 열심히 하게 됐죠."

광화문광장에 김용균 추모 분향소와 투쟁농성장을 만들고, 김용균의 시신은 서울대병원에 안치해 빈소를 마련했다. 처음에는 서울에 김용균의 빈소를 마련하지 못할까 걱정했다. 이미 광화문광장에는 4·16세월호참사 가족협의회가 세월호 기억공간을 지키는 싸움 중이어서 그 공간을 쓸 수 있을지도 걱정이었다. 그러나 우려와 달리 빈소는 마련되었고, 걱정이 무색하게 세월호 가족들은 흔쾌히 기억공간 옆의 공간을 내주었다. 시민대책위와 서울로 올라온 2019년 1월 22일에 시민대책위 대표단 여섯 명은 단식투쟁을 시작했다. 태성 씨의 미안함이 늘어났다. 태성 씨가 속한 한국발전산업노조(발전노조) 한전산업개발 발전본부 본부장도 28일부터 시민대책위 대표단의 단식투쟁에 결합했다.

그리고 2019년 1월 27일, 고 김용균의 49재에 여섯 번째 범국민 추모제가 진행됐고, 1,000여 명의 노동자, 시민이 모였다. 누구나 그랬겠지만, 태성 씨는 49재 전에 장례를 치르고 싶었다. 투쟁 내내 편한 날은 없었지만 49재 때 가장 힘들었다. 유가족을 안고 싸운다는 건 그랬다. 전면에 선 유가족에게 미안한 마음이 겹겹이 쌓여갔다. 그래서 가끔 딴짓하는 동료들이 미웠고, 노동자를 갈라놓는 이들이 미웠다.

"그래도 제일 미운 건 죽음을 만든 공공기관인 한국서부발전, 그것을 방관했던 산업통상자원부와 정부, 문제 해결을 하겠다고 믿으라 해놓고 안 하고 있는 대통령이었죠."

49재가 지나고 2월 5일 설날 아침, 정부와 시민대책위의 긴 협상이 끝났다는 소식이 전해졌다. 정규직 전환 및 안전대책에 대한 합의가 이뤄졌다. 정부는 석탄발전소 특별노동안전조사위원회(이하 '특조위')를 운영하기로 했고, 정규직 전환 추진 방안을 제시했다. 그리고 책정된 월급의 절반 정도만 받았던 하청 노동자들의 월급을 제대로 지급하게 하겠다고 발표했다.[10]

한국서부발전과 한국발전기술은 정부의 입장 발표 이후 공식 사과문을 일간지에 게재하고 사업장에 분향소를 설치 운영하기로 했다. 정부가 발표한 특조위 활동에 협조한다는 약속, 김용균투쟁과 관련해 하청·재하청 노동자에 대해 불이익을 주지 않겠다고도 했다. 김용균 사고를 기억함으로써 더 안전한 일터를 만들기 위해 추모 조형물을 세우겠다는 약속도 이때 했다.

설날 아침 선물처럼 당정 협의 내용이 발표되었지만 그냥 나온 결과는 아니었다. 합의가 될 때까지 이태성 씨는 광화문에 마련했던 김용균 분향소에서 자주 잤다. 결과를 내오기까지 며칠 동안 정부 측과 협의를 반복했다. 정부와의 협의에는 이태성 씨와 지회장도 같이 참가했다.

태성 씨는 "서울에서 본 진짜 모습"이라는 말을 꺼냈다.

"오래됐고 싸우려는 절실함이 있었던 노조와 신생 노조의 준비되지 않았던 조합원들이 같이 큰 투쟁을 했어요. 그 싸움에서 앞으로 좀더 나갈 때의 두려움들이 현실적으로 체감되면서 작아지는 모습을 경험하는 거죠, 본인들이. 싸우면서 커지는 사람들이 있는 반면, 쪼그라드는 사람도 있었던 거죠."

2월 5일의 합의안이 마련되기 전 여러 이견이 있었다. 협상안에 반대하는 입장도 있었다. 결국 공공운수노조가 최종적으로 합의 여부를 결정하기로 했다. 합의서에는 발전 비정규직들을 정규직으로 전환하는 방안과 시기가 분명하게 명시되지는 못했다. 태성 씨는 합의 결과에 발전 비정규직 노동자들이 책임져야 할 부분이 있다고 했다.

"어쨌든 저는 굉장히 소중한 경험이라고 생각해요. 우리가

진 부분도 있겠지만 우리 싸움이 우리 동력이 여기까지밖에 안 된다는 거를 서로 인정해야죠. 서로 비난하고 탓하지 말자고 했죠. 그런 게 전제가 되어 최종적인 판단을 현장 노동자들이 한 거예요."

명절이 시작되는 아침에 정부와 시민대책위의 합의 사실이 당정 협의 발표라는 방식으로 나오고, 시민대책위는 명절이 끝나면 장례를 치르기로 했다. 15일째 단식투쟁 중이던 시민대책위 공동대표단은 단식을 끝냈고, 유가족과 함께 기자회견을 통해 김용균 장례 일정을 알렸다.

김용균이라는 빛

태성 씨는 당정 협의 내용에 대해 만족한다라기보다는 최선을 다했다고 했다.

"저에게 합의서에 대해 만족하냐고 묻는다면, 최선을 다했다고 말할 수밖에 없죠. 나름대로는 부족하지만 성과가 있다고 생각해요. 부족한 것은 우리 발전 비정규직들이 책임지고 풀어가야 할 부분이고, 발전 비정규직들이 중심을 잡고 잘 서서 싸워야 할 몫이죠. 그래도 조합원 동료들이 인정하지 않았다면 합의는 없었을 거예요. 조합원들은 정부가 그렇게 발표했기 때문에, 빠른 시일 내에 마무리될 거라고 기대했거든요."

갑작스럽게 시작된, 준비하지 않은 투쟁이 진행되었다. 그럼에도 산재가 노동자 탓이 아님을, 김용균의 잘못이 아님을 사회가 인정했기에 당정 협의문이 발표될 수 있었다. 위험의 외주화를 막아야 한다는 공감대도 만들어졌고, 새로운 공공기관을 만들어서 발전소 비정규직들을 직접 고용한다는 약속도 받았기에 만족할 정도는 아니지만 성과라고 했다.

한국발전기술 노조 지회장은 합의 당시 조합원들의 분위기를 이렇게 전했다.

"이제 용균이 장례를 치를 수 있구나. 업무에 복귀하는구나. 여기서 투쟁은 더 없구나. 주변에서 따가운 시선과 말을 듣지 않고 용균이를 보낼 수 있구나. 우리도 태안으로 내려갈 수 있구나."

지회장은 태안에서 서울로 가자고 할 때 반대 의견을 냈다고 했다. 시체 장사를 한다느니, 보상금 때문에 그러는 거라느니 등의 험한 말들도 들려서 신경이 쓰였지만, 도리가 아니라고 생각했다고 한다. 사측으로부터 용균이 잘못이 아니라는 것을 인정받고 그 죽음에 대해 보상받고, 바깥에서 들리는 저런 소리 안 듣고 빨리 정리되면 좋겠다는 게 본인의 생각이었다고 한다. 김용균의 죽음에 많은 이들이 공감하고 아파했지만 그렇지 않은 이들도 있었다. 지회장은 다행히 그 칼 같은 말들이 유족들을 향해 노골적으로 드러나기 전에 합의가 되어서 다행이라고 했다.

합의가 되기 보름 전쯤인 1월 18일에 이태성 씨가 속한 노조이자 정규직 조합원들이 있는 발전노조 태안화력지부가 긴 성명을 냈다. 또 다른 정규직 노조인 서부노조가 직원들에게 이메일로 전송한 〈이제 고(故) 김용균님을 보내주자〉라는 입장문에 대한 성명으로, 사고의 원인에 개인의 부주의를 거론하고, 정규직과 비정규직의 진영논리에 빠지지 말라는 서부노조의 입장에 반대하는 내용이었다.[11] 원청 정규직이 일하는 장소였다면 환경이 달라졌을 것이라며, 유족과 시민대책위 탓에 장사가 안 된다는 양 '이제 그만하라'고 가슴에 비수를 꽂는 데 노동자들이 함께 맞서야 한다고 했다. 외주화를 추진하고 비정규직을 양산한 모든 세력에 맞서는 노동자들의 싸움에 서부발전 노동자도 함께하자고도 제안했다.

> "장사 안 되는 게 마치 유족과 시민대책위 탓인 양, '이젠 그만하라'며 가슴에 비수를 꽂고 있습니다. 세월호 때 봤던 그 모습 그대로입니다. 싸움을 포기하는 유족들 심정이 이해됩니다. [중략] 비정규직이 아니라 정규직 노동자라도 사고를 당할 수 있었을 겁니다. 그러나 원청 정규직이 일하는 장소였다면 근무환경은 상당히 달랐을 것이고 그만

2019년 2월 9일, 고 김용균 민주사회장을 위해
고인이 일했던 태안화력발전소로 향하는 부활도.

큰 사고 위험은 줄었을 것입니다. [중략] 발전소는 연속적
인 하나의 공정입니다. 석탄운송설비, 보일러/터빈설비,
탈황/회처리설비 어느 하나 중요하지 않은 것이 없습니
다. 한 곳이라도 고장이 나면 발전할 수 없습니다.”[12]

합의안이 발표된 후에도 태성 씨는 숨 돌릴 틈 없이 바빴
지만, 민주사회장을 앞두고 감사 인사도 전하지 못했던 많은
이들이 떠올랐다고 한다. 추모제를 가득 채워준 이들, 그 이
름 모를 이들의 발걸음이 가장 먼저였다. 그리고 발전소 비정
규직들, 노동자와 시민의 너른 연대가 없었다면, 유가족이 나

서지 않았다면, 시민대책위의 전국적 활동이 없었다면 불가능했을 그날이었다고 했다.

2월 9일, 이제 진짜 장례식이었다. '김용균이라는 빛' 청년 비정규직 고 김용균 노동자 민주사회장이 거행되었다. 합의 발표 후 장례 날짜 전까지 장례위원으로 3,000여 명이 자신의 이름을 올렸다. 태성 씨는 그게 너무 고마웠다. 태성 씨는 유족들이 흔들린 적은 있을지 몰라도 끝까지 무너지지 않고 버텨주셔서 감사했다고 했다.

"김용균투쟁 내내 가장 고마운 건 김용균의 유가족이고 어머님이죠. 또 함께 계셔줬던 김용균의 이모님도요. 저나 우리 노동자들보다 더 힘들었을 텐데."

김용균의 묘소는 마석 모란공원으로 정했다. 더 평등하고 좋은 세상을 향해 가다가 희생당했거나 자신의 삶을 바친 이들을 모셔놓은 장소다. 마석 모란공원 김용균의 자리는 전태일 묘소 근처로 마련되었다. 전태일의 어머니 이소선 씨의 묘소와도 비슷한 위치다.

태성 씨는 그날, 민주사회장에서 쓰인 "비정규직 없는 세상으로, 김용균과 함께 갑시다"라는 말이 가장 기억에 남는다고 했다.

"사실 다양한 노동형태가 여전히 비정규직, 소외받는 노동으로 있잖아요. 그런데 김용균의 이름으로 비정규직이라는 노동의 실상이 발전소 현장을 통해 조금 알려지게 됐다고 봐요. 용균이가 들고 있던 피켓부터 시민사회장 문구까지 확 연결되는 것처럼. 결국 문재인 대통령은 못 만났지만 그 과정에서 비정규직이 없는 세상으로 용균이는 이제 우리에게 사회적 메시지를 던졌고. 그 길을 김용균과 함께, 김용균을 기억하면서 갑시다, 이런 거요.”

비정규직이라는 고용형태가 낳은 문제점은 많이 제기되어왔다. 그러나 그것이 상대적 박탈감, 불편함, 어려움을 넘어 노동자들의 생명을 위협할 수도 있다는 것은 잘 드러나지 않았다. 이제 김용균의 피켓은 송곳이 되어 우리에게 남겨졌다고 태성 씨는 말했다.

“용균이가 송곳 같은 역할을 했다고 봐요. ‘위험의 외주화’라는 말은 사실 그때 그렇게 많이 알려지지 않았거든요. 용균이 죽음 이후에 ‘죽음의 외주화’, ‘위험의 외주화’가 더 많이 알려졌잖아요. 그래서 이제 더는 노동자들이 죽지 않는 노동환경을 만들어야 된다라는 게 있었던 거죠.”

미안함과 감동의 시간을 지나

62일의 시간이 투쟁 속으로 지나갔다. 이태성 씨는 62일이 지났다고 해서 모든 시간이 끝나는 것도 아닌데 자꾸 그 날짜에서 생각도 마음도 한 템포 쉬게 된다고 했다. 그동안 "너희 회사에서 생긴 일도 아닌데 네가 왜 그러고 다니냐"는 이야기를 자주 들었다. 회사의 압박도 심했다.

"서부발전에서 [제가 일하는] 한전산업개발로 압박이 갔었고, 회사에 저도 한 20년 넘게 있다 보니까 제 동기들 가운데 간부로 올라간 사람들이 많이 있어요. 개인적으로 전화와가지고 '안 하면 안 되냐' '왜 우리 회사 자료를 마음대로 이렇게 내보내냐' [말하기도 했죠]."

정신없던 투쟁의 시기에 태성 씨의 첫째 딸은 고등학교 3학년을 지나고 있었다. 고3인 딸에게 신경도 쓰지 못했고, 집안 경제도 엉망이었다. 그 딸은 이제 대학생이 되어 아빠의 투쟁을 지켜보고 손을 슬며시 잡아주곤 한다. 노동조합에서 친하게 지낸 친구 셋은 옆지기들과 함께 주말마다 서울에서 진행된 범국민 추모제에 모두 참가했다. 태성 씨의 옆지기도 그랬다. 태성 씨를 위해 그런 것이 아니라, 태성 씨와 뜻이 같았기 때문이었다. 같은 생각을 가진 이들이 곁에 있다는 게 고마웠다. 추모제에 참가한 수백, 수천 명이 모두 그들과 같은 생각으로 나왔을 것이라 생각하면 든든했다.

직장을 구하다가 글 쓰는 걸 좋아하니 지역 신문사에 들어갔다가 1년 만에 그곳을 그만두고, 공무원 시험도 쳤지만 낙방하고 들어온 발전소였다. 결혼을 앞두고 만나 뵌 장인어른은 이미 적극적인 노조 활동을 하고 있는 당신의 아들(태성 씨의 손위 처남) 때문인지 "노조만 안 했으면 좋겠다"라는 말씀을 하셨다. 태성 씨는 진심으로 "노조 안 할 거니 걱정하지 마십시오"라고 말했다고 한다. 노조에 관심이 없었던 그는 발전소 현장에서 노조를 만나고 달라졌고, 김용균의 죽음을 만나고는 두려움을 이겨낼 힘도 조금씩 만들어가고 있다.

"이런 큰 투쟁을 해본 적이 없어서 두려움도 있었어요. 근데 우리가 생활했던 게 얼마나 억압받던 삶이었는지, '나도 죽을 수 있겠구나', '내가 될 수도 있었겠다'는 자의식도 생겼어요. 나는 왜 한 번도 문제 제기하지 않았나 하는 생각도 들고. 우리가 과거에 이런 걸 제기하고 2인 1조라도 됐으면 죽지 않았을 텐데 왜 안 했을까."

김용균의 장례식 이후 태성 씨와 동료들은 다시 일하던 현장으로 돌아가야 했다. 발전소 비정규직 노조는 직원들을 대상으로 합의안을 정리해서 현장에 배포했고, 정규직화를 위해 필요한 과정이 무엇인지 발전소마다 다니며 현장 설명회를 했다. 그러는 사이 현장에서 작은 변화들이 생겨나고 있

김용균, 김용균들

었다. 안전에 관련된 TF팀이 만들어졌다.

> "다른 발전사까지는 그때는 확대가 안 됐지만 태안화력발
> 전소는 안전에 관련된 TF팀이 만들어졌어요. 발전사와 협
> 력업체 간의 직접적인 소통구조가 생겼던 거예요. 작업장
> 개선사항이라든지 현장에 이제 근무에 필요한 문제라든
> 가 이런 것들에 대해 직접 협의를 하는 협의체가 생겨서
> 논의를 하기 시작했던 거예요."

김용균 사고 이후 한국서부발전은 태안화력발전소에 안
전TF팀을 구성하자고 노조에 제안했다. 그리고 이어서 원
청 대표이사, 하청업체 소속 사측 대표, 하청업체 소속 노동
자 대표로 안전경영위원회가 구성되었다. 이어서 태안화력발
전소뿐 아니라 발전소마다 원청 본부장, 하청업체 소장, 노조
대표자들이 직접 논의하는 구조가 상설화되었다. 물론 이 기
구들에서 논의되는 내용이 법적 구속력을 갖지는 않지만 하
청 노동자들의 노조 대표자가 원청과 직접 만나서 문제점을
제기할 수 있었다. 발전 비정규직들에게는 원청과의 직접적
소통구조, 직접 교섭 방식이라는 게 큰 의미였다고 태성 씨는
말한다. 하청 노동자들의 이야기를 무시해서는 안 된다는 것
을 보여준 투쟁이 만든 변화였다.

대통령은 결국 유가족과 시민대책위가 만났다. 장례를
치르고 1주일 쯤 후에 청와대에서 만남이 이뤄졌다. 한국서

부발전은 '하청구조로 인한 인력 부족과 안전관리 시스템의 문제로 발생한 사고이고 김용균 노동자의 책임은 없다'라고 이미 인정한 때였다.[13] 이태성 씨는 김용균의 죽음이 헛되지 않았다는 걸 강조했다.

"그즈음에 다른 공장에서도 컨베이어 벨트에 끼어서 사망하신 분이 있었어요.[14] 그러면서 '이런 죽음은 어디에서도 있구나'라는 게 많이 알려지게 된 거죠. '용균이의 죽음'이라고 하지만 사실 용균이 이전에도 이후에도 있었던 죽음들이 우리 사회 한층 바뀌게 했다고 생각하거든요. 느리게라도 세상이 바뀌니까 이런 아픈 죽음들이 알려지기도 하는 거죠."

정부와의 합의에 따라 정규직화를 논의할 협의체가 구성되었다. 합의를 집행하는 과정에서 다른 문제가 발생하지 않도록 세부 조건을 검토하고, 가려고 하는 방향에서 이탈하지 않도록 만든 노·사·전문가가 함께하는 구조였다.

진상규명과 재발 방지를 위해 정부가 약속했던 특조위도 구성되었다. 16명의 조사위원과 23명의 자문위원이 선임되었다. 태안화력발전소뿐만이 아니라 5개 발전사와 전국 11개 석탄화력발전소, 복합화력발전소 2곳을 조사 대상으로 했다. 발전소의 노동안전보건 실태를 파악해 개선해야 할 지점을 정리하고 개선 방안을 담은 권고안을 만드는 것이 특조위

김용균, 김용균들

구성 이유였다.

깜깜함을 만났다

2019년 3월, 국무총리 훈령을 근거로 만들어진 특조위[15]의 활동 시작을 이태성 씨는 이렇게 기억하고 있었다.

"처음 4월 3일날 갔었거든요. 처음에 현장에서 시작해야 된다는 의견을 계속 냈어요. 현장조사 가면서 입장서도 냈죠. 발전소 내에 석탄취급설비, 회처리설비, 탈황설비, 그 다음에 용균이가 일하던 9, 10호기까지 점검을 했죠. 갔다 와서 현장이 동영상에서 보던 것처럼 어둡고 70년대 탄광 같은 분위기였다는 걸 더 느끼게 됐던 거예요. 현장 대기실도 가봤기 때문에 원청하고는 다르다는 것도 알았고요."

현장 노동자들은 특조위에 대한 기대가 있었다.

"현장에서 시작한 거에 대해서 현장 동지들의 반응이 좋았죠. 굉장히 신뢰가 있었던 것 같아요. 어쨌든 이게 국무총리 훈령으로 지정됐다는 거, 그러니까 그냥 일반적인 조사위원회가 아니라 실제로 상당한 권한을 가지고 있는 거에 대해서. 그리고 여기에서 만약에 권고를 내면 그게 정부 측이 수용하는 것도 일정 부분 담겨 있었기 때문에. 그리고 현장에서 이런 거에 대해 한 번도 조사를 한 적이 없었거든요. 그러니까 기대감도 많이 있었고."

태성 씨가 보기엔 정부가 구성한 공식적인 기구로 권한을 인정받은 특조위라는 것이 현장 노동자들에게는 중요했다. 국무총리 훈령으로 특조위 구성 목적과 권한과 역할까지 명시했고, 국무총리실 산하 기구로, 특조위 위원들에게 국무총리가 임명장을 주었다. 그리고 당정 협의 발표문의 1번 조항이 특조위에 대한 내용이었을 정도로 특조위는 정부가 권한을 인정한 중요한 기구였다. 또한 원·하청 대표들은 "특조위 활동에 적극 협력하고 일체의 조사 활동에 응하여야 하며, 조사결과 및 권고사항에 따라 재발 방지 대책을 수립하고 시행한다"라는 합의서까지 작성했으니 결과 이행은 당연하다고 노동자들은 생각했다.

특조위는 발전소에서 왜 사고와 죽음이 계속되는지 제대로 상황을 확인하고, 현실적인 정책을 만들기 위해 정규직·비정규직 노동자들이 모두 참여해줄 것을 요청했다. 특조위원들은 발전소 현장을 이해하기 위해 발전소 구조, 현황, 원·하청 관계 등을 대여섯 차례 공부했다. 그간 드러나지 않았던 발전소의 위험과 재해의 원인을 판단하기 위해 주어진 자료 외에도 현장을 방문하기로 했다. 현장 인원을 포함해 원·하청을 가리지 않고 발전소 전체 구성원을 대상으로 한 면접과 설문조사를 주요하게 고려했다.

특조위는 이렇게 사실을 제대로 확인하고 정리하려 했는데 회사는 달랐다. 특조위 위원들이 현장조사를 간다고 알려지면 현장은 물청소가 되고 탄을 올리지 않도록 하는 등의 조사 방해 조치가 이루어진다는 노동자들의 제보가 있었다. 회사 측의 이런 행동은 무례를 넘어선 범죄였다. 문제가 보이지 않도록 감추고 치워버리는 은폐 행위였다. 설문조사와 개별 면접조사도 문제가 생겼다. 밀봉해서 보낸 설문조사지가 노동자들에게 전달될 때 뜯겨 있거나, 출장을 나간 현장 노동자 대신 관리자가 설문지를 대신 작성했다거나, 제출한 설문지를 검토하는 관리자를 봤다는 증언도 있었다. 설문조사 문항에 대한 회사가 원하는 모범답안이 돌았고, 개별 면접조사에 대한 답변 보고서가 작성되어 노동자들에게 전달되는 일도 있었다.

현장조사, 설문조사, 면접조사 모두 문제였다. 특조위 활동이 중단되었다. 모든 조사 과정에 회사가 개입해서 조사 활동이 제대로 진행될 수가 없는 상황이었다. 특조위가 진행하는 현장면접에 참여하는 사람에게 면접 내용을 녹취하도록 회사가 시켰고, 그 내용이 정리된 파일을 특조위가 발견했다. 그렇게 정리된 내용이 문자로 돌고 있었다. 그리고 객관식 설문조사는 모범답안이 만들어져서 사진으로 전달되었다. 결국 특조위가 발전사의 조직적 방해로 인해 활동이 불가하다는 기자회견을 하고, 정부에 문제 제기를 하고 나서야 현장조사가 재개될 수 있었다.

이런 과정 끝에 진상조사 결과 보고서가 발간됐다. 이 보고서의 발간사에서 특조위 위원들은 "깜깜했다"라는 말로 충격을 전했다.

"처음 태안화력발전소를 찾아 현장을 둘러보았을 때의 기억이 아직도 생생합니다.
일터는 깜깜했습니다.
예상을 뛰어넘었습니다.
위원회의 심정도 깜깜했습니다.
위원회는 그렇게 암울하게 시작했습니다.
그러나 어둠 속에서 빛은 더욱 밝습니다.
한줄금 빛을 비추고 싶은 마음은 그래서 더욱 간절했을지 모릅니다."[16]

다른 이의 안전이 곧 나의 안전이라고. 우리 모두의 문제이기에 우리 모두 함께 풀어가야 한다고 특조위는 보고서에 썼다. 특조위는 개선책과 함께 지속적인 이행을 점검해야 함을 강조했다. 좋은 개선책이 아무리 있어도 시행되지 않으면 아무 의미가 없다는 것을 알기 때문이었다. 석탄화력발전소 권고안 이행점검위원회를 구성해 2년간 이행점검 활동을 하고, 필요한 경우 1년간 연장하도록 제안했다.

월급 떼먹히고 발암물질 마시고

이태성 씨는 특조위가 밝힌 많은 내용 중 떼인 월급, 발암물질, 원청 지시를 중요하게 봤다.

"이렇게 많이 월급이 떼먹히는 건 몰랐어요. 더 충격적이었던 건 내가 이렇게 많이 1급 발암물질을 마시고 있다는 거였어요. 몰랐어요. 알려주지 않았거든요. 그리고 이렇게 많이 다친다는 것도 몰랐어요. 원래 산재가 97퍼센트 이상 하청업체에 집중되어 있다고 했는데, 그것보다 더 많은 사람이 다친다는 것. 그리고 그걸 [업무로 인해 부상이나 질병이 생겼을 때, 산재처리를 하지 않기 위해 회사가 치료비, 급여 등을 지급하는 경우인] 공상처리로 가려서, 산재를 은폐하고 있었고요. 원청 지시에 의해서 사고가 날 수 있다는 걸 처음으로 확인했다는 것도 충격이었어요. 그러니까 원청이 강압적으로 일을 시키는 것 때문에 산재가 더 많이 일어날 수도 있다는 사실이 좀 충격이었죠."

월급이 떼먹히는 걸 몰랐다는 그의 답변은 의아했다. 본인의 월급이 어떻게 나온다는 걸 전혀 몰랐냐고 되물어봤다. 원청은 하청과 계약할 때 필요한 기술등급의 인원수까지 정해놓고 등급별 급여도 정해놓는데, 정해놓은 인원과 급여를 곱하면 노무비 설계 금액이 된다. 그러나 노동자들은 실제 인원수와 금액을 알 수 있는 자료를 본 적이 없었다 한다. 특조위에서 구한 자료를 보고 태성 씨도 자신의 월급을 확인해봤다. 그의 임금은 연 7,000만 원 정도로 설계되어 있었지만 실제로는 4,200만 원 정도의 연봉을 받았다.

하청업체는 발전사와 계약을 할 때 이윤과 일반관리비를 책정해서 제출하는데 많은 하청업체가 이윤과 일반관리비를 '0'으로 해놓은 것이다. 계약만 성사된다면 뭐든 할 수 있다는 의지의 표현일까. 결국 서류상 '0'원으로 되어 있던 이윤과 일반관리비를 채우기 위해 노무비에서 착복하는 구조가 생긴 것이다. 월 520여만 원을 받는 노동자로 설계되어 있던 김용균은 220만 원의 월급으로 살았다. 하청회사들이 노동자들의 임금을 빼서 다른 곳에 쓴다는 걸 원청이나 정부가 몰랐을까. 발전소 하청업체들이 공공기관인 원청과 맺은 계약서는 '우리 회사는 관리비도 안 들고, 이윤도 필요 없으니 일만 하게 해주세요'라고 쓰인 셈인데, 그것이 불가능한 일임을 누가 모를까. 김용균투쟁이 있기 전까지 발전사는 하청업체에 시정을 요구한 적도 없었다. 알고도 모르는 척했다면, 그들도 하청 노동자 노무비 착복의 공범일 뿐이다.

특조위 조사 후에야 뒤늦게 내 월급을 하청회사가 가져갔다는 걸 알았다. 특조위에서도 개선을 요구했고 정부도 노무비 삭감없이 지급하겠다고 밝혔다. 그러나 회사는 당시 다른 주장을 했다고 한다.

"복지성 임금도 다 월급[명세서]에 별도로 표시된다는 거예요. '퇴직금, 연차비, 사택, 학자금 그런 게 다 임금에 포함되어 있다. 그래서 네가 받은 임금은 실제로 4,000여만 원밖에 안 되지만 나머지 플러스 금액들이 있잖아[라고 회사는 말했어요].'"

2022년 2월 현재, 임금 착복 문제는 정규직이 될 가능성에 따라, 경상정비 부문 노동자와 운전 부문 노동자의 처지가 달라졌다. 경상정비 부문의 노동자들은 원청이 월급 전용 계좌로 원청이 하청업체에 인건비를 보내주기 때문에 착복이 안 된다고 한다. 전용 계좌이니 월급 말고 다른 곳에 쓸 수 없다. 그런데 운전 부문의 노동자들은 여전히 그 돈이 월급 전용 계좌가 아닌 회사 통장으로 입금되고 있다고 한다. 이건 또 왜 다른 걸까? 태성 씨의 이야기에 따르면 경상정비 부문은 정규직화를 하지 않을 거라서 전용 계좌로 월급을 넣어주지만, 운전 부문은 언젠가 정규직이 되면 노무비 착복이 없어질 테니까 굳이 월급 전용 계좌를 쓸 이유가 없다는 것이 정부와 회사의 답변이라고 한다. 발전소 운전 부문 노동자들이 언제 정규직이 될지 모르는 상황에서 계속 월급을 떼이면서 정규직이 될 수 있다는 꿈만 꾸고 있으라는 이야기였다.

그래도 700쪽이 넘는 특조위 조사 보고서가 나와 정부에 전달된 후 발전소 현장에는 일부 변화가 생겼다. 깜깜했던 현장 조명이 밝아지고 원·하청의 산재가 통합 관리되고, 안전펜

스와 방호 울타리 등 시설이 나아졌다. 2인 1조를 할 수 없었던 부족한 인원도 비정규직이지만 신규 채용으로 일부 보충되었다. 미미한 변화지만 반가운 변화였다. 현장에서는 또 다른 변화가 가능할 것이라는 기대가 생겼다.

근본적인 해결은 안 됐지만 김용균투쟁이 있어서 노동환경이 일부 개선되었다는 것을 신입 직원들도 알고 있다고 지회장은 말했다. "신입 직원들이 들어오면 안전교육을 하면서, 김용균 이야기를 하죠. 김용균을 화두로 설비가 나아지는 과정도 이야기하고, 나아진 설비라고 해도 100퍼센트 안전한 건 없으니 계속적인 개선을 이야기하죠."

김용균의 죽음 이후에도 태안화력발전소에서 컨베이어 벨트 끼임 사고가 발생했지만, 2인 1조로 작업 중이어서 다행히 한 명이 비상장치를 작동해 사망으로 이어지지 않았다. 설비를 바꾸거나 작업 방식을 개선하고 인원을 충원하는 것만으로도 좀더 안전하게 일할 수 있다는 걸 확인한 사건이었다. 그 작은 변화들이 반가우면서도 다만 안타까운 건 변화조차도 차별적으로 진행되었다는 점이다. 사람들의 관심이 쏠리는 김용균이 일했던 현장 위주로만 개선된 것이다.

태성 씨는 특조위가 내놓은 22개 권고안 중에서 고용구조 개선이 꼭 이행되어야 한다고 봤다. 원청 때문에 산재가 더 발생할 수 있다는 게 밝혀졌기 때문이다. 고용구조가 개선되지 않고서는 어떤 것도 바뀔 수 없다는 거다. 원·하청으로 나뉘어 있지 않다면 업무지시와 보고, 개선 요청이 바로바로 가능했을 것이다. 비정규직 4명의 죽음은 정규직 1명의 죽음과 같다고 안전점수를 매겨놓는 일이 없어져서 안전에 차등을 두지 않았을 것이다. 원청사는 우리 직원이 아니니 안전에 신경 써야 할 책임이 없다고 말하지 못할 것이고, 하청사는 우리 시설이 아니니 내가 개선할 수는 없다는 핑계도 대지 못했을 것이다. 원·하청 간의 계약이 곧 나의 일자리 유지 기간이 되니 하청 노동자들은 기본적인 권리조차 눈치를 보게 되고 산재가 은폐되고 반복된다.

《발전산업 안전강화 방안 이행점검 보고서》에 따르면 원·하청 구조에서 기인하는 구조적 원인을 중심으로 고용·임금구조 개선, 노동자 참여권 보장, 시설 개선, 안전보건 관리체계 구축, 관리·감독과 법제도 개선을 담은 특조위 권고안에 대한 취지가 잘 이행되지는 못했다.[17] 석탄화력발전소의 기술적·제도적 개선은 일부 이뤄졌고 발전 5개사가 3년간 5조원이 넘는 비용을 투여했지만, 2022년 2월 현재도 김용균의 동료들은 비정규직이고 하청업체에서 월급을 받고 있다. 발전사 2차 하청업체에서 노무비 착복 문제가 다시 드러났고, 2인 1조를 위한 신규 채용자는 뽑았지만 계약직이거나 기간제 노동자다. 조명은 밝아졌지만 유해가스 발생 작업에서도 산소마스크는 지급되지 않았다. 보건관리자인 간호사는 촉탁직 시간제다. 사실상 소통의 어려움, 위기관리의 분산, 권한과 책임이 분절된 작업 방식과 고용구조가 유지되고 있다. 현장 노동자들의 목소리를 체계적으로 수렴하고 반영할 창구가 없는 등 노동자들이 현장 위험 요인을 제기하는 절차에 참여하는 것도 보장되지 않고 있다.

변한 듯 했지만 변하지 않는

김용균 사고로 인해 태성 씨 역시 트라우마 치료를 받고 투약과 상담 치료를 병행했다. 김용균투쟁이 마무리되면서 상태가 좀 나아졌지만, 그래도 그는 아직 항상 약을 가방에 넣고 다니며 병원 치료를 계속하고 있다. 큰 투쟁이 끝났지만 온전히 일상으로 돌아갈 수 없었다. 어떨 때는 문득문득 두서없이 생각이 나고, 약을 먹지 않으면 버틸 수가 없고 잠을 자지도 못한다.

회사의 변화는 더뎠다. 특히 작업자에게 산재 발생 책임을 미루는 건 여전했고 현장 동료가 가해자로 몰리기도 했다. 2020년 9월, 태안화력발전소에서 석탄을 끌어 올리는 스크루에 문제가 생겼다. 수리를 위해 2톤 무게의 스크루를 옮기려 차에 싣던 중 스크루가 떨어졌고, 화물 노동자가 깔려서 목숨을 잃었다. 재해 발생에 대해 제대로 확인이라도 한 건지 알 수 없지만, 회사는 사고 현황 보고를 위한 내부 문서에 '개인' 귀책 사유라고 명시했다. 그리고 화물 노동자의 차에 스크루를 실어주고 자리를 떠난 하청 노동자에게 책임을 물었다. 그 하청 노동자는 이태성 씨와 같은 회사 노동자였다. 태성 씨는 직장 동료에 대한 원청의 책임 몰아가기가 어이없다고 했다.

애초에 스크루는 이중으로 쌓아서 이동시키면 안 되고, 둥근 스크루가 떨어지지 않게 크레인 등을 이용해 차량에 묶을 수 있도록 잡아줘야 하는데 그런 설비를 회사는 배치하지 않았다. 화물 노동자는 혼자서 차량에 스크루를 묶기 위해 끈을 이리저리 잡아당겨야 했고, 옆에는 지켜보는 관리자들이 있었다. 스크루를 차에 실어준 하청 노동자, 실린 스크루를 옮기는 특수고용 노동자는 시키는 대로, 요청한 대로 일을 했을 뿐인데 산재 발생의 책임이 그들에게 지워졌다. 산재 발생의 이유에 대한 회사의 인식은 김용균 사고 이전과 달라진 게 없다고 태성 씨는 이야기했다.

그해 말, 또 다른 석탄화력발전소에서 화물 노동자가 물품을 싣고 내리는 부가적인 일을 하다가 사고가 났다. 운전 노동자는 부가 작업을 할 필요가 없지만, 발전소에서 작업 과정에 필요한 부가 작업은 그냥 화물 노동자들의 몫으로 주어져 있었다. 하지 않아도 될 일을 회사가 시킨 것이다. 그런데 발전사는 잘못을 선뜻 인정하지 않았다. 고인의 사망 후 유족은 발전 비정규직 노동자들과 여기저기 다니며 호소하고 요구하고 투쟁했다. '화물 노동자에게 상·하차 업무를 전가하지 않겠다. 안전시설과 장비를 마련하고 보강하겠다'라는 내용으로 사망사고 18일 만에 발전사와 합의가 이뤄졌다. 고인의 아들은 그제야 아버지의 장례를 치를 수 있었다.

발전소 비정규직의 정규직 전환 약속은 태성 씨를 가장 고통스럽게 하는 숙제다. 정부의 약속은 2년을 지나 3년째 이행되지 않고 있다. 발전소에서 비정규직들이 하는 업무는 생명안전 업무이고 필수유지 업무여서 노동조합의 파업권도 제한할 만큼 중요한 업무라고 했다. 그런데 왜……. 협의도, 행동도 할 만큼 했는데, 이제 뭘 더 해야 하는 걸까 태성 씨는 생각한다. 김용균 죽음의 책임을 가리는 재판은 더 가관이었다. 한국서부발전, 한국발전기술이라는 두 법인과 이 법인들의 경영 책임자, 유관자 12명의 업무상과실치사, 산안법 위반을 다루는 형사재판은 2022년 2월에야 1심이 끝났다.[18] 유가족과 시민대책위가 2019년 1월에 김용균의 죽음이 벌어진 진상을 밝히고 책임자를 가리기 위해 원·하청 법인과 유관자들을 고소·고발했지만, 2020년 8월에야 검찰 기소가 이뤄졌다. 태성 씨는 재판 방청을 가서 발전사의 행태를 보면 약을 먹지 않을 수가 없었다.

　　"자기들 책임이 없다고 하고, 여전히 용균이가 마치 안 해야 될 일을 한 것처럼 말하고, 또 현장에서 그렇게 일을 할 수밖에 없는 상황들에 대해서 여전히 당당하게 얘기하는 게……."

　　김용균 죽음에 대한 책임자 처벌을 위한 형사재판은 사건이 발생하고 3년이 지나서야 1심이 끝났다. 재판 과정 내내 회사 측 피고인들은 왜 김용균이 죽었는지, 왜 노동자들이 그렇게 일하는지 자신들은 이해할 수가 없다고 했다. 사내에 공지하고 언론에 실렸던 사과문은 없었던 일처럼 김용균의 사고가 있었다는 사실 외에는 인정한 게 없었다. 공항의 캐리어 벨트만큼 안전한데 왜 사고가 나는지 모르겠다는 피고인의 말 때문에 태성 씨의 속이 뒤집어졌다. 원청 대리인은 원청 본사는 떨어져 있고 김용균이 원청 직원도 아닌데 왜 원청이 책임을 져야 하느냐고 했다. 왜 꼭 그런 자세로 일을 했느냐고, 누가 그렇게 가르쳤냐며 되묻기까지 했다. 회사는 금지한 사항을 작업자들이 임의로 행한 게 아니냐는 식이었다.

현장에서 일하는 노동자들이 증인으로 나왔다. 그들은 "와서 보면 안다. 그렇게 일해야만 가능하다"라고 대답한다. 발전사에서 점검구에 고개와 몸을 밀어넣고 일하지 않도록 작업환경을 만들어주지 않는데 어떻게 일을 하란 말인가. 태성 씨는 재판장에 앉아 있으면 화가 솟구치고 막 소리를 치고 싶다고 했다. 어느 날은 법정 소란죄로 쫓겨나더라도 "지금 회사 변호사가 말하는 건 거짓말이다"라고 말하고 싶은 욕구가 밀려온다고 했다.

"회사가 발뺌하고 비싼 변호사 쓸 거라는 것도 예상했지만. 그건 얄미운 거고, 제가 더 화가 나는 건 누구보다도 더 뜨겁게 싸워야 되는 현장에 있는 사람들, 그 사람들이 주체로 서지 못하고 함께하지 못하는 상황인 것 같아요."

2021년 12월 21일, 결심공판이었던 10차 공판에서 검찰은 "산업재해는 기업 운영에 당연히 수반되는 비용의 문제가 아니다. 반성과 책임이 없는 사회에서 산재 근절과 안전한 환경은 없다"라고 말했다. 다시는 누구도 일하다 죽지 않기를 바란다며 원청 대표이사와 원청 태안발전본부장, 하청 태안사업소장에게 징역형을 구형했다. 원·하청 법인에는 각각 벌금 2,000만 원, 하청업체 대표이사에게는 징역 1년 6월 등 피고인 전원에게 벌금 700만 원~징역 2년의 구형이 내려졌다. 검사의 구형은 기대보다는 적었다. 그렇지만 법정에서 검사의 최후변론을 통해 "다시는 일하다 죽지 않기를"이라는 말을 들은 것도, 원청이 하청업체보다 더 많은 권한을 가지는 만큼 책임도 크다는 의미의 구형도 변화였다.

마지막 판사의 결정만이 남았다. 피고인들을 엄중 처벌해달라는 1만 371명의 의견서는 2022년 1월 20일 재판부에 전달됐고, 2022년 2월 10일 1심 선고가 내려졌다. 원·하청 법인은 각각 벌금 1,000만~1,500만 원, 하청 대표이사를 포함한 원·하청 피고인들 13명은 벌금 또는 집행유예 선고를 받았다. 한국서부발전 원청 대표이사는 무죄 선고를 받았다. 재판부는 양형 이유를 이렇게 밝혔다.

"한국서부발전의 태안발전소는 과거 여러 차례 유사한 사망사고가 발생하였고, 한국발전기술이 용역업무를 수행하는 다른 사업소에서는 불과 5개월 전에 2회에 걸쳐 근로자가 협착되는 사고가 발생하였음에도 이 사건 사고를 막지 못하였다. 또한 한국서부발전은 자신들의 설비에 대한 안전조치를 제대로 이행하지 못하였고, 자신들의 근로자가 아닌 협력업체 소속 근로자에 대한 충분한 안전보호조치를 갖추지 않았다. 실무자들은 절차와 지침서에 반하는 위험한 작업이 이루어지고 있음에도 이를 방치했고, 결정권자들은 그러한 현상을 미루어 짐작할 수 있었음에도 실무자들을 제대로 관리·감독하지 않았다. 피고인들 개개인의 안전조치의무 위반행위들이 모여 이 사건 사고를 유발했다. 한국서부발전과 한국발전기술 피고인들은 공판 과정에서 서로 상대방의 잘못으로 사고가 발생했다고 주장하거나 피해자의 비정상적인 행동으로 인해 사고가 발생하였다고까지 주장하였는데, 외동아들을 잃은 피해자의 유족들이 받았을 정신적인 고통이 적지 않았을 것으로 보인다."[19]

선고 당일 재판을 참관한 사람들은 재판부의 양형 이유를 듣고 더욱더 원청사 대표이사에 대한 무죄선고가 이해되지 않았다. 사람이 죽었는데 실형이 한 명도 없는 재판이었다. 태성 씨는 선고가 끝나자 진행된 기자회견에서 울부짖었다.

"누가 일터에서 죽고 싶겠습니까. 그러지 않게 해달라고 했던 거 아닙니까. 유가족과 우리는 싸울 것입니다."

우리가 같은 사무실을 써야 한다고?

세상은 이렇게 변한 듯 변하지 않고, 변하지 않을 듯 또 변해간다. 발전사의 변하지 않는 책임 회피에 지치다가도 중대재해처벌법을 제정하게 한 사회적 공감과 힘을 생각하면 '이렇게 하나씩 변해가는 거지'라는 생각도 든다. 특히 코로나19 상황은 '나의 안전과 당신의 안전은 연결되어 있다'는 것을 분명히 느끼게 해주었다. 완전히 다른 세상에 사는 존재가 아니라면 혼자 살아갈 수는 없으니까.

코로나19가 모든 일터를 휘감을 때 발전소도 비상이었다. 발전소에서 일하는 사람들이 자가 격리 대상이 되면 전기 생산에 문제가 생기니 회사에서는 직원들을 관리했다. 발전소마다 비정규직이든 정규직이든 일하는 모든 이들을 관리했다. 출퇴근하고 있는 거주지를 벗어나면 무슨 일로 어디를 몇 시에 갔다가 언제 돌아왔는지를 회사에 신고해야 했다. 같이 살고 있는 가족도 조심해야 하는 건 마찬가지였다. 최대한 동네를 벗어나지 않으려고 다들 노력했다. 간혹 가족 중 확진자가 생기면 발전소에 비상이 걸렸다. 코로나19 상황은 그렇게 모두에게 위기라고 생각했고 같이 극복해야 하는 어려움인 줄 알았다.

정부가 발전소의 안정적 운영을 위해 필수 업무자 백신 접종을 하라는 방침을 정했다. 산업통상자원부는 발전소마다 백신 접종 명단을 올리라는 공문을 내려보냈다. 안정적인 전기 공급을 위해 코로나19를 예방해야 할 의무가 발전소 노동자들에게 있었다. 발전소 정규직 동료들은 그렇게 백신을 접종했다. 발전소에서 석탄을 운반하고 후속 처리를 하고 정비하는 하청 비정규직은 백신 접종 명단에 들어가지 않았다. 발전사들은 하청 비정규직들을 제외하고 정규직들 명단만 올렸다. 하청 비정규직이 없으면 발전소는 멈추는 상황인데 이들은 필수 업무자도, 백신 접종 대상도 아니었다.

"현장 동료들은 의식이 많이 갖춰져 있어요. 예전에는 그냥 원청이니까 시키면 해야 된다고들 했었는데, 이제는 부당한 건 이야기하고 의사표현도 정확히 하려고 하고 욕도 해요. 이제는 바뀌어야 된다는 의식들이 있는 거예요. 그런데 코로나 백신 접종 때 보면 발전사의 원·하청 차별 문화는 아직도 깊이 남아 있는 것 같아요. [하청 노동자들을] 예전같이 막 대할 수 없는 존재라는 건 알고 있지만, 여전히 원·하청 관계에서 원청이 더 우위에 있다는…….

이태성 씨는 그게 차별의 문화, 힘의 문화라고 했다. 산업통상자원부도 마찬가지다. 공문에 딱 한 줄, "하청회사 직원들도 대상 명단으로 정리해서 보고하라"는 말을 왜 넣지 않았을까. 순서대로 접종하는 것도 아니고, 하청 비정규직은 정규직과 같은 발전소에서 매일 일하는데 접종 대상으로 생각해보지도 않았다니. 뒤늦게 그런 상황을 알게 된 태성 씨는 화가 났다. 처음 이태성 씨를 만났을 때 그가 가장 먼저 꺼낸 이야기가 백신 차별이었다. 발전소가 좋아진다고 하는데 그건 단편적인 것이며, 중요한 것들이 변하지 않고 있다고 했다.

한국가스공사 비정규직들이 공공기관 비정규직의 정규직화 정책 이행을 요구하며 단식투쟁을 하던 때 이런 이야기를 한 노동자가 떠올랐다.

"꼭 정규직이 되어야 되느냐는 질문에 대해 [답하자면] 꼭 정규직이 되어야 한다고 생각해요. 제가 비정규직으로 일하다 보니까 사람이 나눠지더라구요. 자존감 없어진다는데, 진짜예요. 점점 사람이 쪼그라든다고 할까요. 노동자가 둘로 나눠지고 을은 위축되고 갑은 갑대로 비정상적으로 돼요. 정규직 전환 이야기 나왔을 때 정규직 직원이 그러더라구요. '소장님하고 저하고 한 사무실에서 일해야 됩니까?' 우리를 다른 종류의 인간으로 생각하는 상황으로 왔어요."

아직 '김용균과의 약속을 지키려면 먼 길을 가야겠구나' 하는 생각이 들고 그럴 때마다 태성 씨는 무너지지 않기 위한 노력을 한다. 가방 속의 약은 그래서 아직 빼놓을 수가 없다. 넘어온 산도 있지만 넘어야 할 산이 또 앞에 줄줄이 기다리고 있으니까.

김용균, 김용균들

일하다 아프지 않게, 일하다 죽지 않게

남겨진 과제도 많고 변화시켜야 할 것들도 많지만 김용균투쟁은 일터와 사회에 질문과 변화를 가져왔다. 당연하다고 생각하지 않게 하는 것부터가 변화다. 김용균투쟁은 비용보다 안전을 우선하고, 이윤보다 생명을 가치 있게 여기는 사회로 나가자는 움직임을 만들었고, 그 힘으로 김용균재단을 남겼다. 김용균의 동료로서 김용균재단의 운영위원이 된 이태성 씨는 김용균재단이 할 수 있는 역할이 많다고 생각한다.

"지금도 매일 만나야 하는 '김용균의 또 다른 이름들'을 기억하게 하고 열악한 노동을 바꿔가는 역할을 했으면 하죠. 사고 현장도 달려가고 노동자들 옆에 서 있어주고 유족들도 만나서 위로하고 힘을 주고……."

다른 이들이 당한 재해가 나의 일이라는 공감대를 만들어내는 것, 더 많은 부를 챙겨가는 기업이 사회적 책임을 가지도록 만드는 것, 권리를 박탈당하는 불안정 노동자들의 존재가 당연한 것이 아님을 제기하는 것 등 하고 싶은 말과 해야 할 일이 많다는 태성 씨.

지난 2년간 많은 이들과 연대하고 활동하면서 발전사와 정부가 이행하지 않은 것들을 이행하도록 촉구하는 활동에 이태성 씨는 집중했다. 그것이 김용균재단이 해야 할 지금의 숙제라고 했다.

"반쪽짜리라고 하지만 산안법도 통과되고. 통과되지 못할
거라 예상했던 중대재해처벌법도 통과되고, 사업장 모습
들도 변해가고. 유족들을 바라보는 시선도 달라지고 있고.
정규직화가 안 되면 우리가 차라리 문재인 정부의 실패작
으로 남으면 된다는 얘기도 했어요. 큰 싸움이었고 정부도
인정했던 여러 가지 대책들을 내놓았지만 그게 결국은 공
허한 메아리가 됐다라는. 그런 실패는 이게 정부의 민낯이
라고 얘기하는 거잖아요."

원청회사인 한국서부발전이 2년 동안 이행하지 않던 약
속 중 하나인 김용균 추모 조형물이 2021년 4월 28일, 태안화
력발전소 정문 앞에 세워졌다. 2.2미터 높이의 조형물은 출근
하는 김용균을, 퇴근하는 김용균들을 담아서 만들어졌다. '잊
지 말자'는 추모 조형물을 세우기까지 2년이 걸린 지난한 과
정이었다.

김용균의 추모 조형물에는 두 개의 문구가 새겨져 있다.
두 개의 문장을 만들어내기 위해 이태성 씨를 포함한 김용균
재단 운영진들은 머리를 맞댔다. 한 글자 한 글자 고심하고
문구를 이리저리 수정하며 완성된 문구다.

"일하다 아프지 않게 죽지 않게."

"2018.12.10. 태안화력발전소 비정규직 김용균은 위험이 외주화된 죽음으로 산안법 개정· 기업처벌법 제정 운동의 마중물이 되었다. 노동자의 존엄과 건강하게 일할 권리를 위해 김용균을 기억할 것이다."

김용균 추모 조형물 주변에 추모와 기억의 염원을 담은 꽃을 고르느라 유가족은 하루종일 발품을 팔았다. 너무 어둡지 않았으면 좋겠고, 화려하지도 않았으면 좋겠고, 초라하지도 않았으면 좋겠다는 참으로 어려운 느낌만을 붙들고 여러 곳을 돌고 돌아 골라온 꽃들이 추모 조형물을 둘러싸고 있다.

이태성 씨는 김용균과의 약속을 끝까지 지키겠다고 약속했지만, 3주기 추모 주간까지 그 약속을 지킬 수 있을지 잘 모르겠다고 했다.

"[용균이] 네가 피켓을 들었던 의미를 반드시 만들어가고 너를 기억할 수 있도록 하겠다고 했고, 어머님도 우리가 함께 잘 있겠다고. 그러니 너는 편안하게 좋아하는 노래 들으면서 하늘에서 있었으면 좋겠다고 얘기는 했는데 사실 좀……. 두려워요. 내가 그 약속을 다 지키지 못할까 봐. 저는 제가 실패를 하든 아니면 마침표를 찍어야 된다고 생각했어요. 그래서 용균이한테 언젠가 가서 '내가 죽으라고 싸웠지만 실패할 수밖에 없었다'고 그냥 그 마음을 이야기하고 싶어요. 그럼 용균이는 알아줄 거라고 생각해요."

나와 우리의 이야기

발전소 비정규직들은 자신들 앞에 놓인 복잡해 보이고 피하고 싶은 문제들 앞에서 노동자들의 요구를 모으고 문제 해결의 중심에 서려고 노력하고 있다. 김용균투쟁이 자신들에게 가르쳐준 것 중 하나는 문제가 있다면 이야기하고 주체가 되어 문제를 제기하고 행동하라는 것이다. 그러면 함께할 이들이 생기고 해결 방법도 생긴다.

"비정규 노동자가 요구한다는 게 얼마나 힘이 없는지 경험하다가, 이번 투쟁에서는 힘이 있구나 하는 걸 느낀 때가 많죠. 특히 켑스[한국발전기술] 동지들은 더 느꼈을 거예요. 회사를 안 나가도 월급이 보전되고, 트라우마 치료도 받을 수 있었고. 결과는 좀 그렇지만 정규직화 논의도 계속 이야기돼서 나왔고. 우리가 싸우니까 힘이 생긴다는 생각은 했을 거예요."

태성 씨는 솔직히 이제는 밀린 빚을 갚고 싶은 개인적 바람도 있다고 했다. 아이들과 시간도 같이 보내고 대화도 많이 해야 하는데 그러지 못해 미안했다.

"가족들에게 밀린 빚. 투쟁 이후에 간혹 여행이라고 나섰지만 매번 전화통을 붙들고 살았어요. 일상이라는 것이 없었어요."

일상이 뭔지 알지 못할 상황이 되었지만, 일상으로 돌아
가고 싶다는 것은 지금처럼 계속 살아간다는 게 힘들다는 이
야기다. 태성 씨는 얼마 전 태안화력발전소에서 서울로 근무
지역이 달라졌고 가족들과 떨어져 혼자 서울에서 지내고 있
다. 언젠가 다시 태안으로 돌아가야 한다. 그러나 그도 알고
있다. 투쟁이 아직 끝나지 않았다.

"또 투쟁이라니 싫지만……. 피할 생각은 없어요. 다시 이
런 투쟁을 하고 싶지는 않아요. 이제는 죽음에 분노하며
세상을 바꾸는 싸움은 그만하고 열사도 희생자도 그만 나
왔으면 좋겠어요. 열사를 보내고 이런 싸움보다 사람을 살
리는 그런 진짜 투쟁을 하고 싶어요."

2021년 9월 4일. 용균이가 떠난 지 1,000일. 태성 씨는
용균이와의 약속을 언제쯤 지키게 될까를 생각했다. 그런데
이제 2021년 12월 10일, 3주기가 지나고 해가 또 바뀌었다.
그는 해가 바뀌기 전 용균이가 좋아했던 노래가 담긴 CD를
사다가 묘역에 놓아주었다.

"부모로서 돈 많이 벌어서 좋은 대학을 보냈어야 하는데,
열악한 일터로 안 보냈어야 하는데 울 자격도 없다던 용균

의 어머니. 유가족인 어머니에게 그만 죄책감을 내려놓으
시라 말씀드리고 싶어요.”

이태성 씨의 말처럼 잘못된 세상에서 유가족과 동료들이
책임을 떠안고 살아가고 있는 게 지금이다. 김용균은 살아남
은 우리에게 그런 세상을 바꾸라고 말하고 있다.

“좋은 일자리는 누구라도 갖고 싶어해요. 저도 두 딸이 있
고 그 아이들이 하고 싶은 일을 하면서 살 수 있기를 바라
죠. 그런데 어떤 일자리가 좋은 일자리인지 묻고 싶어요.
대기업이 좋은 직장일까요? 월급 많이 주는 곳이 좋은 직
장일까요?”

태성 씨의 이야기처럼 대기업이라 월급은 많이 주지만
권리는 없는 곳이면 어떨까. 공공기관이라 일의 의미와 안정
성을 기대했는데 경쟁에 내던져져 있다면 어떨까? 일터괴롭
힘이 난무하는 직장, 갑질이 일상인 일터, 야근과 특근이 기
본인 현장, 노동시간은 고무줄이라는 회사, 사고 예방보다는
보상금액으로 조치하는 일터, 능력에 따른다며 동료간 경쟁
이 필수로 장착된 직장, 성과에 기초한다며 직원을 쥐어짜는
회사…….
　　사회가 열악한 일터를 계속 용인한다면 열악한 일터는
어디에나 있을 거다. 그리고 누군가는 거기서 일하게 된다.

내 가족이 그 일자리를 피할 수 있을지 몰라도 다른 이의 가족이 그곳에서 일하게 된다. '내가 김용균이다'는 그런 마음이다. '우리가 김용균이다'는 그 문제를 해결하는 방법이다. 김용균투쟁은 모두의 싸움이었고, 또 다른 김용균들과 앞으로도 해나가야 한다. 가끔은 피하고 싶어 잠시 쉴 수도 있지만 회피하지는 않을 것이다. 태성 씨와 우리 모두는 그렇게 모든 김용균들과 함께 계속 살아가고 투쟁하고 세상을 바꿔나갈 것이다.

짧은 인터뷰:

문화활동가 신유아, 이사라의
김용균투쟁

2018년 12월 11일 김용균 노동자의 죽음이 알려지고 난 후, 전국 각지에서 추모 행사가 이어졌다. 강원, 경기, 구미, 광주, 부산, 충남 등 6개 지역에는 지역대책위가 꾸려지고 추모 문화제를 열었다. 경남, 대구, 대전, 울산, 인천, 전남, 전북, 제주, 충북에서도 지역 거점에 분향소를 설치하고 촛불 문화제를 진행했다. 특히 사고가 발생한 발전소가 위치한 태안에서는 2018년 12월 13일부터 2019년 1월 21일까지 매일 추모 문화제가 열렸다. 시민대책위가 꾸려지고 나서는 2018년 12월 22일 1차 범국민 추모제를 시작으로 2019년 1월 27일 49재 및 6차 범국민 추모제를 진행하는 등 유례없는 추모 행렬이 이어졌다.

김용균투쟁은 다양한 연대 세력이 결합한 싸움이다. 김용균투쟁 백서에도 그 수많은 주체를 다 담아내지 못했다. 청년 노동자 김용균의 죽음이 알려지고부터 바로 촛불 문화제를 기획·진행하며, 추모와 투쟁의 마음을 모으기 위해 고민하던 수많은 창작자와 문화활동가의 수고로운 활동을 통해 김용균을 기억하려는 62일의 장례투쟁의 열기를 이어갈 수 있었다.

문화활동가는 창작자인가? 기획자인가? 그들이 무슨 일을 하는지 정확하게 설명하는 자료를 찾기가 쉽지 않았다. 문화라는 말이 담고 있는 범위가 워낙 넓고 다양하기 때문이다. 집회의 많은 시간을 채우는 발언과 구호제창 말고, 문화활동은 다른 방식으로 말하기를 시도하는 작업이라고 이해하는 이들도 많다. 노래, 춤, 그림, 조형물, 사진과 영상 등 다양한 실천을 통해 그 집회에서 전하고자 하는 메시지를 전달하는 작업이다. 집회에 친숙하지 않은 사람들이 이 공간에서 무슨 이야기가 오가는지 받아들이기 수월하도록, 완충장치가 되기도 하는 활동이다.

그런데 화려한 무대와 다채로운 색감으로 빛나는 조형물과 달리 그 공간과 작업을 만들어내는 사람들은 늘 드러나지 않았다. 그들의 수고로운 활동은 함께 나눌 이야기를 풍부하게 해주지만, 잘 드러나지는 않는다. 6차에 이르는 범국민 추모제는 김용균투쟁의 열기를 더 키워내는 동시에 그 열기가 고스란히 드러난 현장이기도 했다. 우리는 이 투쟁의 현장을 중심으로 필요한 목소리와 작업을 꾸리고 조직해온 문화활동가 이사라 씨, 신유아 씨를 만났다. 이사라 활동가는 공연과 행사를 기획하는 영역에서 많은 활동을 해왔다. 비정규직없는세상만들기 네트워크(이하 '비없세') 집행위원으로 활동하면서 김용균투쟁에서는 범국민 추모제를 기획했다. 신유아 활동가는 문화연대 소속이며, 파견미술팀 활동을 함께하는 활동가이자, 창작자, 매개자로 김용균투쟁과 관련한 조형물 등 시각적 이미지를 만들어내는 작업에 주로 참여했다.

**문화활동가로서 김용균투쟁에 어떻게 결합하게 되었는지
그 시작이 궁금합니다.**

이사라 비정규직 이제그만 1100만 비정규직 공동투쟁(이하
'비정규직 이제그만')에서 2018년 11월부터 문재인 대통령과의 대
화를 요구하는 4박 5일 공동투쟁을 정리하는 기자회견이 12월 11
일에 프레스센터에서 열리기로 되어 있었어요. 제가 장소도 빌려
놓고 기자회견 프로그램도 짜놓고, 비없세 워크숍 때문에 제주도
에 가 있었어요. 워크숍 둘째 날 아침에 기자회견 이야기를 듣다가
김용균의 죽음을 듣게 된 거예요. 이대로 가만히 있으면 안 되겠다
는 생각이 들었는데, 그때 워크숍 현장에 함께 있던 동지들뿐만 아
니라 사방에서 연락이 오더라고요. 뭐라도 하자, 추모 문화제든 뭐
든 조직해야 한다는 말이 오갔죠. 머뭇거릴 틈이 없었어요. 광화문
에서 추모 문화제를 열자는 이야기가 나오자마자 프로그램을 짰
어요. 공공운수노조와 내용을 공유하고, 그렇게 해서 제주도에서
곧바로 기획에 돌입하게 됐죠.

시민대책위가 공식적으로 만들어지기 전이라 문화제에 사람
들이 그렇게 많이 올 줄 몰랐어요. 2018년 12월 13일, 광화문광장
에서 열린 그 첫 추모 문화제에 시민들이 200명 넘게 왔어요. 노조
에서 조직한 것도 아니고 알음알음 그냥 알렸던 거였거든요. 어머
님[김미숙 씨]도 끝까지 가시겠구나 싶었고, 사람들이 자발적으
로 이렇게 모이는 걸 보고 예사롭지 않았죠. 원래 저희가 준비를
잘하거나 기획을 잘한다고 해서 사람들이 더 오거나 덜 오거나 하
지는 않거든요. 사람들의 마음이 모인 거예요. 그걸 보고 알았어
요. 이 싸움은 해야만 하는 싸움, 끝까지 가야 하는 싸움이라는 것

을요.

　　신유아 개인적으로 2018년 겨울에 한참 힘들어하던 때여서 김용균투쟁 초기엔 마음과는 달리 잘 움직이지 못했어요. 그러다가 "문재인 대통령, 비정규직 노동자와 만납시다" 손 피켓을 들고 찍은 김용균 씨 사진을 본 거죠. 입사한 지 얼마 안 된 청년이 어떤 의미로 그 피켓을 들었을지 우리는 모르지만, 그 사진 한 장이 불러온 파문이 컸다고 생각해요. 이 청년을 죽게 만든 환경들이 그의 어머니까지 싸우는 사람으로 만드는구나 싶었고요. 김용균 씨가 억울하게 죽었다는 걸 잘 알려야 하는데, 마침 그 사진이 중요한 자원이 됐어요.

　　영정 작업을 제일 먼저 했어요. 보통 그렇게 열사투쟁을 시작하는데, 작가들하고 사진으로 이미지 작업을 해서 웹자보 등을 만들었고요. 장례투쟁할 때 고정적으로 들어가는 영정 이미지, 부활도, 그리고 만장도 준비했죠. 행진하거나 무대 등에 쓰이는 이미지 작업이에요. 부활도 작업은 윤엽 작가, 영정은 전진경 작가에게 부탁을 하고 저는 기획자니까 섭외하고 조율하고 그랬어요.

　　2018년 김용균투쟁 현장에 언제나 나와 있던 조형물 〈컨베이어 벨트 위의 김용균〉은 어떤 과정을 거쳐 만들어진 건가요?

　　신유아 행진할 때 같이 끌고 다닐 수 있는 조형물이 있었으면 좋겠다는 제안에서 시작됐어요. 김용균 씨의 억울한 죽음을 세상에 알리는 조형물이 되어야 했고요. 자연스럽게 '구의역 김군'과

〈컨베이어 벨트 위의 김용균〉.

김용균을 떠올렸어요. 두 사람 모두 비정규직 청년 노동자면서, 끼니도 챙기기 바쁜 업무 때문에 가방에 넣고 다니던 사발면이 있었고요. 쉼없이 돌아가는 노동 현장이라는 것까지 공통점이 많았죠. '김군'의 지하철 레일과 김용균 씨의 컨베이어 벨트가 닮았다고 생각했어요. 작가들은 컨베이어 벨트 위에, 사발면이 들어 있는 가방을 멘 노동자 김용균을 형상화하자는 데 마음을 모았고 바로 작업에 들어갔어요. 빨간 장미를 컨베이어 벨트에 꽂은 건 그의 죽음이 붉게 타올라 세상을 바꾸는 죽음이 되길 바라는 마음을 담자는 의미였어요. 보통은 애도와 추모의 국화를 사용하지만 그러기엔 너무 억울한 죽음이잖아요.

김용균, 김용균들

구체적으로 만든 과정은 이래요. 작가들끼리 한 명의 모델을 정해서 직접 비슷하게 옷을 입고, 작업복 모자도 쓰고, 가방도 메고 여러 방향에서 사진을 찍고, 그 사진을 자료 삼아 스티로폼으로 만드는 거예요. 김용균 씨가 썼을 법한 피켓 문구까지 쓰고. 당일에 모여서 하룻밤 만에 만든 거예요. 항상 현장은 시간 싸움이에요.

2016년 박근혜 퇴진 촛불집회 때 광장에서 조형물을 엄청나게 만들었거든요. 박근혜 조형물뿐만이 아니라, 유명한 기업 사장들 조형물을 다 만들었어요. 그 조형물들은 광장에 서 있기만 하지 않았고, 각 투쟁 사업장마다 많이 빌려갔죠. 현대랑 싸우는 사업장은 현대 사장 조형물, 삼성이랑 싸우는 현장은 삼성 사장 조형물 대여 요청을 해요. "오늘은 정몽구 좀 빌려줘야겠다" "오늘은 박근혜가 나가네?" 이러면서. 현장 사업장 동지들이 그런 사정을 알고 있으니까 김용균 씨 조형물도 그런 식으로 활용하면 좋겠다고 생각한 거였어요. 투쟁할 때 여기저기서 많이 끌고 다니기도 하고 그렇게 많이 사용해서 다행스러워요.

**〈컨베이어 벨트 위의 김용균〉 외에 다른 작업도
소개해주세요.**

신유아 작업한 사람들이 볼 때야 잘 만들었다 싶어도 유가족 보시기에 마음에 안 들 수도 있거든요. 실은 김용균의 부활도를 보고 어머니가 속상하다고 하셨어요. 저희도 속상했지만, 다시 작업할 시간도 없었어요. 장례 날짜가 정해지고 나서야 작업을 하게 되니까 일정이 늘 급하거든요. 김용균의 긴 세월을 알고 있는 사람이

마석 모란공원 묘지에 설치된
〈자전거 탄 김용균〉.

기억하는 김용균의 모습과 작가들의 조형물이나 이미지 작업의
느낌은 완전히 다를 수밖에 없다고 생각해요.

경기도 마석의 모란공원에 묘지를 조성하면서 거기도 조형물
을 놓기로 했어요. 김용균 씨가 마지막에 찍힌 사진이 자전거를 타
고 발전소 안을 돌아다니는 모습이었는데, 거기서 아이디어를 얻
어서 자전거를 탄 김용균 씨를 만들게 됐어요. 자전거 타고 좋은
곳에 훨훨 날아가라는 의미로. 젊은 김용균의 재기발랄함을 노란
색으로 표현하기로 했어요. 멀리서도 잘 보이게.

태안화력발전소 정문 앞에 설치한
〈故 김용균 추모 조형물〉.

　　태안화력발전소에 설치한 추모 조형물 만들 때는 김미숙 어
머니의 조언을 많이 들었어요. 조형물이라는 걸 표현하는 방법에
사실적으로 만드는 구상 작업과 상징적인 이미지로 표현하는 비
구상 작업이 있는데, 처음에 나온 아이디어 스케치는 비구상이었
어요. 최종적으로는 얼굴은 최대한 닮게 표현하려고 굉장히 노력
했고, 몸을 힘 있게 만들어보기로 했어요. 몸은 약간 과장이면서
비구상적으로 갔고 얼굴은 거의 구상으로 간 거죠. 김미숙 어머니
가 중간에 작업하는 걸 보러 오셨는데 좋아하셔서 작가들도 아주

기뻐했어요. 그런데 미술 작업을 아는 사람이 보면, 이게 작품이 구상도 아니고 비구상도 아니라서 이상해 보일 수 있는 거죠. 그래도 유가족 마음에 어느 정도 흡족한 작업을 하려고 조정하다가 생기는 일이니까 어쩔 수 없는 부분이 있어요. 다양한 요구가 뒤섞인 상태에서 최대한 조율해서 만들어내는 거라서 쉽지 않은데, 그걸 저나 같이 작업한 작가들 말고는 잘 모르죠.

범국민 추모제가 매주 총 6차까지 열렸는데, 각 추모제를 어떻게 준비했는지, 또 추모제는 어떻게 변모해갔는지도 궁금합니다.

이사라 1주일에 한 번씩 토요일마다 범국민 추모제가 열렸어요. 토요일이 지나면 일요일에는 머릿속이 하얗거든요. 이제 막 행사 끝났는데 다음날인 월요일 회의 때 바로 또 다음 추모제를 위한 새로운 안을 내야 하니까. 태안 현장에 집중할 것인지, 아니면 이 청년의 죽음에 집중할 것인지, 혹은 산재라는 이슈를 내세울 것인지, 비정규직 문제를 주제로 할 것인지…… 아무도 알아주지 않더라도 기획자는 그 포인트를 갖고 있어야 하거든요.

김용균 범국민 추모제에서 처음 해본 건, 지역과의 실시간 연결이었어요. 김용균투쟁은 전국 각 지역에서 적극적으로 결합을 했는데, 그 수준이 거의 결의대회 수준인 곳도 있었거든요. 지역에서 몇백 명쯤 모이고요. 그래서 실시간 중계를 한번 해보기로 했어요. 지금만 해도 사정이 다르겠지만 그런 시도가 거의 없던 때라 방송 사고가 날까 봐 긴장을 많이 했죠. 그리고 어떤 열사에 대해서도 1주일에 한 번씩 범국민 추모제를 한 적은 없어요. 그러고 보니 김용균투쟁이 처음으로 만들어낸 게 되게 많네요.

김용균투쟁은 시민사회, 청년, 비정규직 같은 단위들이 온전히 조직화된 투쟁이 아니라 약간 열려 있는 투쟁이었는데, 그 특이점을 지켜내야 한다는 부담이 있었어요. 그래서 여러 시도를 했던 건데, 예를 들면 49재 때는 송경동 시인한테 시 한 편을 다섯 부분으로 쪼개달라고 해서 그걸 영상으로 만들어간 적도 있어요. 기존의 도식화된 행사 문법을 따르지 않는다는 걸 끊임없이 보여주고 싶었죠. 투쟁이 만들어졌던 당시의 사회적 분위기, 그 열기를 꺼뜨리고 싶지 않았던 게 아주 부담이었어요.

문화활동가가 각각의 투쟁 현장에서 문화활동가로서
일으키는 싸움이 있을 텐데, 어떤 것이 있는지 궁금합니다.

신유아 문화활동가라고 하면, 투쟁 현장에서 문화적인 역량을 발휘해서 뭔가 하는 사람이라고 생각하는 경향이 있어요. 또 문화를 '수단이나 도구'로 활용하는 사람들이라는 오해도 많아요. 제가 속해 있는 단체가 문화연대인데, 문화연대를 소개하는 글에 이런 말이 있거든요. "우리는 문화사회 실현을 위해 활동하는 문화운동단체"다. 이 '문화사회'의 '문화'는 '아트(art)'를 이야기하는 게 아니에요. 사회를 구성하고 살아가는 방식이나 형태를 말하는 거죠. 제가 주로 고민하는 건 시위·집회·농성을 하는 방식, 그 안에서 우리가 얼마나 존엄한 존재로 활동할 수 있을까, 그런 방향으로 변화하려면 뭘 해야 할까 하는 거죠.

예를 들면, 농성 문화가 변화하는 걸 볼 수 있죠. 비닐 농성장이 천막으로 바뀌고, 단기간 농성이 장기화되면서 농성장 꾸미는 게 완전히 바뀌게 되거든요. 콜텍의 김경봉 씨가 13년 동안 길거리에서 농성하다 보니, '농성의 달인'이 된 거예요. 농성하는 동안 하도 많이 농성장이 철거되고 또 짓고 하다 보니까, 사람들이 농성할 때 생활하기 좋아지려면 뭐가 바뀌어야 되는지 너무 잘 알게 된 거죠. 신생 농성장이 생겨서 천막 치면, 가서 문 만들어주고 바닥은 어떻게 해야 하는지 가르쳐주고 그러거든요. 처음에 농성장 꾸미기를 할 때 제 고민은 먹고 자고 씻고 싸는 문제들이었어요. 노동자들이 농성한다고 해서, 존엄한 존재로 지내지 못하면 안 되니까요. 농성장에 생태 화장실도 만들고, 그림 그려가면서 별별 연구를 다 해서 샤워 시설도 만들었어요. 텃밭도 만들어서 여기서 먹고 살면 좋겠다는 궁리도 했어요. 농성장을 있을 만한 공간으로 만드는 것도 중요하게 생각했어요.

**여러 투쟁에 많이 연대하는 입장에서, 김용균투쟁은
본인에게 어떤 의미였을까요?**

이사라 김용균투쟁은 저와 시작을 함께한 싸움이었어요. 그러니 끝까지 책임져야 한다는 생각이 많이 들죠. 추모제 담당 전문가라도 되는 것처럼 어쩌다 보니 제가 온갖 추모제 기획은 다 하고 있는 사람이긴 한데, 대부분은 그때그때 요청을 받고 결합하게 되는 식이거든요. 그런데 김용균투쟁은 제 싸움이고 제 일인 거죠. 누군가의 부탁을 받고 하는 것과는 같을 수가 없어요. 62일간의 김용균투쟁 과정을 함께했고 장례식까지 함께였잖아요. 그냥 의뢰받아서 한 투쟁이 아니라, 제가 제안자의 한 명으로서 같이한 첫 투쟁이었어요. 안 시켜도 하는 거죠.

김용균, 김용균들

추모제 기간에 전국노동자대회가 있었거든요. 광화문광장에 그때 1만 명이 넘는 사람이 모였는데, 그날 사실은 아주 작게 진행한 추모 문화제가 있었어요. 문화 단위들이 자체적으로 준비한 문화제였죠. 모두가 빠져나가고 남은 사람이 한 100명, 150명이었거든요. 그때 어머님도 오시긴 했어요. 가수들 몇몇이 무대에 서고 성미산마을 어린이들이 그림을 그려서 어머님한테 전달도 하고 김용균에게 불러주고 싶은 노래들도 부르고, 그렇게 1시간 10분 정도를 진행했어요. 그건 누가 시킨 게 아니었어요. 무대 철거하기 전에 추모제를 열고 싶다는 마음들이 있고 요청이 있어서 하게 된 거였거든요. 함께하는 사람들은 많지 않았지만 저는 그렇게 작게 모이고 또 모이고 했던 마음들이 김용균투쟁의 또 다른 힘이었다고 생각해요.

제가 실제로 아는 건 서울 쪽밖에 없지만 태안이나 다른 지역들도 마찬가지였을 거예요. 누가 시켜서가 아니라 저절로 일어나고 조직되는 것 말이죠. 사건이 투쟁이 될 때는, 사건의 핵심 당사자뿐만 아니라 싸움에 함께하는 사람들이 그 투쟁의 의미와 정의를 만들어 나가는 거거든요. 한 사람의 죽음, 희생도 마찬가지예요. 남은 사람들이 그 죽음을 어떻게 대하고 기리고 이후의 싸움으로 만들어가는지가 무척 중요하죠. 그 싸움의 출발에 하나의 판을 깔아주는 게 기획자의 역할이라고 생각해요. 혼자가 아니라 많은 분이 함께해주신 덕이지만요.

김용균의 죽음, 투쟁, 기억의 1년
(2018년 12월~2019년 12월)

2018년

12월 10일
- 청년 비정규직 김용균 노동자, 태안화력발전소 혼자 작업 중 사망(밤 10시 41분~밤 11시 사이로 추정)

12월 11일
- 고 김용균 노동자, 컨베이어 벨트에 끼어 사망한 상태로 새벽 3시 23분에 동료에 의해 발견
- '문재인 대통령, 비정규직 100인과 만납시다' 기자회견에서 고 김용균 노동자의 죽음 알려짐
- 고 김용균 노동자 빈소 태안의료원 상례원 203호 마련
- 태안화력발전소 산업재해 사망사고 관련 긴급 대책회의 (태안 장례식장)

12월 12일
- 고 김용균 노동자 사망사고 진상규명, 책임자 처벌 촉구 기자회견(한국서부발전 본사)
- 고 김용균 노동자 사망사고 관련 시민대책위 구성을 위한 회의(태안 장례식장)

12월 13일
- 유가족·시민대책위, 고 김용균 노동자 사고 현장 방문 (태안화력발전소)

- 태안 지역 '24살 고 김용균 님' 추모 문화제 12월 13일부터 이듬해 1월 21일까지 매일 개최(태안터미널)
- 서울 지역 '24살 고 김용균 님' 1차 추모 문화제 (광화문광장)

12월 14일
- 고 김용균 노동자 사망사고 현장조사 결과 공개 기자 브리핑(프란치스코 교육회관)
- 태안화력발전소 비정규직 노동자들, 트라우마 프로그램 운영 시작

12월 15일
- 고 김용균 노동자 생전 동영상과 사진, 유품 사진 공개
- 공공운수노조 발전비정규직연대회의, 충남 지역 연대단위, 이듬해 1월 21일까지 매일 아침 선전전(오전 8시, 태안·서산 시내)

12월 16일
- 태안화력 비정규직 청년 노동자 고 김용균 사망사고 진상규명 및 책임자 처벌 시민대책위원회 공식 출범 및 1차 대표자회의(태안 장례식장)

12월 17일
- 서울 광화문에 고 김용균 노동자 추모 시민분향소 마련
- 시민대책위 기본 입장 및 향후 활동 계획 발표 기자회견 (청와대 분수대)

12월 18일
- 유가족·시민대책위·발전 비정규직 노동자, 특별근로감독 관련 고용노동부 대전청장 면담 투쟁 중 감금되어 2박 3일 청사 농성(고용노동부 대전청)

12월 19일
- 고 김용균 노동자 사망 진상규명 및 책임자 처벌 촉구 충남노동자 결의대회(한국서부발전 본사)
- 사회적 참사 특별조사위원회 위원장 간담회 및 안전한 사회를 위한 토론회(서울 포스트타워)
- 청년추모행동, 고 김용균 노동자 1차 추모 문화제 (광화문 분향소)

12월 20일
- 산재 유가족, 재난 안전사고 피해 가족 공동 기자회견 (국회 정문)

- 위험의 외주화에 노출된 충남 지역 노동자 현장증언 기자회견(태안 장례식장)
- 한국기독교교회협의회, 고 김용균 노동자 추모 문화제 (태안터미널)

12월 21일
- 비정규직 이제그만 1100만 비정규직 촛불 행진·100인 대표단, 1박 2일 노숙농성(고용노동부 서울청→청와대)

12월 22일
- 고 김용균 사망사고 진상규명 및 책임자 처벌 민주노총 결의대회(서울 파이낸스빌딩)
- 노동안전보건단체, 고 김용균 노동자 연합 추모 문화제 (광화문 분향소)
- 24살 청년 비정규직 고 김용균 1차 범국민 추모제(서울 파이낸스빌딩)

12월 24일
- 유가족·시민대책위, 산안법 전부개정을 촉구하며 국회 종일 투쟁(~12월 27일)
- 노동안전보건·법률 전문가 1,458인, 고 김용균님 사망사고 규탄 및 위험의 외주화를 반대하는 전문가 선언 기자회견(국회 정문)

12월 25일
- 천주교, 고 김용균 노동자 추모 성탄 미사(광화문 분향소)

12월 26일
- '우리가 김용균이다' 발전소 비정규직 노동자 기자회견, 발전소 내 추모 분향소 설치(태안화력발전소)
- 산안법 전부개정안 통과, 중대재해기업처벌법 제정 촉구 결의대회(국회 정문)
- 청년추모행동, 고 김용균 노동자 2차 추모 문화제 (광화문 분향소)

12월 27일
- 민영화 외주화 중단, 직접고용 시행 촉구 발전소 정규직·비정규직 공동 기자회견(국회 정문)

김용균, 김용균들

12월 28일
- 투쟁 경과와 향후 대응계획 관련 태안화력지회 조합원 간담회(태안 장례식장)

12월 29일
- 24살 청년 비정규직 고 김용균 2차 범국민 추모제 (광화문광장)

12월 31일
- 2018년 마지막 날, 고 김용균 노동자 추모 문화제 (광화문 분향소)

2019년

01월 02일
- 충남 지역 인권교육활동가 모임, 충남 지역의 연이은 노동자 죽음에 대한 대책 마련 촉구 기자회견(충남도청)
- 미얀마 노동자 딴저테이 유가족과 고 김용균 유가족 만남(광화문 분향소)
- 옥내 저탄장 작업허가 타당성 검토 관련 태안화력지회 조합원 간담회(태안 장례식장)

01월 03일
- 작업중지 해제 시도 항의 및 노동부 보령지청장 면담 요구 1박 2일 농성(고용노동부 보령지청)
- 투쟁 경과와 향후 대응계획 관련 태안화력지회 조합원 간담회(태안 장례식장)

01월 04일
- 작업중지 해제 절차 관련 태안화력지회 조합원 교육 (태안 장례식장)

01월 05일
- 24살 청년 비정규직 고 김용균 3차 범국민 추모제 (광화문광장)

01월 07일
- 한국서부발전 태안화력본부장 경찰조사 출석, 태안화력지회 항의 선전전(태안경찰서)
- 어린이청소년책작가연대, 고 김용균 노동자 추모 시 낭송회(광화문 분향소)

| 01월 08일 | • 한국서부발전과 한국발전기술 책임자 처벌 촉구 고소 고발 기자회견(대전검찰청 서산지청) |

| 01월 09일 | • 위험의 외주화 민영화 중단과 직접고용, 인력충원 촉구 공공기관 노동자 기자회견(광화문 분향소)
• 투쟁 경과와 향후 대응계획 관련 태안화력지회 조합원 간담회(태안 장례식장)
• 청년 비정규직 김용균 죽음 한 달, 비정규직 100인 대표단 기자회견(광화문 분향소) |

| 01월 10일 | • 산업재해 관련 태안화력지회 조합원 교육(태안 장례식장)
• 진실 은폐, 작업 재개 시도 한국서부발전 규탄 민주노총 결의대회(한국서부발전) |

| 01월 11일 | • 유가족·시민대책위, 대정부 요구 및 향후 계획 발표 기자회견(프란치스코 교육회관)
• 시민대책위 법률지원단, 태안화력지회 조합원 간담회(태안 장례식장) |

| 01월 12일 | • 고 김용균 동지 추모 발전 비정규노동자 결의대회(청와대 사랑채)
• 특성화고등학교 청소년들과 유가족 만남(광화문 분향소)
• 24살 청년 비정규직 고 김용균 4차 범국민 추모제(광화문광장) |

| 01월 14일 | • 특별산업안전보건감독 관련 태안화력지회 조합원 간담회(태안 장례식장)
• 천주교, 고 김용균 노동자 추모 미사(광화문 분향소)
• 풍물창작단 소용, 고 김용균 노동자 추모풍물제(광화문 분향소) |

| 01월 15일 | • '발전소 비정규직 노동자 고 김용균 사회적 타살 진상규명위원회 역할과 과제' 간담회(국가인권위원회) |

- 한국작가회의, 고 김용균 사망사고 규탄 기자회견
  (광화문 분향소)
- 개신교, 고 김용균 노동자 추모 연합 기도회(광화문
  분향소)

01월 16일
- 3개 진보정당(노동당,녹색당,사회변혁노동자당),
  고 김용균 노동자 추모 문화제(광화문 분향소)
- 특별산업안전보건감독 강평회 평가 및 향후 대응 관련
  태안화력지회 조합원 간담회(태안 장례식장)
- 발전 비정규직 노조 대표자 회의(공공운수노조)

01월 17일
- 한국기독교교회협의회, 진상규명과 책임자 처벌,
  비정규직 철폐 요구 기자회견(청와대 분수대)
- 산재·재난참사 유가족과 피해자, 죽음의 외주화 중단
  촉구 공동 기자회견(청와대 분수대)
- 조계종 사회노동위원회, 고 김용균 노동자 추모 법회
  (광화문 분향소)
- 향후 투쟁 방향과 계획 관련 태안화력지회 조합원
  간담회(태안 장례식장)

01월 18일
- 1천인의 김용균들, 청와대로 1박 2일 행진(구의역 →
  청와대)

01월 19일
- 태안화력 청년 비정규직 노동자 고 김용균 투쟁 승리
  민주노총 전국노동자대회(광화문광장)
- 24살 청년 비정규직 고 김용균 5차 범국민 추모제
  (광화문광장)
- 고 김용균 노동자 추모 음악회(광화문광장)

01월 21일
- 향후 투쟁 방향과 계획 관련 태안화력지회 조합원
  간담회(태안 장례식장)

01월 22일
- 고 김용균 노동자 빈소 서울대학교병원 장례식장 2층
  5호실 마련
- 시민대책위, 고 김용균 노동자 빈소 서울 이전 및 대표단
  단식농성 돌입 기자회견(광화문 분향소)

- 서울대병원, 광화문 분향소에서 2월 8일까지 매일 저녁 추모 문화제
- 태안화력지회 전 조합원 3박 4일 상경 투쟁

01월 23일
- 태안화력지회 출근·점심 선전전 및 1인 시위, 2월 1일까지 매일 진행(서울 도심 곳곳)
- 국무총리 조문 및 유가족·시민대책위 간담회(서울 장례식장)
- 5개 진보단체와 진보정당, 고 김용균 노동자 추모 문화제(광화문 분향소)

01월 24일
- '진상규명·책임자처벌·재발방지·정규직화' 사회원로(중진) 비상시국선언 기자회견(서울 장례식장)
- 태안화력발전소 비정규직 인권 실태 보고회(프란치스코 교육회관)
- 조계종 사회노동위원회, 고 김용균 노동자 추모 법회(광화문 분향소)

01월 25일
- 민주노총, 고 김용균 노동자 추모 촛불(광화문 분향소)

01월 26일
- 한국작가회의, 청년 노동자 고 김용균 추모시 낭송회(광화문 분향소)

01월 27일
- '우리가 김용균이다' 발전 비정규 노동자 행진(서울 장례식장→광화문광장)
- 고 김용균 노동자 49재(광화문광장)
- 24살 청년 비정규직 고 김용균 6차 범국민 추모제(광화문광장)
- 발전비정규직노조 확대 대표자회의(세종문화회관지부 사무실)

01월 28일
- 천주교 고 김용균 노동자 추모 미사(광화문 분향소)
- 공공운수노조 한국발전산업노조 한전산업개발 발전본부 본부장 단식농성 돌입(광화문 단식농성장)

01월 29일	• 비정규직 100인 대표단, 고 김용균 노동자 추모 문화제
01월 30일	• 교수학술단체, 동조 단식 선포 기자회견(광화문 분향소)
	• 향린교회, 고 김용균 노동자 추모 기도회(광화문 분향소)
	• '설 전에 장례를 치룰 수 있도록, 대통령이 책임져라!' 민주노총 결의대회(서울 정부청사 소공원)
01월 31일	• 47개 학생회·학생단체, '설 명절 전 직접고용 정규직화' 촉구 기자회견(광화문 분향소)
	• 한국서부발전 한국발전기술 불법행위 추가 고소·고발 기자회견(광화문 분향소)
	• 고 김용균 노동자 문제 해결을 위한 오체투지(조계사→ 청와대)
	• 청년단체·인권단체, 고 김용균 노동자 추모 문화제 (광화문 분향소)
02월 01일	• 2019년 설 명절맞이 대시민 선전전, 노동·시민· 사회단체 합동 기자회견(서울역)
	• 민주노총, 고 김용균 추모 문화제(광화문 분향소)
	• 발전비정규직노조 확대 대표자 회의(민주노총)
02월 02일	• 태안화력지회 조합원 간담회 및 교육(민주노총)
02월 05일	• '죽음의 외주화 멈춰라' 설 명절맞이 합동 차례(광화문 분향소)
	• 시민대책위, 2월 5일 당정 협의 발표에 대한 입장 발표 기자회견(광화문 분향소)
	• 시민대책위 단식농성단, 15일간의 단식과 농성 마무리
02월 07일	• 유가족·시민대책위, 장례 관련 기자 브리핑(오전, 서울 장례식장)
02월 08일	• 대정부 협의·교섭 경과 보고 태안화력지회 조합원 간담회(민주노총)
	• '다시 살아 부르는 노래' 고 김용균 노동자 추모 문화제 (서울 장례식장)

- 고 김용균 노동자 민주사회장 장례위원회 전체 회의

02월 09일
- 고 김용균 노동자 민주사회장, 사망 62일 만에 마석 모란공원에 안치

04월 24일
- 김용균 시민대책위 6차 대표자회의, (가칭)사단법인 김용균재단 준비위원회 구성 결정

05월~ 10월 26일
- (가칭)사단법인 김용균재단 준비위원회 회의, 준비위원회 실무소위 회의
- (가칭)사단법인 김용균재단 출범을 위한 간담회 제안서 배포, 간담회 진행, 후원 조직
- 시민들과 만나는 강연과 언론 인터뷰
- 각종 노동자집회와 연대집회, 기자회견 참가
- 위험의 외주화 금지와 중대재해기업처벌법 제정 촉구 활동
- 산재피해가족 네트워크 다시는 활동, 산재 피해 노동자 가족들 방문
- 《김용균이라는 빛》북 콘서트
- 낭독노래극 〈기다림〉 2회 공연(서울)
- 사단법인 김용균재단 창립총회 및 출범대회(10월 26일, 서울)

12월
- 청년비정규직 고 김용균 노동자 1주기 추모 주간(12월 2일~12월 10일)

김용균, 김용균들

참고문헌

1부 | 고통에만 머물 수 없기에: 산재 생존자 이인구 씨

강모열 외, 《산업재해 트라우마 관리 프로그램 운영모델 개발》, 안전보건공단 산업안전보건연구원, 2018.

고 김용균 사망사고 진상규명과 재발방지를 위한 석탄화력발전소 특별노동안전조사위원회, 《고 김용균 사망사고 진상조사결과 종합보고서》, 고 김용균 사망사고 진상규명과 재발방지를 위한 석탄화력발전소 특별노동안전조사위원회, 2019.

고용노동부, 〈2021. 12월말 산업재해 발생현황〉, 고용노동부, 2022년 3월 16일, https://www.moel.go.kr/policy/policydata/view.do?bbs_seq=20220300882.

고제규·차형석, 〈"뭉치면 죽고 흩어지면 산다"〉, 《시사저널》, 2002년 3월 25일 자, https://www.sisajournal.com/news/articleView.html?idxno=86912.

공공상생연대기금, "산재사망노동자 가족 지원체계 구축 캠페인", https://solidarityfund.or.kr/business/npo/hopec/.

대전업무상질병판정위원회, 〈2019판정제1264호 업무상질병판정서〉,

참고문헌　　　　　　　　**269**

대전업무상질병판정위원회, 2019년 12월 24일.

대한산업안전협회·(사)한국산업위생협회, 《안전보건진단 결과보고서》, 대한산업안전협회·(사)한국산업위생협회, 2018.

마창거제산재추방운동연합, 《노동재해 트라우마: 사회적 치유와 회복 대책 마련이 절실하다》(자료집), 마창거제산재추방운동연합, 2020.

박세준, 〈인력 쥐어짜다 이럴 줄 알았다〉, 《주간동아》 제1178호, 2019년 3월 2일 자, https://weekly.donga.com/List/3/all/11/1654557/1.

백승호, 〈산재(사망) 노동자가족지원정책제안〉, 《산재 가족지원체계 구축을 위한 연구 발표 토론회: 산업재해는 가족에게도 사회적 재난이다》(자료집), 사단법인 희망씨 외, 2021.

송영섭, 〈원청 한국서부발전이 져야 할 실질적인 책임〉, 《발전소 비정규직 노동자 故 김용균 사회적 타살 진상규명위원회 역할과 과제》(자료집), 태안화력 비정규직 청년노동자 故 김용균 사망사고 진상규명 및 책임자처벌 시민대책위원회, 2019.

양선희, 〈산업재해 트라우마 관리의 중요성〉, 《산업보건》 제361호, 2018.

양선희·송선희·김미연, 《대형산업사고·동료의 자살·직장 내 괴롭힘·성희롱·성폭력 등 직업적트라우마 관리 매뉴얼》, 한국산업안전보건공단, 2020.

어고은, 〈밤마다 동료 주검 떠올리는데, 검찰은 '과실치사' 책임 물었다〉, 《매일노동뉴스》, 2021년 9월 9일 자, https://www.labortoday.co.kr/news/articleView.html?idxno=204862.

윤자은, 〈정규직 전환이 멈춰 세운 발전정비시장 경쟁도입〉, 《매일노동뉴스》, 2018년 11월 27일 자, https://www.labortoday.co.kr/news/articleView.html?idxno=155279.

이승준·변지민, 〈'김용균들' 목숨과 맞바꾼 공기업 민영화 24년〉, 《한겨레21》 제1225호, 2018년 12월 28일 자, https://h21.hani.co.kr/arti/cover/cover_general/46383.html.

이정호, 〈발전소 산재 90%가 하청… 발상의 전환 필요〉,《미디어오늘》, 2019년 1월 24일 자, http://www.mediatoday.co.kr/news/ articleView.html?idxno=146538.

이주연, 〈중대재해 트라우마 대응, 달라져야 한다!〉,《2022 노동자 건강권 포럼》(발표자료집), 2022 노동자 건강권 포럼 공동기획위원회, 2022.

주디스 루이스 허먼,《트라우마》, 최현정 옮김, 열린책들, 2012.

태안화력발전소 비정규직 인권실태조사팀,《태안화력발전소 비정규직 인권실태조사 보고서》, 인권재단사람, 2019.

한국노동안전보건연구소·당장멈춰 상황실,《중대재해 대응 매뉴얼》, 한국노동안전보건연구소·당장멈춰 상황실, 2020.

한국동서발전, 〈안전사고 관리절차서〉, 문서번호 : 전사(공)-안전-026, 2014. 10 시행.

영상

〈[2022 노동자 건강권 포럼] 노동자 정신건강 악화, 누구에게 책임을 물 것인가?〉, https://www.youtube.com/ watch?v=uNKx94E3YMA.

2부 | 최소한의 것을 지키기 위해: 유가족 김미숙 씨

고용노동부, 〈2021. 12월말 산업재해 발생현황〉, 고용노동부, 2022년 3월 16일, https://www.moel.go.kr/policy/policydata/ view.do?bbs_seq=20220300882.

김병건, 〈김용균 시민 대책위 당정 발표에 대한 입장 발표 [합의문 전문 공개]〉,《민주신문》, 2019년 2월 7일 자, http://www.iminju.net/ news/articleView.html?idxno=42907.

김상범, 〈'기업살인법' 만든 영국, 산재 적은 이유… "7단계

　　걸친 도급업체도 모두 기소"〉, 《경향신문》, 2020년 12월

　　24일 자, https://www.khan.co.kr/politics/assembly/

　　article/202012240600005.

김용균재단, 《수많은 우리들이 함께 찾는 길: 산재 사망사고 유가족을

　　위한 안내서》, 김용균재단, 2020.

노동건강연대, 《2146, 529》, 온다프레스, 2022.

민주노총, 〈주간브리핑〉 제12호_190107, http://nodong.org/

　　data_paper/7252420.

윤희일, 〈'김용균씨 사망' 원청업체 한국서부발전 전 사장에 무죄〉,

　　《경향신문》, 2022년 2월 10일 자, http://m.khan.co.kr/national/

　　court-law/article/202202101611011#c2b.

장지현, 〈세계 여성의 날 … 韓 '유리천장지수' 10년째 OECD 꼴찌〉,

　　《시사저널》 제1701호, http://www.sisajournal.com/news/

　　articleView.html?idxno=234466.

전현진, 〈산재피해자 가족모임 '다시는' 진실의힘 인권상 수상〉,

　　《경향신문》, 2019년 06월 19일 자, https://www.khan.co.kr/

　　people/people-general/article/201906191515001.

태안화력 비정규직 청년노동자 故 김용균 사망사고 진상규명 및

　　책임자처벌 시민대책위 백서발간팀, 《김용균이라는 빛 1: 기록과

　　기억》, 태안화력 비정규직 청년노동자 故 김용균 사망사고 진상규명

　　및 책임자처벌 시민대책위 백서발간팀, 2019년.

3부 | 일상이 된 싸움들: 발전 비정규직 동료 이태성 씨

고 김용균 사망사고 진상규명과 재발방지를 위한 석탄화력발전소

　　특별노동안전조사위원회, 《고 김용균 사망사고 진상조사결과

종합보고서》, 고 김용균 사망사고 진상규명과 재발방지를 위한
석탄화력발전소 특별노동안전조사위원회, 2019.

대전지방법원 서산지원 2022. 2. 10. 선고 2020고단809 판결.

민주노총 세종충남지역본부, 〈[성명] 죽음의 외주화가 또 사람을
죽였다〉, 《민주노총 소식》, 2019년 2월 22일 자, http://t.me/
ekctu/2907.

발전노조 태안화력지부, 〈[발전노조 태안화력지부] 故 김용균 노동자
이대로 보낼 수 없습니다〉, 《민주노총 소식》, 2019년 1월 18일 자,
https://t.me/ekctu/2649.

서울메트로 사장 직무대행, 〈2호선 구의역 사고 관련
서울메트로 사과문〉, 2016년 5월 31일 자, http://
yongkyun.nodong.org/?p=2772.

오승준, 〈최근 5년간 발전소 산재사망자 '100% 하청'〉, 《안전신문》,
2019년 12월 11일 자, http://www.safetynews.co.kr/news/
articleView.html?idxno=134813.

조연주, 〈김용균 특조위 민간위원, "정부, 보라는 달은 안 보고
가리키는 손가락 보고 '과제 다했다' 자찬"〉, 《노동과세계》,
2021년 12월 9일 자, http://worknworld.kctu.org/news/
articleView.html?idxno=404657.

태안화력발전소 비정규직 인권실태조사팀, 《태안화력발전소 비정규직
인권실태조사 보고서》, 인권재단사람, 2019.

[함께 읽기] 김용균의 죽음, 투쟁, 기억의 1년

태안화력 비정규직 청년노동자 故 김용균 사망사고 진상규명 및
책임자처벌 시민대책위 백서발간팀, 《김용균이라는 빛 1: 기록과
기억》, 태안화력 비정규직 청년노동자 故 김용균 사망사고 진상규명
및 책임자처벌 시민대책위 백서발간팀, 2019.

1부 | 고통에만 머물 수 없기에: 산재 생존자 이인구 씨

1   발전소에서 일하다 보면 자신이 감당해야 하는 위험에 둔감해진다
    는 이야기는 발전소 노동자들이 여러 인터뷰에서 전하고 있다. 그래
    야 일을 계속할 수 있기 때문이다. "위험하다는 생각도 안 했을 거예
    요. 맨날 평상시 돌고 있는 거 보고 있는 건데, 뭐 얼마나 그런 걸 생
    각을 했겠어요. 저희도 그냥 맨날 보고 돌고 있는 데서만 작업하고."
    태안화력발전소 비정규직 인권실태조사팀, 《태안화력발전소 비정
    규직 인권실태조사 보고서》, 인권재단사람, 2019, 51쪽.

2   한국서부발전은 발전소 경상정비 업무와 연료·환경설비 업무를 한
    국발전기술에 외주화했다. 연료·환경설비 업무를 맡는 노동자를 '컨
    베이어 벨트 운전원' 또는 '연료·환경설비 운전 노동자'라고 부른다.

3   태안화력발전소 비정규직 인권실태조사팀, 《태안화력발전소 비정
    규직 인권실태조사 보고서》, 인권재단사람, 2019, 28~31쪽 참조.

4   태안화력발전소 비정규직 인권실태조사팀, 《태안화력발전소 비정
    규직 인권실태조사 보고서》, 인권재단사람, 2019, 61~63쪽 참조.

5   송영섭, 〈원청 한국서부발전이 져야 할 실질적인 책임〉, 《발전소 비

정규직 노동자 故 김용균 사회적 타살 진상규명위원회 역할과 과제》(자료집), 태안화력 비정규직 청년노동자 故 김용균 사망사고 진상규명 및 책임자처벌 시민대책위원회, 2019, 50쪽 참조.

6 송영섭, 〈원청 한국서부발전이 져야 할 실질적인 책임〉,《발전소 비정규직 노동자 故 김용균 사회적 타살 진상규명위원회 역할과 과제》(자료집), 태안화력 비정규직 청년노동자 故 김용균 사망사고 진상규명 및 책임자처벌 시민대책위원회, 2019, 55쪽 참조. 용역계약 특수조건에 따르면, 운전원의 역무범위는 다음과 같다. "제2조(역무범위) ② 상하탄설비 운전업무는 석탄하역기(Ship Unloader)로부터 하역된 석탄을 저탄장에 저탄하고 발전계획에 따라 옥내 저탄조에 이송·저장하기 위한 다음 각 호의 제반업무를 말한다. 1. 운탄·저탄·상탄 및 분배계통, 바이오매스 공급설비의 전 설비에 대한 운전과 일상점검(선박 양하기 제외) 및 청소 2. 저탄 및 상탄을 위한 중기운전 및 일상점검 3. 석탄의 비산방지, 발화예방 및 유실방지 활동 4. 낙탄처리 및 사업수행 장소의 청소(선박 양하기 작업에 의해 발생되는 낙탄처리 및 주변청소는 원인 제공자 측에서 청소) 5. 운전기술 개선, 운전 및 점검결과 기록유지 6. 기타 발주자가 지시하는 상하탄설비 운전 관련업무." 같은 글, 54쪽.

7 산업안전보건 기준에 관한 규칙 제92조 제1항을 말하는 것으로 그 내용은 다음과 같다. "제92조(정비 등의 작업 시의 운전정지 등) ① 사업주는 공작기계·수송기계·건설기계 등의 정비·청소·유지·검사·수리·교체 또는 조정 작업 또는 그 밖에 이와 유사한 작업을 할 때에 근로자가 위험해질 우려가 있으면 해당 기계의 운전을 정지하여야 한다. 다만, 덮개가 설치되어 있는 등 기계의 구조상 근로자가 위험해질 우려가 없는 경우에는 그러하지 아니하다." 이 조항 마지막에 언급되는 "덮개가 설치되어 있는" 컨베이어 벨트에도 낙탄이 쌓인다. 낙탄 처리장치가 설치된 게 아니라면, 오히려 덮개 내부로 더 깊숙이 몸을 넣어 컨베이어 벨트에 가까이 접근해서 정비나 청소

를 해야 한다. 더 위험할 수도 있는 것이다. 이 조항의 설명은 현장을 잘 알지 못하는 판단이라는 견해도 없지 않다.

8 컨베이어 벨트 설비의 기동과 운용, 순회 점검하면서 낙탄 제거, 응급조치를 취하고, 정비가 필요하면 수리하는 일련의 업무를 '연료설비 운전'이라고 하고 이 업무를 관리하는 곳이 운탄제어실이다. 고 김용균 사망사고 진상규명과 재발방지를 위한 석탄화력발전소 특별노동안전조사위원회,《고 김용균 사망사고 진상조사결과 종합보고서》, 고 김용균 사망사고 진상규명과 재발방지를 위한 석탄화력발전소 특별노동안전조사위원회, 2019, 107쪽 참조.

9 기업이 재해 발생을 예방하고 노동자의 안전과 건강을 보장함으로써 재해 처리 비용을 감소시키기 위해 시행하는 전 세계적으로 표준화된 안전보건 경영 시스템에 따라 안전사고 관련 절차에 대해 명시한 문서인 〈안전사고 관리 절차서〉에 따르면 사업소에서 사고가 발생한 이후 업무 흐름을 설명하고 있다. 사고 조사와 관련한 세부 절차는 다음과 같지만, 김용균 씨 사고가 난 후 이러한 업무 절차는 제대로 지켜지지 않았다는 것이 김용균 씨 동료들의 주장이다. "2.4 안전사고의 조사 2.4.1 안전사고의 조사는 사업소 재난안전담당부서에서 담당하고, 관계부서는 조사시 입회, 검사, 측정 및 증빙서류 제출 등 안전사고의 조사에 성실하게 협조해야 한다. 2.4.2 안전사고가 다음에 해당하는 경우에는 본사 재난안전담당부서 주관으로 조사하여야 하며 필요한 때에는 관계부서와 합동으로 조사반을 구성한다. 1) 직원사망사고 2) 대외적으로 물의가 야기될 우려가 있는 사고 3) 당해사고로 인하여 새로운 사고가 발생할 우려가 있을 때 4) 사장의 지시가 있는 때 5) 기타 필요한 경우 6) 이 경우, 사고가 발생된 사업소는 본사의 조사에 앞서 자체조사를 실시하여 현장보존, 증거보존 등 사실규명에 필요한 조치를 하여야 한다. 3.1 안전사고 초동조치 3.1.1 사고현장에 구급차 등이 도착할 때까지 부상자에게 가능한 응급조치를 하며, 2차 사고의 우려가 있을 경우에는 부상

자를 안전한 장소로 이동시킨다. 3.1.1 사고현장에 구급차 등이 도착할 때까지 부상자에게 가능한 응급조치를 하며, 2차 사고의 우려가 있을 경우에는 부상자를 안전한 장소로 이동시킨다. 3.1.3 사업소 안전담당부서는 현장목격자 및 관련자 파악, 사고경위, 안전조치 사항을 확인한다. 4.1 현장조사 4.1.1 사업소 재난안전담당부서는 사고와 관련되어 있는 자료 또는 증거를 확보하기 위하여 현장을 조사하여야 한다. 4.1.2 사진, 스케치 등 현장의 상태를 파악할 수 있는 보조수단을 이용하여 기록을 유지하여야 한다. 필요시 현장 목격자를 찾아서 면담을 시행하여야 한다." 한국동서발전, 〈안전사고 관리 절차서〉, 문서번호 : 전사(공)-안전-026, 2014. 10 시행.

10 태안화력발전소는 2018년 3월, 안전보건 진단 기관인 대한산업안전 협회가 진행한 안전보건 진단에서 상시적으로 사고 대응 매뉴얼을 지키지 않았다는 점을 지적받았음에도 개선의 의지조차 없었다. 다음은 결과 보고서 일부 내용이다.

"2. 산업재해 예방을 위한 제언
- 태안발전본부는 산업안전보건법에서 요구하는 최소한의 사항의 준수 노력, 안전보건관리규정에 발전처 및 각 실의 운영책임자에게도 안전관리 역할을 부여하여 책임을 강화하고, 안전보건매뉴얼의 각종 지침서는 활용 가능한 상태로 정비해야 할 것임. - 협력사업장 등에서 산업재해가 발생하면 사고원인 분석 및 근본적인 재발방지 대책이 적절하게 이루어져야 하나 사고 발생에 대한 강력한 책임이나 협력사의 재계약에 대한 연계가 이루어지므로 산업재해를 태안발전본부에 보고하지 않고 처리하려는 경향이 있음. 협력사업장 재해 발생에 따른 불이익은 있을 수 있지만 사고 원인에 대한 근본적인 원인과 해결책이 무엇인지가 선행되고 시스템 등 개선 등 조치후 향후 동일한 사안 재발 시 책임을 묻는 등의 조치가 필요한 상태임 - 안전보건관리매뉴얼의 각종 지침서 등은 보안상의 이유로 상주 협력사에게 제공하지 않고 있어 각종 안전관련 시스템이 작동하

지 않는 원인이 되고 있으므로 태안발전본부는 각종 안전보건에 관련한 지침서를 상호 공유하면서 운영하도록 하여야 할 것임.(현재 각 협력사별 안전보건경영시스템을 자체적으로 운영하고 있어 태안발전본부와 지침서와 맞지 않음) - 이러한 규정 및 매뉴얼의 지침서가 시스템적으로 운영되기 위해서는 각종 지침서를 공유하고 근로자 및 상주 협력사 근로자에게 교육 및 훈련토록 하여 하나하나 이행될 수 있도록 하여야 할 것이며 안전감사(Safety Audit) 등을 실시하여 시스템이 지속적으로 발전할 수 있도록 하여야 함." 대한산업안전협회·(사)한국산업위생협회, 《안전보건진단 결과보고서》, 대한산업안전협회·(사)한국산업위생협회, 2018, 89쪽.

11 주디스 루이스 허먼, 《트라우마》, 최현정 옮김, 열린책들, 2012, 103~104쪽 참조.

12 마창거제산재추방운동연합, 《노동재해 트라우마: 사회적 치유와 회복 대책 마련이 절실하다》(자료집), 마창거제산재추방운동연합, 2020, 89~90쪽 참조.

13 김용균 씨 사망사고의 원인을 사고 당사자의 탓으로 돌리는 것에 대한 자세한 내용은 다음을 참조할 것. 고 김용균 사망사고 진상규명과 재발방지를 위한 석탄화력발전소 특별노동안전조사위원회, 《고 김용균 사망사고 진상조사결과 종합보고서》, 고 김용균 사망사고 진상규명과 재발방지를 위한 석탄화력발전소 특별노동안전조사위원회, 2019, 218~219쪽.

14 한국노동안전보건연구소·당장멈춰 상황실, 《중대재해 대응 매뉴얼》, 한국노동안전보건연구소·당장멈춰 상황실, 2020, 81쪽 참조.

15 어고은, 〈밤마다 동료 주검 떠올리는데, 검찰은 '과실치사' 책임 물었다〉, 《매일노동뉴스》, 2021년 9월 9일 자, https://www.labortoday.co.kr/news/articleView.html?idxno=204862 참조.

16 마창거제산재추방운동연합, 《노동재해 트라우마: 사회적 치유와 회복 대책 마련이 절실하다》(자료집), 마창거제산재추방운동연합,

2020, 69쪽 참조.

17 한국노동안전보건연구소와 당장멈춰 상황실이 2020년에 발간한 《중대재해 대응 매뉴얼》이 거의 유일한 자료다. 이 매뉴얼의 7장은 "경찰 조사 대응하기"(73~83쪽)로, 사고 목격자나 동료 노동자가 경찰조사 및 노동청 안전보건공단 중대재해 조사를 받을 때 어떤 부분에 유의해야 하는지 친절하게 소개하고 있다. 2020년에는 김용균 재단에서 《수많은 우리들이 함께 찾는 길》을 펴냈다. 이 자료집은 유가족이 산재 사망사고 이후 경찰조사 등에 대응하는 방법을 안내하고 있다.

18 김용균 씨가 발견된 때는 12월 11일 새벽 3시 23분이지만, 사망한지 네 시간 이상 지난 후 발견되었다는 판단에 따라 사망일은 12월 10일이다. 장례식은 다음 해 2월 9일이었다. 무려 62일이 지난 후의 장례였다. 이 긴 시간 동안 유족과 노조, 김용균의 동료들은 그 죽음의 억울함을 알리며 책임자를 처벌하고 김용균 씨 죽음의 진상을 제대로 밝히라는 요구를 내걸고 싸웠다.

19 고용노동부, 〈2021. 12월말 산업재해 발생현황〉, 고용노동부, 2022년 3월 16일, https://www.moel.go.kr/policy/policydata/view.do?bbs_seq=20220300882.

20 강모열 외, 《산업재해 트라우마 관리 프로그램 운영모델 개발》, 안전보건공단 산업안전보건연구원, 2018, 2쪽 참조.

21 "우리나라에는 1년에 약 9만여 건의 산업재해가 발생하고 1,800여 건의 사망사고가 발생하며, 900여 건의 업무상 질병으로 인한 사망이 발생한다. 이러한 사고는 최소한 1명의 재해자가 발생하고, 최소한 1명의 목격자 혹은 구조자가 발생하여, 1건의 사고가 발생하였을 때 최소한 2명이 심리적 외상에 노출될 수 있다. 재해의 범위가 큰 경우에는 재해자와 1차 목격자 외의 목격자, 응급 처치나 구조에 참여한 노동자, 안전보건 관리자, 교대 조원, 팀원, 기숙사 룸메이트, 노동부 감독관, 안전보건공단 직원, 사고 조사단 등 매우 많은

사람이 심리적 외상에 노출될 수 있어 9만여 건의 산업재해는 최소 18만 건, 많게는 수십만 건의 심리적 트라우마를 야기할 수 있다." 양선희, 〈산업재해 트라우마 관리의 중요성〉, 《산업보건》 제361호, 2018, 3쪽.

22 2021년 11월 산재를 겪은 이들의 가족이 겪는 어려움을 조사하고 어떤 지원 제도와 정책이 필요한지 모색하는 연구 발표 토론회가 열렸다. 공공상생연대기금 재단과 사단법인 희망씨가 2021년 함께 진행한 '산재사망노동자 가족 지원체계 구축 캠페인'의 일환이었던 이 연구는 산재사망 노동자 가족에게 심리상담, 민생법률상담 등 긴급 밀착 지원을 제공해 가족들이 안정된 삶을 살아갈 수 있도록 지원할 토대를 마련할 방안을 찾기 위한 것이었다. 다음을 참조할 것. https://solidarityfund.or.kr/business/npo/hopec/. 연구에 참여한 연구자와 활동가들은 2021년 10월 20일부터 11월 11일까지 〈산재와 마주한 가족의 삶〉이라는 기획으로 《한겨레》에 연쇄기고를 진행하기도 했다.

23 백승호, 〈산재(사망) 노동자가족지원정책제안〉, 《산재 가족지원체계 구축을 위한 연구 발표 토론회: 산업재해는 가족에게도 사회적 재난이다》(자료집), 사단법인 희망씨 외, 2021, 33쪽 참조.

24 백승호, 〈산재(사망) 노동자가족지원정책제안〉, 《산재 가족지원체계 구축을 위한 연구 발표 토론회: 산업재해는 가족에게도 사회적 재난이다》(자료집), 사단법인 희망씨 외, 2021, 36쪽 참조.

25 트라우마는 원래 외과적 상처, 즉 외상을 일컫는 말이지만 심리적 상처를 가리킬 때 일상적으로도 많이 쓰인다. 재난이나 산재를 비롯한 외상사건을 겪은 후 1개월 이상의 스트레스 장애가 지속될 때 외상 후 스트레스 장애(post traumatic stress disorder, PTSD)라고 판단한다. 즉, 트라우마는 외상 자체, 외상 후 스트레스 장애는 진단명이다.

26 대전업무상질병판정위원회, 〈2019판정제1264호 업무상질병판정

서〉, 대전업무상질병판정위원회, 2019년 12월 24일.

27 외부에서 일어난 충격적인 사건으로 인해 발생한 심리적 외상을 '트라우마'라고 하며, 사업장에서 발생한 중대재해나 이에 상응하는 사건이나 사고를 직·간접적으로 경험한 후 나타나는 심리적 외상을 '직업 트라우마'로 정의한다. 양선희·송선희·김미연, 《대형산업사고·동료의 자살·직장 내 괴롭힘·성희롱·성폭력 등 직업적트라우마 관리 매뉴얼》, 한국산업안전보건공단, 2020, 6쪽 참조.

28 한국노동안전보건연구소·당장멈춰 상황실, 《중대재해 대응 매뉴얼》, 한국노동안전보건연구소·당장멈춰 상황실, 2020, 95쪽 참조.

29 주디스 루이스 허먼, 《트라우마》, 최현정 옮김, 열린책들, 2012, 400쪽.

30 주디스 루이스 허먼, 《트라우마》, 최현정 옮김, 열린책들, 2012, 28쪽 참조.

31 2019년 11월 29일 부산경남경마공원 소속 문중원 기수는 조교사의 부당한 지시와 마방 선정 심사과정 비리 등 한국마사회의 부조리와 문제점을 폭로하는 유서를 남기고 세상을 떠났다.

32 1988년 7월 2일, 온도계 공장에서 두 달 일하고 수은중독에 걸려 앓던 15세 문송면 씨가 사망했다. 그는 1987년 12월부터 온도계 제조업체인 협성계공 공장에서 일을 시작했는데, 입사한 지 한 달을 겨우 넘긴 1988년 1월 불면증과 두통, 식욕 감퇴, 고열, 허리와 다리 통증이 나타나기 시작했다. 여러 병원을 찾았지만, 병명도 알 수 없었다. 아픈 지 두 달이 지나서야 겨우 수은 및 유기용제 중독 진단을 받았다. 수소문 끝에 노동자의 건강 문제를 지원하던 구로의원의 도움으로 언론 보도가 되기도 하며, 어렵게 산재 인정을 받은 게 같은 해 6월 20일이었지만, 이미 병세가 너무 악화되었던 그는 7월 2일 새벽 숨을 거두었다. 문송면 씨의 죽음은 원진레이온 투쟁의 불씨가 되는 등, 직업병 문제에 대한 사회적 관심을 키우게 된 사건이었다.

33 2002년 발전노조 파업 당시 "발전노조는 점조직을 짜 투쟁을 벌였

다. 3~4명이 한 조를 이루어 흩어졌다". 고제규·차형석, 〈"뭉치면 죽고 흩어지면 산다"〉, 《시사저널》, 2002년 3월 25일 자, https://www.sisajournal.com/news/articleView.html?idxno=86912.

34 2013년부터 2017년까지, 민간업체가 기술력 부족으로 발전소 설비 고장을 해결하지 못해 한전KPS에 도움을 요청한 일도 128건에 달했다. 박세준, 〈인력 쥐어짜다 이럴 줄 알았다〉, 《주간동아》 제1178호, 2019년 3월 2일 자, https://weekly.donga.com/List/3/all/11/1654557/1.

35 발전정비 시장 경쟁체제 도입의 과정을 정리하는 데 참고한 자료는 다음과 같다. 이정호, 〈발전소 산재 90%가 하청··· 발상의 전환 필요〉, 《미디어오늘》, 2019년 1월 24일 자, http://www.mediatoday.co.kr/news/articleView.html?idxno=146538; 박세준, 〈인력 쥐어짜다 이럴 줄 알았다〉, 《주간동아》 제1178호, 2019년 3월 2일 자, https://weekly.donga.com/List/3/all/11/1654557/1; 이승준·변지민, 〈'김용균들' 목숨과 맞바꾼 공기업 민영화 24년〉, 《한겨레21》 제1225호, 2018년 12월 28일 자, https://h21.hani.co.kr/arti/cover/cover_general/46383.html; 윤자은, 〈정규직 전환이 멈춰 세운 발전정비시장 경쟁도입〉, 《매일노동뉴스》, 2018년 11월 27일 자, https://www.labortoday.co.kr/news/articleView.html?idxno=155279.

36 2020년 3월에는 전국 8개 지역(광주, 대구, 인천, 대전, 경남, 부천, 경기 서부, 경기 동부)에 직업트라우마센터가 개소했고, 2021년은 5개가 더 신설되어(경기 북부, 울산, 전주, 제주, 충남) 현재 전국 13개소가 운영되고 있다. 이주연, 〈중대재해 트라우마 대응, 달라져야 한다!〉, 《2022 노동자 건강권 포럼》(발표자료집), 2022 노동자 건강권 포럼 공동기획위원회, 2022, 126쪽.

37 이 프로그램의 목표는 "△직·간접 사고 피해자의 심리적 불안감 완화 △일상 직장생활 복귀 도모 △외상후 스트레스장애(PTSD) 예방

△필요시 정신건강의학과 전문치료 연계 및 산재보상보험 신청 안
내 등의 정보를 제공하는 것"이다. 강모열 외, 《산업재해 트라우마
관리 프로그램 운영모델 개발》, 안전보건공단 산업안전보건연구원,
2018, 162쪽.

38 〈[2022 노동자 건강권 포럼] 노동자 정신건강 악화, 누구에게 책임
을 물을 것인가?〉, https://www.youtube.com/watch?v=uNKx94
E3YMA.

39 〈[2022 노동자 건강권 포럼] 노동자 정신건강 악화, 누구에게 책임
을 물을 것인가?〉, https://www.youtube.com/watch?v=uNKx94
E3YMA 참조.

40 작업중지 기간은 2018년 12월 14일부터 2019년 3월 3일까지다. 태
안화력 비정규직 청년노동자 故 김용균 사망사고 진상규명 및 책임
자처벌 시민대책위 백서발간팀, 《김용균이라는 빛 1: 기록과 기억》,
태안화력 비정규직 청년노동자 故 김용균 사망사고 진상규명 및 책
임자처벌 시민대책위 백서발간팀, 2019, 141쪽. 약 2개월의 장례 투
쟁을 마친 후 1개월 정도의 휴가를 보낸 것으로 보인다.

2부 | 최소한의 것을 지키기 위해: 유가족 김미숙 씨

1 김용균 씨 사고가 발생한 지 이틀 만인 12월 13일에 시민대책위 준
비위원회가 꾸려졌고, 12월 16일에 공식 출범했다.

2 이 같은 어려움에 대처하기 위한 매뉴얼의 필요를 절감하고 김용균
재단에서는 2020년에 산재 사망사고 유가족을 위한 안내서 《수많
은 우리들이 함께 찾는 길》을 발간했다. 산재사고 피해자, 특히 산재
사망사고 피해자 유가족이 겪는 어려움에 관한 몇 가지 사례, 대응
빙법과 과정(현장조사와 경찰조사 대응, 유가족 요구, 투쟁·장례·합
의 등에 대한 내용)을 안내한다.

3   2018년 12월의 김용균 씨의 사망사고에 대한 첫 정식 재판은 2021년 1월 26일 대전지법 서산지원에서 열렸다. 업무상과실치사 및 산업안전보호법 위반 등의 혐의로 기소된 한국서부발전 사장과 임직원, 하청업체 관계자 등 14명과 법인 2곳에 대한 첫 공판이었다. 재판은 2022년 상반기인 현재, 1심 선고까지 진행된 상태다.

4   안전보건공단의 속보와 일간신문 기사를 토대로 트위터 계정 '오늘 일하다 죽은 노동자들'에서 집계한 2021년 한 해 산재 사망자 수는 2,146명으로 추정된다. 노동건강연대, 《2146, 529》, 온다프레스, 2022, 10쪽. 고용노동부의 집계는 본서 1부 주19 참조.

5   '24살 청년 비정규직 고 김용균 1~6차 범국민 추모제'는 1주일 간격으로 연속해서 열렸다. 1차에 2,000명(2018.12.22.), 2차에 500명(2018.12.29.), 3차에 1,000명(2019.1.5.), 4차에 1,000명(2019.1.12.), 5차에 10,000명(2019.1.19.), 6차에 1,000명(2019. 1.27.)의 시민이 모였다. 지역 단위에서도 문화제, 촛불집회, 행진이 있었는데, 강원, 경기, 경남, 경북, 광주, 대구, 대전, 부산, 울산, 인천, 전남, 전북, 제주, 충남, 충북 모두에서 시민적 행동이 지속적으로 일어났다. 민주노총과 공공운수노조 차원의 장례위원을 비롯해서 248개 단체 장례위원과 888명의 개인 장례위원이 꾸려지기도 했다. 태안화력 비정규직 청년노동자 故 김용균 사망사고 진상규명 및 책임자처벌 시민대책위 백서발간팀, 《김용균이라는 빛 1: 기록과 기억》, 태안화력 비정규직 청년노동자 故 김용균 사망사고 진상규명 및 책임자처벌 시민대책위 백서발간팀, 2019, 311~364쪽 참조.

6   1988년 7월 2일, 열다섯 살 문송면 씨가 수은중독으로 사망했고, 이 사망사고를 계기로 16일간 장례투쟁이 이어졌다. 문송면이 숨진 지 20일 만인 7월 22일, 당시 정부기업이었던 원진레이온의 이황화탄소 중독 직업병의 참상이 언론에 의해 알려졌다. 더 상세한 내용은 본서 1부 주31 참조.

7   2018년 12월 27일, 산업안전보건법은 28년 만에 전면 개정되었다.

기존 산안법 9장 72개조(부칙 제외)에서 총 12장 175조로 구성과 체계가 전면 개편되면서, 내용 면에서도 큰 변화가 있었지만 한계도 남았다. 1) 산안법에 도급 금지를 도입했고, 도급 정의를 확대함으로써 원청·대기업에 중대재해·산재사망 책임을 물을 수 있게 되었다. 하지만 대상 업무가 협소해 지속적인 법 개정이 필요하다. 2) 산재사망 처벌을 강화했는데, 산재사망 기업 가중처벌, 산안법 위반 원청 처벌의 경우 1년 이하 징역형에서 3년 이하로, 기업법인 벌금은 1억 이하에서 10억 이하로 높였다. 3) 산안법 보호 대상을 '근로자'에서 '노무 제공자'로 수정해 특수고용 노동자, 배달 노동자, 프랜차이즈 지점 노동자로 보호 범위를 넓힘으로써 더 많은 노동자가 산안법을 적용받을 수 있게 되었다. 그러나 이번 산안법 개정이 국회에 계류되어 있던 상황에서 김용균 씨의 사망을 계기로 통과되었음에도 산안법 개정안에 '구의역 김군'과 김용균 씨의 업무가 도급 금지에 포함되지 못했다. 입법 예고안에 있던 산재사망 기업처벌 하한형 도입도 빠졌다. 화학물질 독성정보 인터넷 공개, 작업중지에 대한 사업주의 불이익 처우 시 형사처벌 역시 막판 심의에서 도입이 무산되었다. 민주노총, 〈주간브리핑〉 제12호_190107, http://nodong.org/data_paper/7252420 참조.

8 당·정·청 합의는 고인이 사망한 지 58일 만인 2월 5일 오전에 이뤄졌다. 여당·정부·청와대가 72시간의 마라톤회의 끝에 5일 오전 '정규직 전환 및 안전대책'을 마련해 이날 오후 1시 위험의 외주화 원인 규명, 정규직 전환 등의 내용을 담은 합의안을 발표한 것이다. 당·정·청 합의를 이행하기 위한 시민대책위와 한국서부발전의 부속합의도 이뤄졌다. 부속합의문에는 장례비용 전액 회사 측 부담, 민형사 책임 불문, 불이익 금지 등을 담고 있다. 또한 한국서부발전은 2월 8일 자 중앙 일간지에 사과문을 게재하고, 향후 설립하거나 지정하게 될 비영리 법인에 3년간 3억 원을 출연한다는 등의 내용도 부속 합의에 담았다. 합의문 전문은 다음 링크에서 확인할 수 있다.

김병건, 〈김용균 시민 대책위 당정 발표에 대한 입장 발표 [합의문 전문 공개]〉, 《민주신문》, 2019년 2월 7일 자, http://www.iminju. net/news/articleView.html?idxno=42907.

9   다시는은 2019년, 김미숙 씨와 삼성 백혈병 피해 가족들, 이한빛 PD 유가족, 현장실습 사망 유가족 등이 모여 꾸려졌고, 같은 해 5월부터 본격적으로 활동을 시작했다. 중대재해처벌법 제정 운동과 현장실 습생 제도 개선 운동 등의 활동으로 2019년 제9회 진실의 힘 인권상 을 수상한 바 있다.

10   전현진, 〈산재피해자 가족모임 '다시는' 진실의힘 인권상 수상〉, 《경 향신문》, 2019년 06월 19일 자, https://www.khan.co.kr/people/ people-general/article/201906191515001.

11   2018년 12월 27일에 산업안전보건법 전부개정안이 통과되었다. 중 대재해 처벌 등에 관한 법률(중대재해처벌법)은 2021년 1월 26일에 제정되고 2022년 1월 27일부터 시행되었다.

12   Corporate Manslaughter and Corporate Homicide Act 2007. 영 국에서 2008년부터 시행되고 있는 법이다. 1974년 보건안전법 제정 으로 설립된 영국 보건안전청은 검찰처럼 기소권을 갖고 있으며 경 영자도 기소할 수 있지만, 이조차 부족하다고 느낀 시민들의 요구 로 제정되었다. 제정 이후 주로 이 법에 근거한 처벌 대상이 주로 중 소기업이었고 기소율도 높지 않았지만, 이 법이 있기 때문에 산업안 전에 대한 메시지가 영국 사회에 중요하게 전달된다는 것이다. 또 한 사고가 발생하면 원청과 하청 가리지 않고 100퍼센트 모든 주체 에게 책임을 묻는다고 한다. 김상범, 〈'기업살인법' 만든 영국, 산재 적은 이유…"7단계 걸친 도급업체도 모두 기소"〉, 《경향신문》, 2020 년 12월 24일 자, https://www.khan.co.kr/politics/assembly/ article/202012240600005 참조.

13   이한빛 씨는 CJ ENM 소속으로 tvN 드라마 〈혼술남녀〉의 조연출이 었던 2016년 10월 스스로 목숨을 끊었다. 그는 드라마 제작 현장의

장시간 노동과 폭언에 시달렸고, 비정규직 해고 등의 업무를 강요받았다. 그 고통을 견디다 못해 일어난 그의 죽음은 단순한 자살이 아닌 '사회적 타살'이다.

14　장지현, 〈세계 여성의 날 … 韓 '유리천장지수' 10년째 OECD 꼴찌〉, 《시사저널》 제1701호, http://www.sisajournal.com/news/articleView.html?idxno=234466 참조.

15　"법원은 이날 함께 기소된 한국서부발전 관계자 7명에게 금고 6월~금고 1년6월에 집행유예 2년을, 한국발전기술 관계자 3명에게는 금고 10월~징역 1년6월을 각각 선고했다. 법원은 이들에게 사회봉사 120~200시간도 선고했다. 법원은 또 한국서부발전 관계자 1명과 한국발전기술 관계자 1명에게 각각 벌금 700만원을 선고했다. 법원은 이와 별도로 법인인 한국서부발전에 대해 벌금 1000만원을, 한국발전기술에 대해 벌금 1500만원을 각각 선고했다." 윤희일, 〈'김용균씨 사망' 원청업체 한국서부발전 전 사장에 무죄〉, 《경향신문》, 2022년 2월 10일 자, https://m.khan.co.kr/national/court-law/article/202202101611011#c2b.

16　본서 32쪽 참조.

3부 | 일상이 된 싸움들: 발전 비정규직 동료 이태성 씨

1　2017년 문재인 정부의 공공 부문 정규직화 발표 이후, 정규직화 대상자 선정에 문제가 발생하면서 5개 발전사 비정규직 노조가 모여서 논의 후, 2017년 겨울부터 '발전비정규직연대회의'라는 이름으로 활동을 시작했다. 2021년 12월부터 '발전비정규직 전체대표자회의'로 명칭을 개정했다.

2　국가인권위원회의 석탄화력발전산업 노동인권실태조사 결과에 의하면 2014년부터 2018년까지 발전 5사에서 발생한 334명의 사상

자 중 326명(97.6%)가 하청 노동자다. 인권위는 유해하거나 위험한 작업의 외주화로 하청 노동자가 산재사고의 주된 희생자가 된다고 평가했다. 오승준, 〈최근 5년간 발전소 산재사망자 '100% 하청'〉, 《안전신문》, 2019년 12월 11일 자, http://www.safetynews.co.kr/news/articleView.html?idxno=134813.

3 서울메트로 사장 직무대행, 〈2호선 구의역 사고 관련 서울메트로 사과문〉, 2016년 5월 31일, http://yongkyun.nodong.org/?p=2772.

4 세종·충남 지역 단위들은 진상조사팀, 트라우마 지원팀 등 현장과 함께 움직이는 사업들을 맡았다. 유가족과 함께 여러 일정을 다니면서 지원하는 역할은 민주노총 세종충남본부에서 담당했다. 발전 비정규직 노조의 상급단체인 공공운수노조는 시민대책위에서 조직, 선전, 언론, 재정 등 많은 부분의 일을 담당했고, 죽음의 구조에 대항하는 투쟁이 처음인 발전소 비정규직들이 중심을 잡고 나아가도록 교육도 정기적으로 배치했다. 시민·사회·종교단체들은 여러 목소리를 모아 공감을 이어 모두의 투쟁으로 만들어가려 했다.

5 태안화력발전소 비정규직 인권실태조사팀, 《태안화력발전소 비정규직 인권실태조사 보고서》, 인권재단사람, 2019, 85쪽.

6 태안화력발전소 비정규직 인권실태조사팀, 《태안화력발전소 비정규직 인권실태조사 보고서》, 인권재단사람, 2019, 85쪽.

7 카카오톡 업무지시는 김용균 죽음의 진상을 밝히는 형사재판에서까지 논란이 되었다. 도급을 준 일에 대해 원청사가 하청 노동자에게 지시를 하는 건 불법이기 때문이다. 원청사인 한국서부발전의 피고인들은 카카오톡 대화방에서 낙탄 제거 등의 이야기가 오간 것을 부정하지는 못했다. 다만 원청이 하청 노동자에게 내린 업무지시가 아니라, 카카오톡을 통한 부탁이었다고 재판 내내 주장했다.

8 12월 22일 토요일, 24살 청년 비정규직 고 김용균 1차 범국민 추모제가 시작된 후 매주 주말에 범국민 추모제가 열렸다.

9 2018년 전면개정 산안법은 1) 특수고용·배달 노동자 등 '노무제공

자'로 법 적용 범위 확대, 2) 도급 금지 업무 신설, 도급 승인 업무의 재하도급 금지, 3) 원청 책임 강화와 산재사망 처벌 강화, 4) 위험성 평가에 노동자 참여 등이 포함되었다. 하지만 과제도 많이 남았는데, 그중 1) 처벌의 하한선이 제정되지 않은 점, 2) 도급 금지 업무에 구의역, 태안화력발전소 사고 업무가 빠졌다는 점에 대한 문제 제기는 나올 수밖에 없다. 산안법 개정의 계기였던 사안들이 법 적용에서 제외되었기 때문이다.

10 당정 협의 발표 내용은 완전히 이행되지는 않았다. 시민대책위와 협의한 석탄발전소 특별노동안전조사위원회는 구성되었으나 회사의 방해로 조사 기간이 길어졌고, 연료·환경설비 운전 분야의 정규직 전환은 이뤄지지 않았다. 노무비를 삭감하지 않고 임금을 지급하는 개선책 역시 모두에게 적용되지 않았다.

11 민주노총 산하 발전노조는 정규직과 비정규직이 함께 속한 노조이나, 노조 내부의 체계는 나뉘어 있다. 한국서부발전에서 일하는 발전노조 조합원의 경우, 정규직은 발전노조 태안화력지부에 속하고, 한국서부발전 하청업체에서 일하는 비정규직의 경우는 별도의 본부에 속한다. 가령 이태성 씨처럼 한국서부발전 하청업체 한전산업개발에서 일하는 발전노조 비정규직 조합원은 발전노조 한전산업개발 발전본부에 속한다. 한편, 한국서부발전 정규직들이 가입하는 노조는 한국노총 산하의 한국서부발전노조(서부노조)와 민주노총 산하의 한국발전산업노조(발전노조) 태안화력지부로 나뉜다.

12 발전노조 태안화력지부, 〈[발전노조 태안화력지부] 고 김용균 노동자 이대로 보낼 수 없습니다〉, 《민주노총 소식》, 2019년 1월 18일자, https://t.me/ekctu/2649.

13 2019년 2월 4일, 정부 여당과 '당정 발표문'과 '세부 브리핑' 문안이 합의되었고 2월 5일, 유가족과 시민대책위는 한국서부발전, 한국발전기술과 합의서를 작성했다. 2월 8일 한국서부발전은 신문에 사과문을 게재했다.

14 2019년 2월 20일, 당진 현대제철 외주업체 비정규직 노동자가 컨베이어 벨트 표면 고무 교체 작업을 하다가 컨베이어 벨트에 빨려 들어가 사망했다. 민주노총 세종충남본부는 "지난 2월 19일과 20일, 충남 당진에서 두 명의 비정규직 노동자가 철광석을 운반하는 컨베이어 벨트에 끼어서, 야적된 쇳덩이에 깔려서 목숨을 잃었다. 태안화력비정규직 故 김용균동지를 62일간의 투쟁 끝에 떠나 보낸 지 11일밖에 되지 않은 우리는 또다시 위험의 외주화, 죽음의 외주화에 내몰린 비정규직 노동자의 죽음에 참담한 마음을 금할 수가 없다. [중략] 지난 2007년부터 무려 36명의 노동자가 당진 현대제철 공장에 목숨을 빼앗겼다"라고 밝혔다. 민주노총 세종충남지역본부, 〈[성명] 죽음의 외주화가 또 사람을 죽였다〉, 《민주노총 소식》, 2019년 2월 22일 자, https://t.me/ekctu/2907.

15 국무총리 훈령 제737호 고 김용균 사망사고 진상규명과 재발방지를 위한 석탄화력발전소 특별노동안전조사위원회 설치 및 운영에 관한 규정은 특조위의 설치 목적, 기능, 구성, 직무, 운영, 기한 등을 담고 있다. 특조위 활동 처리에 관해서는 "위원회는 활동을 종료한 후 조사보고서를 발간 발표한다", 또 "그 활동을 종료한 후 개선과제와 재발방지대책을 국무총리에게 권고하고, 국무총리는 위원회의 권고 사항을 정책에 반영하기 위하여 관계 정부 부처에 필요한 조치를 명할 수 있"으며, "위원회의 권고 사항이 관계 정부 부처의 정책에 적절히 반영되도록 특별히 관리하여야" 한다고 되어 있다.

16 고 김용균 사망사고 진상규명과 재발방지를 위한 석탄화력발전소 특별노동안전조사위원회, 《고 김용균 사망사고 진상조사결과 종합보고서》, 고 김용균 사망사고 진상규명과 재발방지를 위한 석탄화력발전소 특별노동안전조사위원회, 2019, I쪽.

17 특조위가 22개의 개선 방안 권고안을 발표했고, 이에 정부는 당정합의안 형태의 《(석탄화력발전소 특별노동안전조사위원회 권고 이행을 위한) 발전산업 안전강화 방안》을 마련했다. 하지만 당초 특

조위가 "원-하청구조에 기인하는 원인을 중심으로 한 고용과 임금구조 개선이나 노동자 참여권 보장 등 실질적 측면을 방점을 둔 반면, 정부 방안은 각 항목별 이행 정도와 완료기준 설정에 중심을 뒀다"라고 평가받는다. 조연주, 〈김용균 특조위 민간위원, "정부, 보라는 달은 안 보고 가리키는 손가락 보고 '과제 다했다' 자찬"〉,《노동과세계》, 2021년 12월 9일 자, http://worknworld.kctu.org/news/articleView.html?idxno=404657.

18 이 형사재판은 대전지방법원 서산지원에서 사건 발생 2년여 만인 2020년 10월 22일에 시작되어, 2022년 2월 10일에 1심 재판의 선고가 있었다.

19 대전지방법원 서산지원 2022. 2. 10. 선고 2020고단809 판결.

일하다
다치거나
죽지 않는 나라

더이상 이땅에
차별이 슬픔
이 없기를 바랍니다

언제나 사람이 먼저고
생명이 먼저다.

RIP

비정규직 철폐!
위험의 외주화,
죽음의 계승화
끝장내자!

보이 지 않는 근무환경
도 바뀌길 바라며
삼가 고인의
명복을 빕니다.

돈보다 사랑의 안전과
생명이 먼저인..
너무 당연한 세상..
그런 세상 꼭 만들게요.
그때 다시 만나요.

정부가 빨리
답해야 합니다.

정부가 원청이다!
서부발전이 책임자다!
전부와 서부발전이 책임져라!

잊지않고,
끝까지 함께할게요.
비정규직 없어지는 그날까지.
더 애닮의 죽음이
없는 그날까지!!

춤지 마라.

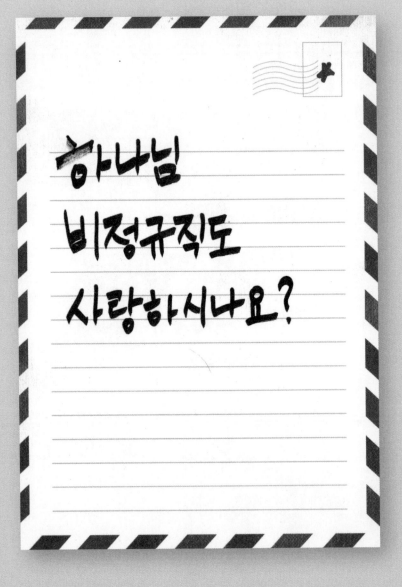

어쩌면 아니
거의 확실하게 비정규직이
될 두 아이의 엄마입니다.
비정규직이라도 죽으니
죽지만 않게 해달라고
기도해야 할지도 모릅니다.
용균아 미안하다.
그저 미안하기만
하구나.

용권아.

동생 같아서,
남의 식구, 남의 죽음 같지가
않아서,
한번도 만난 적은 없지만
누나가 미안해.
그런 끔찍한 일을 겪게 해서
이 현실을 조금도 바꾸지 못하고
이런 개 같은 세상,
너희가 그대로 겪게 해서
누나가 너무 미안해.

아들아. 미안하구나.

너희들이 이렇게 아프게 떠나는

이 말도 안되는 세상을..... 우리가

아무것도 하지 않았기에 이렇게

엉망으로 만들어져버린 세상을!

너의 죽음이 아프게 우리의 무기력을

때리는구나!

우리 기성세대는 자신의 삶만을 챙기며

주변을 챙기지 못했는데~ 결국 내 주변에

내 아들과 같은 너희들이 죽음으로 내몰

리는 세상을 만들고 말았구나.

미안하다. 미안하다

지금부터라도 비정규직이라고 차별받고

죽음으로 내몰리는 이런 말도 안되는 세상

함께 바꿔가도록 노력할게.

부디 편히 눈감기를 요

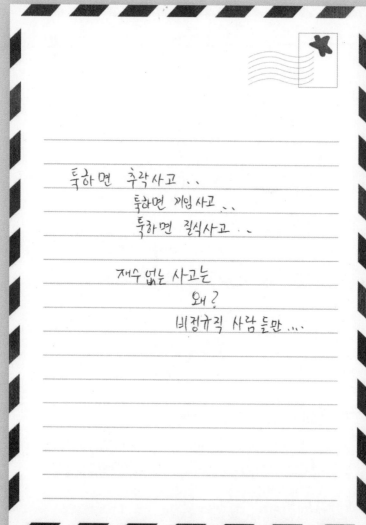

툭하면 추락사고 ..
툭하면 끼임사고 ..
툭하면 질식사고 ..

재수없는 사고는
왜 ?
비정규직 사람들만 ....

영면 하십시오

용균씨 사고 소식은
말 할 수 없는 고통이었어
요. 얼마나 무서웠는지...
당신의 죽음 앞에
수 많은 사내이 분노의
마음 금치 못해 이렇게
민영 제를 바꾸자
외치고 있습니다. 당신의 죽음이
헛되지 않도록 하겠습니다.

어머니
직장이 없으면
사람 취급을 못 받는군요.

이력서를 들고 많은 곳을
돌아 다녔습니다.

마침내 얻은 일자리가
나의 목숨을 앗아 갔네요.

29살 비정규직 기면사 입니다.
대학, 대학원, 외국어, 사격
.... 한번 된다라며
했는데, 계속 비정규직,..
저는 저만 남탁인지 말라놓
암욕수 1700m 서한기고 말이다
꾸어간(교명한)점심 국경이
제 인생을 다시 생각들에 됐어
같이 할 수 있겠만, 함께가는
세상을 만들께요, 감사한니
면접불요, 가--.

그동안 모르기만
하고 관심도 없어
서 죄송합니다
같은 나의 틀래그녀
그저 술때마는 하네

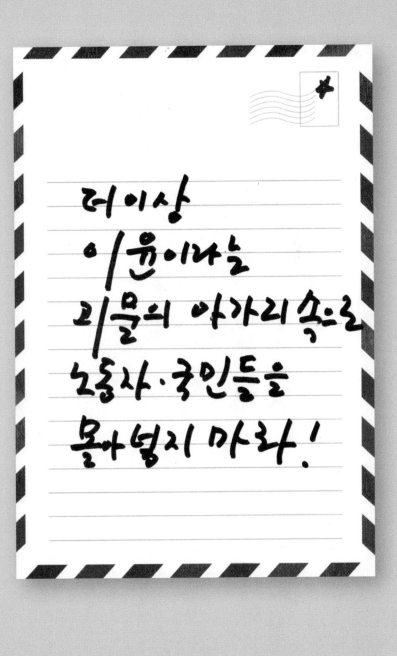

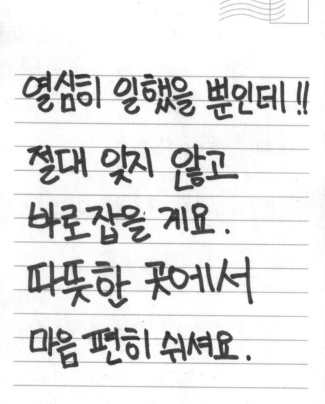

열심히 일했을 뿐인데 !!
절대 잊지 않고
바로잡을 게요.
따뜻한 곳에서
마음 편히 쉬셔요.

알라딘 독자 북펀드에 참여해주신 분들
(가나다순)

김용균, 김용균들

초판 1쇄 펴낸날	2022년 7월 15일
초판 2쇄 펴낸날	2022년 11월 20일
기획	사단법인 김용균재단
지은이	권미정·림보·희음
펴낸이	박재영
편집	이정신·임세현·한의영
마케팅	신연경
디자인	조하늘
제작	제이오
펴낸곳	도서출판 오월의봄
주소	경기도 파주시 회동길 363-15 201호
등록	제406-2010-000111호
전화	070-7704-2131
팩스	0505-300-0518
이메일	maybook05@naver.com
트위터	@oohbom
블로그	blog.naver.com/maybook05
페이스북	facebook.com/maybook05
인스타그램	instagram.com/maybooks_05
ISBN	979-11-6873-026-7 03330

만든 사람들

책임편집	이정신
디자인	조하늘